Viaje a la Luna:
Uma Biografia em Projeção

Coleção Estudos
Dirigida por J. Guinsburg

Equipe de realização – Edição de texto: Lilian Miyoko Kumai; Revisão de provas: Marcio Honorio de Godoy; Sobrecapa: Sergio Kon; Produção: Ricardo Neves, Sergio Kon e Raquel Fernandes Abranches.

Reto Melchior

**VIAJE A LA LUNA:
UMA BIOGRAFIA EM PROJEÇÃO**
ANÁLISE DE UM ROTEIRO
DE FEDERICO GARCÍA LORCA

ILUSTRAÇÕES: CÁSSIO BRASIL

 PERSPECTIVA

Dados Internacionais de Catalogação na Publicação (CIP)
(Câmara Brasileira do Livro, SP, Brasil)

Melchior, Reto
Viaje a la Luna: uma biografia em projeção: análise de
um roteiro de Federico García Lorca / Reto Melchior; ilustrações Cássio Brasil. – São Paulo: Perspectiva, 2008. – (Estudos;
243 / dirigida por J. Guinsburg)

Bibliografia.
ISBN 978-85-273-0817-5

1. Cinema – Roteiros – História e crítica   2. García Lorca,
Federico, 1898-1936 I. Guinsburg, J. II. Título. III. Série.

08-02355   CDD-791.437

Índices para catálogo sistemático:

1. Viaje a la Luna : Roteiro cinematográfico:
História e crítica   791.437

Direitos reservados à
EDITORA PERSPECTIVA S.A.

Av. Brigadeiro Luís Antônio, 3025
01401-000 São Paulo SP Brasil
Telefax: (011) 3885-8388
www.editoraperspectiva.com.br

2008

Nadie diga que "esto es oscuro",
porque la poesía es clara.

[Ninguém diga que "isso é obscuro",
porque a poesia é clara.]

FEDERICO GARCÍA LORCA

Sumário

POR NÃO QUERER SER UM PREFÁCIO –
Eduardo Peñuela Cañizal XI

1. PREPARATIVOS DE VIAGEM: O PROJETO 1

2. O ROTEIRO ORIGINAL 7

3. O LANÇAMENTO: DESCRIÇÃO ANALÍTICA DO
   ROTEIRO 15
   Primeiras Impressões 15
   A Caminho de um Resumo e de uma Definição Cronotópica ... 17
   Elementos Associados: o Peixe, a Rã e o Pássaro 23
   A Santa, a Prostituta e a Lua 25

4. ANÁLISE INTERTEXTUAL DO ROTEIRO 29
   Uma Viagem com Méliès, Verne e Dalí:
   a Intertextualidade do Título 29
   Números na Cama – Prólogo (1-2) 35
   A Vida Cor-de-rosa ou o Sofrimento de uma Criança –
   Primeiro Ato (3-22) 44
   Santo Adônis Mártir ou o Sofrimento de um Adolescente –
   Segundo Ato (23-29) 61

Santa Rodegunda e a Paixão de outras Mulheres Menos
Santas – Terceiro Ato: Primeiro Quadro (30-42) 70

"Radegundo", o Homem das Veias – Terceiro Ato:
Segundo Quadro (43-72) 83

5. UMA VIAGEM LUNÁTICA EM CONCLUSÃO 115

Dez Teses Conclusivas… 115

… e Dez Justificativas 116

6. O DIALOGISMO COM *UN CHIEN ANDALOU* 133

Urdumes de Mágoa 133

Expectativas de uma Vingança Espanhola 137

A Autópsia de um Cachorro Andaluz 138

O Prólogo sob o Bisturi 142

Rendas Conclusivas 147

O Uivo do Cão e o Silêncio da Lua 154

7. LUAR NO LABIRINTO DE ESPELHOS E UMA
RESPOSTA DISTANTE 163

"Navegar é Preciso" 163

Imitatio ou o Caminho da Perfeição 172

REFERÊNCIAS BIBLIOGRÁFICAS 187

CRÉDITOS DAS IMAGENS 193

Por não Querer ser um Prefácio

¿Ø?

*Eu nunca chegarei ao prelúdio, nem a Córdoba,
lejana y sola.*

Qualquer tipo de prefácio, mesmo sendo breve e conciso, funciona como a preparação de uma viagem que, no fundo, nunca será realizada. Ele sempre anuncia, descortina paisagens e se entrega à imaginação de um sujeito que nunca sai do lugar. Por isso, qualquer preâmbulo ao belo livro de Reto Melchior pode ser inadequado, simples peça ortopédica de que o extraordinário exercício de escrevedura original não necessita para nada. Mas, no fundo, se me lanço a reunir algumas palavras desatentas convivo, entretanto, com a impressão de quem de antemão sente o peso da importunidade e percebe estar da outra margem do que se diz o lado próprio dos arremessos da intertextualidade. Entregando-se à aventura de semear segredos numa página para fazer com que na outra eles abandonem sua condição de semente, o revelador dos feitiços do roteiro de García Lorca aproveita os mais variados vislumbres associativos. E para mostrar, pouco a pouco, a complexa gestualidade das atitudes escondidas nas esquinas inesperadas dos signos verbais e das imagens, este bruxo das pupilas dilatadas carrega cestas de sombra para cobrir as cicatrizes que nunca serão suturadas. Gostem ou não os amantes dos hábitos ancilosados, não se fazem nem prólogos nem intróitos – não é verdade, Reto? – àqueles que, como você, sabe dourar a matéria-prima do amor nas fornalhas do poeta de Granada...

Eduardo Peñuela Cañizal

1. Preparativos de Viagem: O Projeto

Dentro do mundo das letras da primeira metade do século XX, a poesia e o teatro de Federico García Lorca ocupam uma posição de destaque indiscutível. É sabido que o poeta andaluz também se dedicou à pintura e à música – ele desenhava e tocava piano com paixão e virtuosidade. O que é menos conhecido é seu compromisso artístico com a sétima arte: o cinema.

Em 1998, o cineasta catalão Frederic Amat realizou o curta-metragem *Viaje a la Luna*, baseado num roteiro que Lorca havia escrito quase setenta anos antes. O manuscrito do roteiro ficou muito tempo inédito e até hoje é uma obra pouca estudada. Sabe-se que Lorca escreveu o texto entre o final de 1929 e o início de 1930, durante sua estadia nos Estados Unidos. O poeta andaluz chegou a conhecer, em Nova York, o mexicano Emilio Amero, pintor, artista gráfico e realizador de um curta-metragem vanguardista com o título *777*, que se perdeu.

Parece que Lorca esperava que, junto com Amero, pudesse pôr em prática a realização de seu primeiro filme. Sabemos que ele escreveu, em menos de dois dias, um roteiro intitulado *Viaje a la Luna* e entregou-o a seu novo amigo cineasta. Mas o filme não foi produzido na época. O diretor mexicano voltou a ocupar-se do projeto somente após o assassinato de Lorca, em 1936, como sinal de protesto contra a ação fascista. Sua adaptação cinematográfica, porém, nunca foi levada a cabo.

O paradeiro do manuscrito lorquiano e seu conteúdo ficaram desconhecidos durante anos. Em 1963, finalmente, Berenice Duncan conseguiu localizar uma tradução inglesa do roteiro, *A Trip to the*

Moon, feita pelo próprio Amero, e publicou-a no *Windmill Magazine*, número 5. Essa versão, então, era a única conhecida.

Em 1980, Marie Laffranque restabeleceu uma versão espanhola do roteiro, baseada na tradução inglesa e em fragmentos do texto original, aos quais ele tinha tido acesso. O hispanista Christopher Maurer, em 1989, empenhou-se por convencer a viúva do cineasta mexicano, Barbara Amero, a procurar, em sua casa de Norman, em Oklahoma, o manuscrito, e surpreendentemente o texto foi encontrado numa mesinha de cabeceira[1]. Hoje, o manuscrito encontra-se na Biblioteca Nacional de Madri. Finalmente, em 1994, Antonio Monegal publicou – junto com o fac-símile do manuscrito integral – uma meritória edição crítica do texto; a publicação tornou-se a base para quaisquer estudos do roteiro.

O manuscrito é constituído de 72 anotações cênicas para a realização de um filme mudo, em preto e branco. O roteiro evoca imagens poéticas que lembram a poesia lorquiana, sobretudo os textos escritos nos Estados Unidos, cujo principal representante é *Poeta en Nueva York* (Poeta em Nova York), concebido em 1929-1930.

Viaje a la Luna, porém, não deve ser confundido com uma obra literária. Trata-se de um texto provisório que o autor não tencionava publicar. Lorca escreveu-o para Emilio Amero, o diretor de cinema de sua escolha, entregando-lhe o original. O roteiro, portanto, não tem as características de um texto poético elaborado; o manuscrito corresponde bem mais a um esboço feito às pressas, com o objetivo de fixar, para o cineasta, as principais idéias e imagens. É um texto escrito numa metalinguagem técnica, sem o cuidado formal que precisaria ter uma obra literária.

As imagens evocadas na primeira seqüência do roteiro caracterizam-se por uma contigüidade de elementos que, à primeira vista, são estranhos entre si: surge, de uma cama branca, um baile de números que se comparam com formigas. Além disso, o roteiro propõe a filmagem de uma trama sem lógica aparente. Essas primeiras impressões – e muitas mais – lembram o curta-metragem *Un Chien andalou* (Um Cão Andaluz), que Luis Buñuel realizou com Salvador Dalí, em Paris, em 1929. De alguma maneira, as duas obras estão correlacionadas.

A crítica inclina-se a acreditar que o roteiro lorquiano é uma resposta a *Un Chien andalou* e/ou aos seus realizadores, tanto mais que, àquela altura, Federico García Lorca tinha cortado relações com seus ex-companheiros da Residência de Estudantes de Madri. O próprio Buñuel conta, em sua autobiografia *Mon dernier soupir* (Meu Último Suspiro), que o poeta se sentia atacado pela escolha do título do curta-

---

1. A. Monegal, El Manuscrito Encontrado en Oklahoma, em F. García Lorca, *Viaje a la Luna*, p. 7-11. Edição, introdução e notas de A. Monegal.

metragem, achando que o *chien andalou* era uma alusão a ele. Falta, porém, uma análise profunda que defina a suposta resposta.

Esse fato leva-me a estudar o roteiro e as circunstâncias em que foi escrito, para chegar a uma conclusão um pouco mais concisa sobre a suposta correlação entre o filme, que deixou Lorca ofendido, e sua formulação de um projeto-resposta.

Esta análise tem como finalidade principal compreender o roteiro de Federico García Lorca que, na primeira leitura, se apresenta como uma seqüência de imagens alinhadas, entre si, sem conexão clara e carregada de uma linguagem hermenêutica.

Tentarei, num primeiro momento, analisar a obra em si e, num segundo, situá-la em seu contexto intertextual e sociocultural. Será preciso definir também a concatenação de *Viaje a la Luna* com *Un Chien andalou*, para chegar a uma conclusão sobre um suposto ajuste de contas que a crítica, unanimemente, atribui ao roteiro de Lorca.

São inúmeros os estudos da obra literária de Lorca, e quem ousar abordar mais uma vez a poética do *Romancero Gitano*, ou a crítica social de *La Casa de Bernarda Alba*, enfrentará um desafio difícil de superar: os comentaristas chegaram a uma unanimidade que dificilmente será derrubada por alguma tese nova.

Comparado a isso, a quantidade de análises críticas da fase nova-iorquina do poeta granadino é surpreendentemente pequena, e o mistério que emana de um *Poeta en Nueva York* ou da produção teatral do começo dos anos de 1930, *Así que Pasen Cinco Años*, *El Público* etc., não chegou ainda a ser revelado em sua integridade. Isso sem falar da obra do Lorca roteirista.

Embora *Viaje a la Luna* seja considerada uma resposta a *Un Chien andalou*, são escassos os estudos que verifiquem essa argumentação e analisem o roteiro. A falta de consideração crítica da obra deve-se a vários fatores: primeiro, não havia maneira de encontrar o manuscrito durante mais de sessenta anos; segundo, a elaboração crítica da obra lorquiana por volta dos anos de 1929-1930 produziu seus primeiros frutos apenas nas últimas décadas (considero a edição de *Poeta en Nueva York*, de María Clementa Millán, de 1997, um marco de inteligibilidade primordial – sem abalar os méritos da edição precursora, de 1981, de Eutimio Martín); e, finalmente, Lorca nunca foi considerado homem de cinema.

Admito que o celebrado autor de obras líricas e dramáticas nunca se empenhou em ocupar uma posição memorável no mundo da sétima arte, nem colaborou em nenhuma produção cinematográfica; essa diferença, em comparação ao engajamento artístico de Salvador Dalí – e, obviamente, de Luis Buñuel –, existe.

Há, porém, outro tipo de envolvimento com o cinema que, por fim, deu origem à elaboração do primeiro roteiro, escrito com a intenção de ser filmado.

Lorca, antes de tudo, amava o cinema, deixando-se, inclusive, ser inspirado por ele: refiro-me ao chamado "diálogo" *El Paseo de Buster Keaton*, datado de 1925 e publicado, pela primeira vez, na revista *Gallo*, em 1928. Sabemos que Dalí tinha enviado a Federico uma colagem, composta de recortes de jornais, intitulada *El Casamiento de Buster Keaton* e algum comentário alusivo ao filme *The Navigator* (1924), o que deu, talvez, origem à pequena homenagem ao cinema mudo. O texto lorquiano, apesar de ser breve, é considerado "de inegável importância na evolução da obra lorquiana", sendo uma obra que "antecipa, em vários aspectos, *Poeta en Nueva York*, *El Público* ou *Así que Pasen Cinco Años*, escritos quando o poeta já conhecia pessoalmente a metrópole estadunidense"[2]. O Buster Keaton lorquiano, andando de bicicleta – e, finalmente, caindo no chão –, encarna, na tese de C. B. Morris, "os medos, ansiedades e preocupações do próprio poeta"[3]; esse personagem do imaginário poético lorquiano parece, por sua vez, ser o modelo do ciclista afeminado de *Un Chien andalou* que, provavelmente, é uma alusão difamadora ao próprio Lorca. De qualquer modo, o jogo intertextual reitera-se.

Esse fato justifica a abordagem analítica de um projeto de cinema que dialoga com um dos filmes surrealistas mais comentados e que, por sua vez, nunca chegou a ser devidamente analisado, desde um ponto de vista cinematográfico.

Partindo da convicção de que o imaginário lorquiano seja coerente dentro da obra do autor, valho-me, num primeiro passo, da comparação intertextual de cada imagem proposta, para abrir, assim, contextos mais amplos em que as imagens a serem estudadas também existam, apresentando-se, talvez, de forma mais acessível para nosso entendimento. Assim, as obras poéticas contemporâneas, em primeiro lugar *Poeta en Nueva York* (1929-1930), e as obras teatrais, escritas nos anos 30, *El Público* (1930), *Así que Pasen Cinco Años* (1931) – além dos desenhos do autor – formam o conjunto mais apropriado, por destacar-se pela repetição de um número considerável de idéias e imagens propostas para a realização da filmagem de *Viaje a la Luna*.

Vejo, nessa redundância intertextual, a chave mais propícia para uma primeira aproximação do roteiro, tanto mais que a maioria das obras do autor apresenta menos dificuldade de compreensão do que o roteiro nova-iorquino.

A segunda etapa deste trabalho analítico consistirá em fazer uma leitura das diferentes imagens decifradas na seqüência apresentada, tentando assim chegar, por meio da compreensão de cada imagem proposta, a um entendimento global da obra em si.

---

2. I. Gibson, *Federico García Lorca 1*, p. 420. Tradução minha.
3. *This Loving Darkness.* Tradução minha.

Além dessas aproximações comparativas, baseadas na análise intertextual, será preciso levar em conta os relatos biográficos da época em que Lorca, Dalí e Buñuel moravam juntos na Residência de Estudantes de Madri: os biógrafos citam, em várias ocasiões, brincadeiras de amigos formuladas numa linguagem privativa, cuja compreensão limita-se para quem conhece o código. A mesma fala "secreta" encontra-se também nas cartas entre Lorca e seu melhor amigo, Dalí.

Supondo que o roteiro seja a resposta de um Lorca decepcionado, por sentir-se atacado pelo título do filme *Un Chien andalou* – nas brincadeiras estudantis, os espanhóis meridionais foram tratados de "cachorros" –, não se pode excluir a hipótese de que o roteiro lorquiano contenha também uma mensagem pessoal, codificada, para os autores do curta-metragem.

Uma vez estabelecida essa base, tentarei confrontar *Viaje a la Luna* com *Un Chien andalou* para descobrir as interligações e, finalmente, chegar a uma conclusão sobre a suposta resposta lorquiana.

Embora tendo gostado do curta-metragem de Frederic Amat, que se empenhou para realizar uma transposição fiel do roteiro lorquiano com todos os recursos técnicos de 1998, não entrarei em discussão sobre a obra do cineasta catalão. Além do filme de Frederic Amat, existe mais uma realização de *Viaje a la Luna*, muito pouco divulgada: o curta-metragem, que eu não conheço, data de 1997 e foi dirigido por Javier Martín Domínguez. Minha leitura – virtual – é analítico-histórica, enfocando-se no roteiro dentro da época do cinema mudo, preto e branco, de 1929.

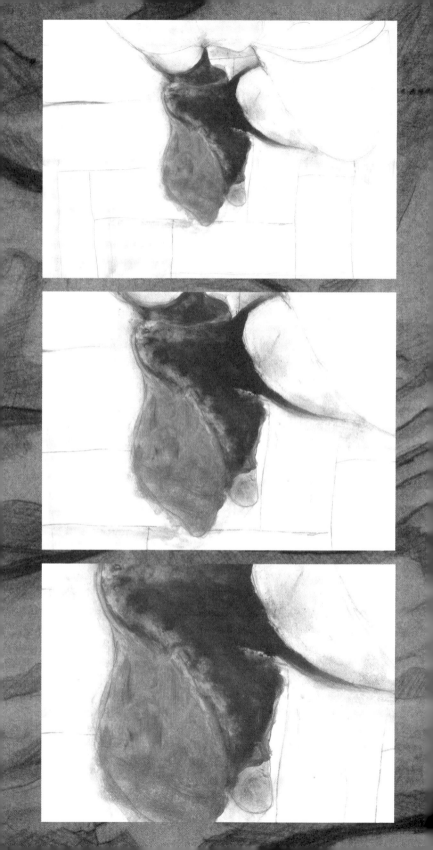

2. O Roteiro Original*

VIAJE A LA LUNA

1
Cama blanca sobre una pared gris. Sobre los paños surge un baile de números 13 y 22. Desde dos empiezan a surgir hasta que cubren la cama como hormigas diminutas.

2
Una mano invisible arranca los paños.

3
Pies grandes corren rápidamente con exagerados calcetines de rombos blancos y negros.

4
Cabeza asustada que mira fija un punto y se disuelve sobre una cabeza de alambre con un fondo de agua.

5
Letras que digan *Socorro Socorro Socorro* con doble exposición sobre un sexo de mujer con movimiento de arriba abajo.

6
Pasillo largo recorrido por la máquina con ventana de final.

* © Herederos de Federico García Lorca.

7

Vista de Broadway de noche con movimiento de tic-tac. Se disuelve en el anterior.

8

Seis piernas oscilan con gran rapidez.

9

Las piernas se disuelven sobre un grupo de manos que tiemblan.

10

Las manos que tiemblan sobre una doble exposición de un niño que llora.

11

Y el niño que llora sobre una doble exposición de una mujer que le da una paliza.

12

Esta paliza se disuelve sobre el pasillo largo otra vez, que la máquina recorre con rapidez.

13

Al final un gran plano de un ojo sobre una doble exposición de peces, y se disuelve sobre el siguiente.

14

Caída rápida por una montaña rusa en color azul con doble exposición de letras *Socorro Socorro*.

15

Cada letrero de *Socorro socorro* se disuelve en la huella de un pie.

16

Y cada huella de pie en un gusano de seda sobre una hoja en fondo blanco.

17

De los gusanos de seda sale una gran cabeza muerta y de la cabeza muerta un cielo con luna.

18

La luna se corta y aparece un dibujo de una cabeza que vomita y abre y cierra los ojos y se disuelve sobre

19

dos niños que avanzan cantando con los ojos cerrados.

O ROTEIRO ORIGINAL

20
Cabezas de los niños que cantan llenas de manchas de tinta.

21
Un plano blanco sobre el cual se arrojan gotas de tinta.
(Todos estos cuadros rápidos y bien ritmados.)
Aquí un letrero que diga *No es por aquí.*

22
Puerta.

23
Sale un hombre con una bata blanca. Por el lado opuesto viene un muchacho desnudo en traje de baño de grandes cuadros blancos y negros.

24
Gran plano del traje de cuadros sobre una doble exposición de un pez.

25
El hombre de la bata le ofrece un traje de arlequín pero el muchacho rehúsa. Entonces el hombre de la bata lo coge por el cuello, el otro grita, pero el hombre de la bata le tapa la boca con el traje de arlequín.

26
Gran plano de manos y traje de arlequín apretando con fuerza.

27
Se disuelve sobre una doble exposición de serpientes de mar del aquárium y éstas en los cangrejos del mismo aquárium y éstos en otros peces con ritmo.

28
Pez vivo sostenido en la mano en un gran plano hasta que muera y avance la boquita abierta hasta cubrir el objetivo.

29
Dentro de la boquita aparece un gran plano en el cual saltan, en agonía, dos peces.
Estos se convierten en un caleidoscopio en el que cien peces saltan o laten en agonía.

30
Letrero: *Viaje a la luna*
Habitación. Dos mujeres vestidas de negro lloran sentadas con las cabezas echadas en una mesa donde hay una lámpara. Dirigen las manos al cielo.
Planos de los bustos y las manos. Tienen las cabelleras echadas sobre las caras y las manos contrahechas con espirales de alambre.

31
Siguen las mujeres bajando los brazos y subiéndolos al cielo.

32
Una rana cae sobre la mesa.

33
Doble exposición de la rana vista enorme sobre un fondo de orquídeas agitadas con furia.
Se van las orquídeas y aparece una cabeza enorme dibujada de mujer que vomita que cambia de negativo a positivo y de positivo a negativo rápidamente.

34
Una puerta se cierra violentamente y otra puerta y otra y otra sobre una doble exposición de las mujeres que suben y bajan los brazos.
Al cerrarse cada puerta saldrá un letrero que diga... *Elena Helena elhena eLHeNa.*

35
Las mujeres se dirigen rápidamente a la puerta.

36
La cámara baja con gran ritmo acelerado las escaleras y con doble exposición las sube.

37
Triple exposición de subir y bajar escaleras.

38
Doble exposición de barrotes que pasan sobre un dibujo: *Muerte de Santa Rodegunda.*

39
Una mujer enlutada se cae por la escalera.

40
Gran plano de ella.

O ROTEIRO ORIGINAL

41

Otra vista de ella muy realista. Lleva pañuelo en la cabeza a la manera española. Exposición de las narices echando sangre.

42

Cabeza boca abajo de ella con doble exposición sobre un dibujo de venas y granos gordos de sal para el relieve.

43

La cámara desde abajo enfoca y sube la escalera. En lo alto aparece un desnudo de muchacho. Tiene la cabeza como los muñecos anatómicos con los músculos y las venas y los tendones. Luego sobre el desnudo lleva dibujado el sistema de la circulación de la sangre y arrastra un traje de arlequín.

44

Aparece de medio cuerpo. Y mira de un lado a otro. Se disuelve sobre una calle nocturna.

45

Ya en la calle nocturna hay tres tipos con gabanes que dan muestras de frío. Llevan los cuellos subidos. Uno mira la luna hacia arriba levantando la cabeza y aparece la luna en la pantalla, otro mira la luna y aparece una cabeza de pájaro en gran plano a la cual se estruja el cuello hasta que muera ante el objetivo, el tercero mira la luna y aparece en la pantalla una luna dibujada sobre fondo blanco que se disuelve sobre un sexo y el sexo en la boca que grita.

46

Huyen los tres por la calle.

47

Aparece en la calle el hombre de las venas y queda en cruz. Avanza en saltos de pantalla.

48

Se disuelve sobre un cruce en triple exposición de trenes rápidos.

49

Los trenes se disuelven sobre una doble exposición de teclados de piano y manos tocando.

50

Se disuelve sobre un bar donde hay varios muchachos vestidos de es-
moquin. El camarero les echa vino pero no pueden llevarlo a su boca.
Los vasos se hacen pesadísimos y luchan en una angustia de sueño.
Entra una muchacha casi desnuda y un arlequín y bailan en ralentí.
Todos prueban a beber pero no pueden. El camarero llena sin cesar
los vasos, que ya están llenos.

51

Aparece el hombre de las venas gesticulante y haciendo señas deses-
peradas y movimientos que expresan vida y ritmo acelerado. Todos
los hombres se quedan adormilados.

52

Una cabeza mira estúpidamente. Se acerca a la pantalla y se disuelve
en una rana. El hombre de las venas estruja la rana con los dedos.

53

Sale una esponja y una cabeza vendada.

54

Se disuelve sobre una calle. La muchacha vestida de blanco huye con
el arlequín.

55

Aparece una cabeza que vomita. Y en seguida toda la gente del bar
vomita.

56

Se disuelve sobre un ascensor donde un negrito vomita. La muchacha
y el arlequín suben en el ascensor.

57

Suben en el ascensor y se abrazan.

58

Plano de un beso sensual.

59

El muchacho muerde a la muchacha en el cuello y tira violentamente
de sus cabellos.

60

Aparece una guitarra. Y una mano rápida corta las cuerdas con unas
tijeras.

61

La muchacha se defiende del muchacho, y éste con gran furia le da otro beso profundo y pone los dedos pulgares sobre los ojos como para hundir los dedos en ellos.

62

Grita la muchacha y el muchacho de espaldas se quita la americana y una peluca y aparece el hombre de las venas.

63

Entonces ella se disuelve en un busto de yeso blanco y el hombre de las venas la besa apasionadamente.

64

Se ve el busto de yeso con huellas de labios y huellas de manos.

65

Vuelven a salir las palabras *Elena elena elena elena.*

66

Estas palabras se disuelven sobre grifos que echan agua de manera violenta.

67

Y estos grifos sobre el hombre de las venas muerto sobre periódicos abandonados y arenques.

68

Aparece una cama y unas manos que cubren un muerto.

69

Viene un muchacho con una bata blanca y guantes de goma y una muchacha vestida de negro. Pintan un bigote con tinta a una cabeza terrible de muerto. Y se besan con grandes risas.

70

De ellos surge un cementerio y se les ve besarse sobre una tumba.

71

Plano de un beso cursi de cine con otros personajes.

72

Y al final con prisa la luna y árboles con viento.

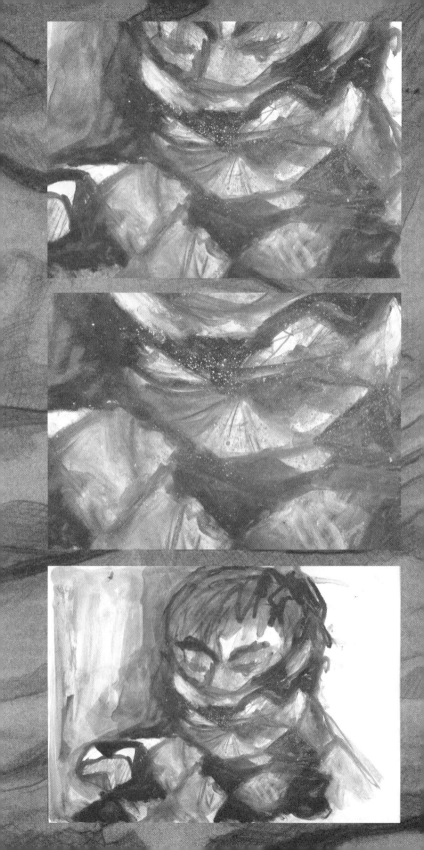

3. O Lançamento: Descrição Analítica do Roteiro

PRIMEIRAS IMPRESSÕES

Lembro-me do dia em que *Viaje a la Luna*, de Frederic Amat, esteve em cartaz no Centro Cultural Itaú da avenida Paulista. Sabia que se tratava de uma realização recente do cineasta catalão, baseada num roteiro lorquiano que, durante decênios, havia sido perdido. Entrei na sala de cinema com a grande expectativa de assistir, pela primeira vez, a uma realização fílmica de meu autor espanhol preferido, já conhecido por mim da literatura e do palco. Gostei do título[1], que me fazia lembrar bem mais dos romances de Jules Verne do que do filme de Georges Méliès, o qual eu nunca tinha visto antes; conhecia um só pictograma – o mais famoso, aquele da Lua com o olho direito furado por um projétil – e sabia que Lorca tinha escrito o roteiro em Nova York.

Sentei-me, no meio da sala, prestes à decolagem para uma viagem virtual à Lua. Começou o filme, e me pareceu que ninguém da sala entendia muito bem o que estava acontecendo na tela. A primeira imagem era uma cama, da qual surgiam números; seguiam, em primeiríssimo plano, uns pés que corriam; saíam uma cabeça assustada, pernas, mãos, um menino chorando, um olho filmado em plano de detalhe, um letreiro com as palavras "Socorro Socorro Socorro". Confesso: perguntei-me, seriamente, se eu estava na sala certa. Mas ali, no meio da confusão,

---

1. Veja a fórmula de Antoine Furetière (século XVII): "Un beau titre est le vrai proxénète" (Um belo título é o verdadeiro proxeneta), apud G. Genette, *Seuils*, p. 95.

Figura 1: *Georges Méliès,* Voyage dans la Lune *(Viagem à Lua), 1902.*

surgiu outro letreiro com as palavras asseveradoras *Viaje a la Luna*, e eu sabia, pelo menos, que se tratava da obra que eu queria ver.

Recuperado de minha surpresa inicial, tentei reconhecer, na teia fílmica, o imaginário lorquiano que me era familiar e consegui mesmo identificar toda uma série de imagens conhecidas da obra poética ou teatral do autor andaluz: mulheres enlutadas, um arlequim, um violão com as cordas cortadas, um homem morrendo, e, finalmente, reconheci um desenho do próprio Lorca. Porém, o que tinha a ver essa confusão com uma viagem à Lua?

Mesmo sabendo que um cartaz de cinema *mostra* e, ao mesmo tempo, *oculta* o que anuncia, fiquei na expectativa de assistir à viagem anunciada, e, embora o letreiro, no meio do curta-metragem, tivesse confirmado o anúncio do cartaz e eu estivesse certo de que estava na nave espacial correta, senti-me desiludido.

Senti-me, talvez, como o público parisiense que, em 1929, assistiu a *Un Chien andalou*, e não apareceu, no decorrer do filme, nem cachorro nem uma só cena andaluza.

Tive a sensação de que as duas fitas têm alguma coisa em comum: uma linguagem fora do esperado, o menosprezo de um relato tradicional, ou, talvez, uma *mise-en-scène* da própria enunciação.

Senti, também, que a obra me impressionou pela força emanada da linguagem imagética, que carrega algo pesado, um sentimento de abandono, de tragédia e de uma tristeza profunda.

A CAMINHO DE UM RESUMO
E DE UMA DEFINIÇÃO CRONOTÓPICA

O espectador do curta-metragem, ao sair do cinema, ou o leitor de *Viaje a la Luna*, após fechar o livro, ficará com dúvidas sobre o conteúdo do objeto de estudo e, certamente, terá alguma dificuldade de resumir a obra. Para chegar a uma definição esclarecedora, discutiremos, primeiramente, os itens constituintes de um resumo, reunindo informações sobre o lugar, o tempo, os personagens e as ações.

Há, no roteiro, uma só indicação geográfica claramente definida: a seqüência 7 prescreve um olhar pela janela que oferece "uma vista da Broadway, à noite, com movimento de tiquetaque". Por conseguinte, o filme deveria levar-nos ao pulso da vida noturna de Nova York, que tanto impressionou nosso poeta[2].

Além disso, há poucas indicações que poderiam confirmar o lugar de ação: a seqüência 27 prescreve um aquário marinho, com serpentes de mar, caranguejos e peixes; a 14, uma montanha-russa de um parque de diversão. No entanto, ambas as indicações constam nas memórias nova-iorquinas de Lorca: a biógrafa americana Leslie Stainton menciona uma visita ao aquário do parque zoológico[3] e, numa carta, escrita no dia 6 de julho de 1929, Federico conta para seus pais que tinha passado um domingo em Coney Island e ficado impressionado com a monstruosidade do parque de diversão e, em particular, com as montanhas-russas[4].

O restante das prescrições tópicas – uma cama, um corredor, uma escada, uma habitação, portas, uma rua noturna, a trilha de um trem, um bar, um elevador, uma cama mortuária, um cemitério, um túmulo – poderia "ter lugar" em qualquer cidade do mundo, mas não há nenhum detalhe que contradiga nossa definição cronotópica.

Em geral, os locais, ligados às vivências de Lorca na metrópole americana, comparados com as outras indicações vagas, têm uma presença tão discreta que até podem escapar à percepção do espectador ou do leitor. Nova York, porém, está presente.

Na primeira seqüência, aparece uma cama, e uma outra, como leito mortuário, pouco antes do final do roteiro (seqüência 68). Esses objetos cênicos apresentam-se como *fundo*, do qual se destaca uma *figura*[5]; fazem parte da cena, funcionando como *matriz de lugar*.

A maioria das indicações cênicas – o corredor, as escadas, as portas, a rua noturna – marca *espaços transitórios* para o ser humano

---

2. L. Stainton comenta que Lorca, "desde sua janela, podia ouvir o barulho do trânsito" da Broadway, *Lorca: Sueño de Vida*, p. 258.

3. Idem, p. 262.

4. F. García Lorca, *Obras Completas*, III, p. 1109, edição de M. García-Posada.

5. R. E. Krauss, *The Optical Unconscious*, p. 1-27.

que se opõem claramente às indicações de cemitério ou túmulo no final, cuja conotação define-se pela *permanência eterna*.

A denotação tópica, inclusive as referências à metrópole americana, cria um cenário pouco convidativo; lembra, talvez, o mal-estar do poeta em Nova York e sua opinião sobre Coney Island: "con una vez, basta"[6] (uma vez, chega): esses lugares, aparentemente, não são para ficar.

As indicações temporais no roteiro são escassas, mas não menos significativas: a seqüência 7 prescreve uma vista da Broadway noturna; segue, em 17 e 18, a presença da Lua; a descrição da habitação, em 30, prevê uma lâmpada. A 45 passa-se numa rua noturna, e os três sujeitos presentes olham para a Lua. Segue, em 50, uma cena num bar, com todas as características de um clube noturno; e, na última seqüência, reaparece a Lua. Na há, no roteiro inteiro, nenhuma alusão a uma cena diurna: é "noite americana".

Além da insistência no ambiente noturno, não há outra indicação temporal, nem *flashbacks*, e parece que a diegese do roteiro segue uma linearidade cronológica, com rupturas entre as unidades vagamente alinhadas.

O caráter descosido do texto manifesta-se, também, na introdução dos personagens. Antes de apresentar o primeiro ser humano – um menino chorando, na seqüência 10 –, o roteiro introduz o homem por fragmentos: uma mão invisível que arranca os panos de uma cama, pernas grandes que correm, uma cabeça assustada que se dissolve sobre outra cabeça de arame, um sexo feminino, pernas oscilantes e mãos trêmulas.

Pela técnica da fusão, a imagem dessa criança que chora fica integrada ao conjunto dos enfoques do corpo fragmentado e não consegue ocupar uma posição individualizada, ainda menos porque, em seguida, fica sobreposta pela presença de uma mulher que lhe dá pancadas, dissolvendo-se, por sua vez, sobre um corredor.

Segue-se mais uma série de imagens fundidas, cuja ársis é um plano de detalhe de um olho, dissolvendo-se sobre peixes, uma queda da montanha-russa, um letreiro com as palavras "Socorro Socorro", uma pegada, um bicho-da-seda, uma cabeça morta e um céu com a Lua. O satélite da Terra, em vez de dissipar-se sobre outra imagem, parte-se ao meio, aparecendo o desenho de uma cabeça, que, ao vomitar, abre e fecha os olhos e se desintegra sobre dois meninos que avançam cantando.

Trata-se da primeira imagem que emana, espontaneamente, um sentimento feliz; mas os meninos têm os olhos fechados e as cabeças manchadas de tinta (seqüência 20). A aparição efêmera do menino apanhando (11[7]), dentro da série de imagens fundidas, reitera-se agora na presença das duas crianças como protagonistas da primeira

---

6. Veja a carta que Lorca mandou aos seus pais, no dia 6 de julho de 1929.

7. Daqui em diante, todos os números entre parêntese referem-se às seqüências.

O LANÇAMENTO: DESCRIÇÃO ANALÍTICA DO ROTEIRO

parte da obra, que logo se encerra (21) com um letreiro, no qual está escrito: "No es por aquí" (Não é por aqui).

A presença do adulto resume-se na mãe que bate no menino e nas partes fracionadas do corpo humano: ameaçadora, acabrunhante e sem individualidade própria, e não vai além de cumprir uma função. O adulto reduz-se a representar uma ameaça para as crianças que, desde pequenas, ficam expostas à adversidade e agressividade do mundo que as rodeia.

Sigmund Freud, em seu artigo "Ein Kind wird geschlagen" (Uma Criança é Espancada)[8], fala de *Prügelknaben* (bodes expiatórios), cujas feridas podem dar origem a perversões sexuais. Mas isso nos leva a uma possível interpretação que, neste capítulo, ainda não é nosso propósito.

Resumindo: a primeira parte do roteiro (1-22), que poderíamos intitular de "Sofrimento na Infância", apresenta um universo traumatizante no qual está exposta a criança, cuja liberdade fica visualmente restringida pela intervenção autoral[9] do letreiro "Não é por aqui".

A segunda parte (23-29) destaca-se por uma mudança de lugar e de personagens. Abre-se uma porta e aparece um homem vestido com uma bata branca; do lado oposto, surge um garoto de sunga. O adulto oferece-lhe um traje de arlequim, recusado pelo jovem. Então, o homem da bata agarra o garoto, que grita, para tapar-lhe a boca com o traje. Essa cena dissipa-se sobre uma outra série de imagens de serpentes do mar, caranguejos e peixes do aquário marinho. Então, a imagem congela-se num plano de detalhe de um peixe na mão, que, ao morrer, cobre, com a boca aberta, o objetivo inteiro. Dentro da boca aparecem mais dois peixes moribundos convertendo-se num caleidoscópio; e dentro deste salta, em agonia, um cardume de peixes.

Embora apresente uma mudança de personagens, essa parte reitera o tema do confronto agressivo entre duas gerações, porém, aqui, o acareamento passa-se entre um adulto e um adolescente, e não mais, como na parte anterior, entre mãe e criança.

A cena do jovem que se nega a aceitar a vestidura oferecida pelo homem da bata, ao ser substituída pelo plano do peixe que morre de boca aberta frente à câmera, insinua que o adolescente não consegue libertar-se da camisa-de-força que o representante da sociedade – o

---

8. *Studienausgabe*, v. VII, p. 229-254.

9. Ao usar o termo *autoral*, não me refiro ao roteirista Lorca, mas à instância autoral do suposto filme. "O roteiro é o filme em si", declara Henri Diamant-Berger, em 1919 (apud J.-C. Bernardet, *O Autor no Cinema*, p. 15), e, sendo assim, sigo a definição de Bernardet, destacando, conforme Raymond Bellour, "a existência de um *autor* que existe exclusivamente no seu texto, ou melhor, que é criado pelo texto, pela 'lógica formulável desse dizer', e não um *autor* que anteceda ao texto e ao qual este remeteria". Idem, p. 182-183.

20 VIAJE A LA LUNA

médico ou o professor de bata – lhe impõe. Gostaria de chamar essa segunda unidade contextual (22-29) de "Sofrimento na Adolescência".

Segue, na seqüência 30, mais um letreiro que – como o primeiro – tem uma função demarcadora. A segunda informação gráfica, porém, não aparece no final do segmento, mas no começo, e repete o título do filme: *Viaje a la Luna*. Percebe-se que nesse ponto começa a parte principal da obra, dedicada à vida do adulto.

O terceiro segmento (30-42), marcado pela presença feminina e pelo luto, inicia-se numa habitação que possui uma mesa e uma lâmpada: duas mulheres vestidas de preto choram, sentadas, com as cabeças apoiadas na mesa e as mãos dirigidas ao céu.

A esse terceiro grupo de personagens se junta agora uma presença animalesca: uma rã que cai sobre a mesa e, no fundo da imagem, orquídeas que se agitam com fúria. Segue-se o desenho de uma cabeça feminina que vomita e muda, rapidamente, de uma imagem negativa – invertendo o preto e o branco da película – para uma imagem positiva, normal. Fecham-se, violentamente, quatro portas e surge, em cada uma, um letreiro com as palavras "Elena Helena elhena eLHeNa".

As duas mulheres dirigem-se à porta e, fora, a câmera desce e sobe por umas escadas. Um *flash* é lançado sobre um desenho de Lorca intitulado "Muerte de Santa Rodegunda". E volta-se a enfocar uma mulher enlutada que caiu e sangra pelo nariz. A imagem fundese sobre um desenho de veias com grãos de sal grosso "para o releve". Intitulamos esse segmento de "Sofrimento da Mulher".

A partir da seqüência 43, a segmentação, regida pelas mudanças de espaço ou de personagens, torna-se mais complexa: há variação de lugares com freqüência e aumento do número de protagonistas. Entretanto, podemos registrar que não aparecem mais crianças protagonistas (apenas um negrinho vomitando) e que os lugares – escada, rua, bar, elevador e cemitério – têm um caráter público.

O segmento final (43-72) enfoca, na minha leitura, o "Sofrimento do Homem" na vida social. Os personagens, embora anônimos, apresentam-se com maior definição, representando, cada um, um determinado tipo. Destaca-se, como protagonista, um jovem nu que, arrastando um traje de arlequim, entra em cena pelo alto da escada para passar, depois, pela rua. Seu corpo inteiro está pintado como um boneco anatômico com desenhos dos músculos e do sistema de circulação do sangue.

Sua aparição estabelece uma relação com o garoto do segundo segmento, que foi forçado a aceitar o disfarce. Pela repetição da vestimenta pressupõe-se tratar da mesma personagem, anos mais tarde. Obviamente não podia recusar a fantasia, mas parece que se nega a assumir o papel imposto pelo traje, preferindo andar nu pelo mundo, mostrando, inclusive, seu interior.

Intercala-se, no meio da passagem do Homem das Veias, um *intermezzo*. As seqüências 45-46 apresentam três homens, na rua, que olham para a Lua. A câmera enfoca, alternadamente, cada um dos homens e suas respectivas visões do astro noturno. O primeiro vê a própria Lua; o segundo, a cabeça de um pássaro que está sendo estrangulado; e o terceiro, vê o desenho de uma Lua com um fundo branco, que se desintegra sobre um sexo e este sobre uma boca que grita. Então, os três fogem pela rua, voltando a aparecer nesta o Homem das Veias. Sua imagem dissolve-se numa filmagem de trens, e estes num teclado de piano e num bar (47-50).

No interior da casa noturna encontram-se vários homens vestidos de *smoking*, que não conseguem levantar as taças de vinho para bebê-lo, e uma garota quase nua dançando com um arlequim (51).

Aparece o Homem das Veias fazendo gestos desesperados no meio dos homens que estão adormecidos. Apenas uma cabeça olha estupidamente e dissipa-se numa rã, que é morta pelo Homem das Veias. Surgem uma esponja e uma cabeça vendada que se dissolvem numa rua pela qual fogem a garota e o arlequim, enquanto todos os clientes do bar vomitam (52-55).

A garota e o homem vestido de arlequim entram num elevador, onde um menino negro vomita. Beijam-se, mas ele a agride com fúria; ela grita, e o homem tira sua fantasia: surge o Homem das Veias, que beija sua vítima apaixonadamente. Retornam as palavras "Elena elena elena elena", que se dissipam sobre um jorro de água para terminar enfocando o Homem das Veias, morto, sobre jornais abandonados e arenques (56-67).

O roteiro é finalizado com imagens que insinuam o enterro do Homem das Veias, enquanto um jovem beija, ao luar, uma garota vestida de preto sobre um túmulo (68-72).

Na minha opinião, *Viaje a la Luna* apresenta *a existência sofrida do ser humano à margem da sociedade*, desde seu nascimento até sua morte. O começo do filme expõe uma cena de sofrimento na infância – uma criança espancada pela mãe – e outra cena ligada ao sofrimento na adolescência, em que um menino é forçado a aceitar o papel imposto pela sociedade. Depois de intercalar o título da obra, inicia-se a parte dedicada ao adulto, onde é mostrado o sofrimento feminino e cenas da biografia de um homem que não se integra à sociedade.

O único e verdadeiro protagonista do roteiro é o Homem das Veias, cujo comportamento marginal tem raízes nas experiências negativas da infância e da adolescência, além do confronto com uma sociedade doente. E quem conhece a biografia de Lorca chega facilmente à conclusão de que o sofrido Homem das Veias, que possui problemas de sexualidade e de relacionamento não resolvidos, é um fantoche fictício com os traços do autor.

De certo modo, *Viaje a la Luna* apresenta uma estrutura espaçotemporal que se compara com o que Mikhail Bakhtin, em *Esthétique et théorie du roman*, definiu como "chronotope du roman d'aventures et de mœurs" (cronotopo do romance de aventuras e costumes).

Um *chronotope* determina, na teoria bakhtiniana, "a unidade artística de uma obra em relação à realidade"[10]. O autor russo distingue três diferentes noções de tempo e espaço no romance, que são:

1. A cronotopia do *romance de aventuras e provas*, caracterizada por um fundo geográfico amplo e variado; sem nenhuma indicação histórica do tempo e um desrespeito ao decorrer do tempo real.
2. A cronotopia do *romance de aventuras e costumes*, cujo parâmetro temporal caracteriza-se pela idéia de evolução e cujos eventos alinham-se pela lógica de causa e efeito. Incluem-se, nessa categoria, os romances de crise que relatam os acontecimentos insólitos de uma vida humana[11].
3. A cronotopia do *romance biográfico*, própria dos elogios fúnebres, que homenageiam, em retrospectiva, as ações de louvor do defunto.

De fato, *Viaje a la Luna* relata a história de uma vida em crise, contendo a idéia da evolução, no sentido psicológico: a inconformidade no comportamento social do Homem das Veias explica-se pelos traumas infantis e juvenis.

O roteiro enfoca momentos insólitos da vida do protagonista, como sua entrada em cena na rua noturna, sua presença no bar ou sua tentativa de estupro no elevador.

Num ponto só, não há concordância entre as estruturas do romance antigo e o roteiro: o *roman de crise* tradicional apresenta uma estrutura em três etapas – antes dos sofrimentos, os instantes da crise e sua solução. Na obra de Lorca falta, porém, a última etapa da redenção, a menos que se considere a morte do protagonista o momento redentor.

---

10. M. Bakhtine, *Esthétique et théorie du roman*, p. 261- 277 e p. 384. Tradução minha.

11. "[...] un roman de ce type ne se déploie pas dans *le temps biographique* au sens strict. Il ne représente que les moments *exceptionnels*, tout à fait *insolites* d'une vie humaine, très brefs comparés à la longue durée de l'existence entière" (um romance desse tipo não se desenvolve no *tempo biográfico* no sentido estrito. Ele só representa os momentos *excepcionais*, totalmente *insólitos* de uma vida humana, muito breves, comparados com a extensa duração da existência inteira). Idem, p. 265.

ELEMENTOS ASSOCIADOS: O PEIXE, A RÃ E O PÁSSARO

Ao comentar a presença humana no roteiro, passamos por cima de uma série de elementos: na maior parte, imagens do corpo humano ou da fauna e flora que se associam aos personagens.

No primeiro segmento, que intitulamos "Sofrimento na Infância", a cena do menino que é espancado pela mãe precede uma dupla exposição de um olho e de peixes. No segundo segmento, "Sofrimento na Adolescência", a cena da imposição violenta do homem da bata para com o jovem começa com um enquadramento da sunga do menino em dupla exposição com um peixe e acaba num primeiríssimo plano de uma mão, sustentando o traje de arlequim que se dissolve sobre serpentes do mar, caranguejos e peixes. Reitera-se, então, o enfoque de uma parte do corpo do agressor – o olho[12] da figura feminina substituído pela mão do personagem masculino – e a filmagem de animais marítimos, com os peixes em destaque. Na seqüência 28, um *peixe* morre na *mão* de um homem, frente ao objetivo.

Constatamos, em ambos os segmentos, uma linha comparável ao associar, por um lado, a *mãe* com o *olho* e o *representante da socie-dade* com a *mão* e, por outro, a *criança* e o *adolescente* com o *peixe* que se asfixia fora de seu habitat[13].

Na parte principal, dedicada ao mundo do adulto, surge, no segmento das mulheres enlutadas, uma *rã* que cai sobre a mesa (seqüência 32). O animal reaparece, na 52, nas mãos do Homem das Veias, que a estrangula com os dedos. Ao introduzir o anfíbio anuro no meio do mundo feminino, surge a associação do animal com a mulher, que sucumbe na mão do protagonista masculino.

A atribuição da rã (ou do sapo) à mulher é antiga: Jurgis Baltrušaitis, em seu livro *La Quête d'Isis* (A Busca de Isis), reproduz o desenho da deusa egípcia amamentando dois sapos, em vez de alimentar seu filho Horus. Essa imagem tem seu *pendant* antagônico numa representação em que os anfíbios são substituídos por duas cobras. O valor simbólico dos répteis remete à aridez (a estação seca, o deserto, o Saara), enquanto os anuros simbolizam a água e a fertilidade (a época das chuvas, o rio Nilo).

Virgílio interpreta o coaxo das rãs como presságio de chuva: choverá quando "as rãs, na lama, entoam suas antigas lamentações"[14].

---

12. A. Monegal considera o olho – devido à sua forma redonda – como elemento predominantemente feminino. Cf. Entre el Papel y la Pantalla, em F. García Lorca, *Viaje a la Luna*, p. 19-20.

13. Monegal (idem, p. 20) atribui ao peixe uma conotação fálica e I. Gibson (*Lorca-Dalí*, p. 171) vê no peixe uma imagem do próprio Lorca (Dalí, nas cartas, chamou-o de "linguado"). Estudaremos o tema no capítulo dedicado à análise intertextual.

14. P. Vergilius Maro, *Georgica*, I, 378: "et veterem in limo ranae cecinere querelam". Tradução minha.

Covarrubias confirma que a associação da rã com a água – e, portanto, com a fertilidade e a mulher – continua existindo no mundo hispânico: "Rã. Animal palustre que vive nas lagoas e charcos; e costuma sair em terra a lugares úmidos; importuna muito com suas vozes, particularmente quando anuncia a chuva"[15].

Hieronymus Bosch, nas representações do inferno, pinta várias vezes um corpo feminino com uma rã ou um sapo. Na mesinha dos *Sete Pecados Mortais*, que se encontra no palácio do Escorial – um objeto que Lorca deve ter conhecido – há uma representação medieval da Soberbia: uma figura feminina cujo sexo é coberto por uma rã ou um sapo. No museu do Prado, muito freqüentado por Lorca e Dalí – que em várias ocasiões servia de fonte de inspiração aos nossos amigos artistas –, encontramos, na asa direita do tríptico do *Carro de Feno*, mais uma figura feminina com um anuro entre as pernas. E por analogia com a asa esquerda do tríptico, mostrando a *Gênese*, essa mulher foi associada a Eva.

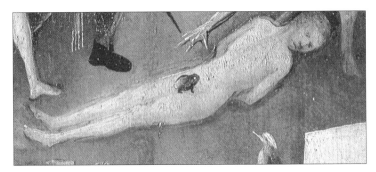

Figura 2: *Hieronymus Bosch,* O Carro de Feno *(detalhe)*.

Aliás, na língua portuguesa, persiste a designação vulgar do sexo feminino – "perereca" –, que confirma também a relação metafórica entre o anuro e a mulher.

Na seqüência 33, a rã converte-se numa enorme cabeça desenhada de mulher que vomita; na 52, o processo inverte-se: uma cabeça, provavelmente feminina, dissolve-se no anfíbio, que será estrangulado pelo Homem das Veias.

Ao associar o anuro (que o dicionário define por "desprovido de cauda") à mulher e o peixe ao protagonista, que o roteiro apresenta como um ser humano misógino, exposto à mercê da sociedade machista por não se integrar a ela, verifica-se a falta ainda de uma imagem associativa ao mundo masculino.

---

15. S. de Covarrubias, *Tesoro de la Lengua Castellana o Española*, p. 895. Tradução minha.

O LANÇAMENTO: DESCRIÇÃO ANALÍTICA DO ROTEIRO

Há mais uma cena paralela em que se mata um animal: a seqüência 45 exibe o estrangulamento de um pássaro frente ao objetivo. De fato, a associação de uma ave ao sexo masculino é corrente em várias culturas; ela é de uso freqüente na linguagem espanhola vulgar e consta também nos escritos freudianos[16].

Nos três casos, seja do peixe, do pássaro ou da rã, os animais são mortos pela mão de alguém: o peixe, símbolo do protagonista, morre por estar deslocado, e não consegue sobreviver fora do seu habitat. O protagonista estrangula o animal-símbolo da mulher, o que pode ser entendido como uma rejeição abrupta a relacionamentos com o sexo feminino. Resta o ser masculino que, ao olhar a Lua, "mata seu próprio passarinho". Diante desse ato masturbador, presume-se que o astro noturno pode ser entendido, aqui, como um objeto de desejo sexual.

A SANTA, A PROSTITUTA E A LUA

Ainda não realizamos um comentário conveniente sobre a presença da mulher no roteiro. Sua primeira aparição, na seqüência 5, é metonímica quando a câmera enfoca um sexo feminino. Segue a imagem da mãe que espanca a criança (11), uma cabeça desenhada que vomita (33), a mulher como santa (38), imagens de uma mulher morta com um lenço de cabeça à espanhola (41), como garota quase nua (50) ou vestida de branco e vítima dos assédios do arlequim (54-62), como garota vestida de preto que beija um jovem de bata branca (69-70) e duas vezes evocada pelo nome de Elena, em diferentes variantes gráficas (34 e 65).

Diferentemente do caso dos homens, que são todos anônimos, o roteiro menciona dois nomes femininos: o de uma santa, cujo nome está deformado (Rodegunda, em vez de Radegunda); e uma Elena (chamada também de Helena, elhena, eLHeNa ou elena); ambas serão, nos capítulos seguintes, objeto de análise intertextual.

Manifesta-se no roteiro uma polarização entre a mulher sofrida – que se condensa no desenho lorquiano existente de Santa Rodegunda – e a mulher fatal, cujo sexo – exibido em plano de detalhe – é sobrescrito com um triplo "Socorro". O prescrito *movimiento de arriba abajo* da seqüência 5 reitera-se na 14, na descida rápida em uma montanha-russa, com o mesmo alerta.

O "Socorro", que aparece cinco vezes no total, causa o mesmo impacto que outra palavra repetida: o nome Elena, em suas cinco

---

16. Cf. Eine Kindheitserinnerung des Leonardo da Vinci (Leonardo da Vinci e uma Lembrança de Infância), *Studienausgabe*, V. x, p. 148. Freud interpreta a lembrança infantil do artista italiano, que se assustou com uma ave de rapina que lhe intrometia o rabo na boca.

26 VIAJE A LA LUNA

variações[17]. O alerta contra o sexo feminino entretece-se com a evocação do nome de uma mulher sedutora, que, por aparecer em formas variadas, possui, na tradição popular, um traço diabólico[18].

A gama de mulheres apresentadas no roteiro polariza-se, portanto, entre uma santa na hora da sua morte e uma "deusa de amor" negativamente valorizada chamada Elena, Helena, elhena, eLHeNa ou elena.

O elemento faltante no roteiro é a mulher feliz, seja no papel da amada, da esposa ou da mãe; Lorca, ao contrário, apresenta um grande número de sofridas, enlutadas ou moribundas, além da mulher alvo de agressões machistas. Na seqüência 41, a mulher que está morrendo veste um lenço *a la manera española* na cabeça; Lorca identifica-a, portanto, como uma espanhola, enquanto o nome da mulher sexuada – Elena significa "a grega" – remete a outro âmbito cultural.

Sem nos preocuparmos, por agora, com possíveis modelos extratextuais de uma Elena ou Helena, ou levar em consideração as lendas da Santa, tentando compreender o texto em sua diegese, sobressai, no desenho de Lorca[19], Rodegunda, na hora da morte, vomitando. Essa imagem lembra a cabeça que vomita (18) ao sair de uma Lua rachada, estabelecendo-se, aqui, um paralelo entre a mulher (espanhola) sofrida e a Lua.

O roteiro intitula-se *Viaje a la Luna*, embora não pretenda exibir nenhuma viagem interplanetária, e o satélite da Terra, na primeira percepção, seja uma presença discreta. Além do título, a Lua aparece em quatro momentos da fita:

- Pela primeira vez, na seqüência 17, como um dos itens de uma série de metamorfoses, na qual ela sai de uma grande cabeça morta.
- Na 30, num letreiro que exibe o título do filme.
- Na 45, a Lua tem sua presença capital: num jogo de plano e contraplano, três homens olham o astro noturno: o primeiro é apresentado frente à própria Lua; o segundo aparece contraposto à imagem do pássaro que está sendo estrangulado; e o terceiro está

---

17. S. de Covarrubias, ao abordar o número cinco, relaciona-o com algo desprezível, de baixo valor: "De la cosa vil dezimos, no vale cinco blancas" (Da coisa sem valor dizemos que não vale nem um tostão). Op. cit., p. 420.

18. Ver, por exemplo, a figura "multiforme" do diabo – conforme a tradição dos contos russos – em *Histoire du soldat* (História de um Soldado), de Charles-Ferdinand Ramuz e música de Igor Stravínski.

19. Embora a obra referencial não faça parte do manuscrito, consideramos o desenho, feito por Lorca também em Nova York, em 1929, como uma parte constituinte do roteiro.

O LANÇAMENTO: DESCRIÇÃO ANALÍTICA DO ROTEIRO

relacionado com uma Lua desenhada sobre um fundo branco que se dissipa num sexo e numa boca que grita.

- O astro noturno volta a aparecer, brevemente, na 72, como um epílogo, lembrando, mais uma vez, o tema da obra: uma imagem rápida da Lua e árvores movidas pelo vento ("E ao final, com pressa, a Lua e árvores com vento").

Mesmo sendo uma presença discreta, a Lua aparece em momentos decisivos da obra: no título – repetido no letreiro intercalado que abre a parte dedicada ao homem adulto –, numa cena central (45-46) e no final.

A introdução do mesmo elemento no início e no final da obra proporciona o efeito de uma *moldura*, cuja função é destacar o relato *emoldurado*. E, no meio desse "quadro" em destaque, é apresentada a cena dos três homens numa noite de Lua cheia.

Jacques Aumont, em *L'Œil interminable* (O Olho Interminável), define a função da moldura como elemento transformador da percepção de quadro[20], que garante a *mediação* entre o meio ambiente e a obra[21]. Na diegese da obra, a Lua apresenta-se como um prólogo e um epílogo, formando, assim, um elemento crescente e minguante que destaca a plena radiação da seqüência central.

Resumindo: definimos a Lua como imagem que remete tanto à mulher, objeto de um obscuro desejo sexual, como à mulher espanhola sofrida, por ter em si traços de uma entidade erótica e uma imagem da pulsação da morte. Sua presença constante envolve o roteiro numa ambientação noturna e emana um clima de sofrimento geral.

O título, ao anunciar uma viagem à Lua, pode ser compreendido como uma procura humana a uma autêntica relação amorosa que não se realiza nem na vida da mulher espanhola, nem na vida do protagonista. E ele sofre por não conseguir relacionar-se com o sexo oposto. *Viaje a la Luna* relata a tragédia de um homossexual que, desde sua remota adolescência, está em oposição a uma sociedade que lhe impõe um comportamento machista, não conseguindo se libertar dessa imposição. Sentindo-se excluído, resta-lhe a morte como única solução. Essa viagem à Lua, que não se realiza, reflete o fracasso da vida sentimental do próprio autor.

20. Ver J. Aumont, op. cit., p. 111: "il s'agit toujours de *transformer* la perception du tableau" (trata-se sempre de *transformar* a percepção do quadro).

21. Idem, ibidem: "[Le cadre] assure une *médiation*" ([A moldura] garante uma mediação).

4. Análise Intertextual do Roteiro

UMA VIAGEM COM MÉLIÈS, VERNE E DALÍ:
A INTERTEXTUALIDADE DO TÍTULO

Nossa intenção, no capítulo anterior, era chegar a uma compreensão primária do roteiro e levar em conta o significado isotópico, embora seja claro que cada interpretação ancora num saber individual, marcado pela intertextualidade, mesmo considerando o texto como uma estrutura autônoma, delimitada e coerente. "Il n'est de texte que d'intertexte"[1] (Não há texto senão intertexto), alega Charles Grivel.

A obra lorquiana caracteriza-se por uma insistência em imagens repetidas, cuja base é um universo imagético próprio ou compartilhado com artistas amigos, principalmente com Dalí. Podemos citar a Lua como exemplo de uma imagem reiterada na produção artística do autor ou a presença de fragmentos do corpo humano nas obras lorquianas e dalinianas.

O sentido poliisotópico[2] de *Viaje a la Luna* inicia-se já no título, que é simplesmente a tradução espanhola do título do filme de Georges Méliès, *Voyage dans la Lune* (Viagem à Lua), de 1902. Essa inter-relação com uma das principais obras do cinema francês do começo do século XX abre, por sua vez, o dialogismo com os romances de Jules Verne, *De la Terre à la Lune* (Da Terra à Lua), de 1865, *Autour*

---

1. Apud H. Plett, Intertextualidades, *Criterios*, p. 80.
2. Uso a terminologia de Plett que, por sua vez, cita Bakhtin.

30 VIAJE A LA LUNA

de la Lune (Em Volta da Lua), de 1870, e com outras viagens fictícias pelo espaço[3].

Gérard Genette apresenta três funções de um título: a identificação da obra, a indicação de seu conteúdo e a sedução do público[4]. Destas três, apenas a primeira é obrigatória e mesmo ela não é geralmente obedecida, porque existem obras com um título homônimo.

Esse é o caso do roteiro lorquiano. O resultado de adotar um título preexistente causa uma certa confusão, de modo que o leitor do cartaz de cinema julga tratar-se de um *remake*[5], o que não é o caso. Mas a obra lorquiana alinha-se, assim, numa tradição cinematográfica, que o poeta e dramaturgo espanhol não tinha.

Quanto à segunda função, já sabemos que o título do roteiro não resume seu conteúdo. Assim, Lorca adota uma prática surrealista que, além de em *Un Chien andalou* – em que não aparece nenhum cachorro –, já existia nas criações pictóricas de Max Ernst[6] e teve seu auge nas obras de René Magritte[7]. A não-coincidência entre o título e a obra, segundo a teoria de Genette, pode manifestar uma intenção metafórica.

No caso do roteiro lorquiano, relacionamos provisoriamente a Lua à mulher; uma viagem à Lua, portanto, pode ser entendida como a procura por uma relação amorosa. Nesse sentido, a palavra "viagem" adquire um valor metafórico que designa a própria vida do protagonista que, impossibilitado de alcançar seu objetivo e frustrado por não poder seguir seu destino, vê a morte como única alternativa.

Hélène Lefebvre define a viagem como "rupture, départ d'un endroit donné vers un autre, éloigné et plus ou moins hypothétique"[8] (ruptura, saída de um lugar dado até um outro, distante e mais ou menos hipotético). Se o momento da "ruptura" inicial corresponde ao nascimento do herói, o "espaço afastado e mais ou menos hipotético" equivale ao fim da vida. Assim, além da definição contextual da Lua

---

3. Existem descrições de viagens à Lua desde a Antigüidade; lembro a obra Ἀληθῆ διηγήματα (Histórias Verdadeiras) do autor e filósofo grego Luciano de Samosata (Λουκιανός) que, certamente, é um dos mais antigos relatos de ficção científica da literatura européia, em *Die Hauptwerke des Lukian. Griechisch und deutsch.*

4. *Seuils*, p. 80.

5. Georges Méliès mesmo já tinha realizado um *remake* em 1904, porém, alterando o título para *Le Voyage à travers de l'impossible* (A Viagem através do Impossível).

6. Sua tela *Ödipus Rex* (Édipo-Rei, 1922), por exemplo, mostra uma mão que segura uma noz e duas cabeças de animais que surgem por uma abertura. O quadro em si apresenta um imagético independente do título, embora seja possível descobrir referências ao herói da mitologia grega, mas somente numa releitura que tome em conta a obra junto com seu título. Ulrich Bischoff, em seu livro *Max Ernst*, p. 23, ressalta na tela três itens alusivos ao episódio clássico (a vista, a cegueira e a perfuração) e vê, na noz entreaberta, um possível modelo do olho perfurado de *Un Chien andalou*.

7. Lorca poderia ter conhecido *La Clef des songes* (A Chave dos Sonhos), de 1927, ou a obra homônima de 1930; ambas apresentam objetos e palavras, entre os quais não existe nenhuma relação óbvia.

8. *Le Voyage*, p. 5.

ANÁLISE INTERTEXTUAL DO ROTEIRO

como alvo da pulsação do desejo – "cet objet obscur du désir" (esse objeto obscuro do desejo), na linguagem de Buñuel –, o astro noturno significa também a morte.

Essa ambigüidade da imagem metafórica da Lua tem tradição na obra lorquiana. Cito, aqui, só o exemplo do "Romance de la Luna, Luna", em que a Lua, vestida de mulher "lúbrica e pura", mostra seus seios a um menino ao entrar, com ele, numa dança macabra; a *morte* personificada apresenta-se como *mãe* e, ao mesmo tempo, como *mulher sedutora*.

A não-coincidência entre título e obra, além de manifestar uma intenção metafórica, implica também na terceira função de um título sugerido por Genette: a sedução do público. Genette lembra que os editores americanos designam-no de *catchy* – sedutor[9].

De fato, *Viaje a la Luna* é um título sedutor que promete uma viagem espacial, e quem gosta das aventuras de Jules Verne, ou de divertir-se nas adaptações cinematográficas, ficará tentado a comprar o ingresso. Diferentemente da obra, o título não se dirige unicamente ao espectador do filme, senão a um público bem mais amplo: o título de um filme é "um assunto de conversa"[10].

Não há dúvida: Lorca sabia atrair seu público por meio de um título atrativo. A popularidade de Méliès é incontestável[11] e Jules Verne, por gerações, foi o autor predileto de muitos leitores jovens; a paixão por suas obras tornou-se, inclusive, um assunto literário[12].

Mas quem se deixa seduzir pelo título comprometedor sente-se profundamente enganado, por não se tratar de um filme de aventura e, muito menos, de uma diversão popular. Lembro-me da minha própria experiência: fiquei na expectativa de assistir a uma viagem bem-sucedida *à la Méliès*, mas o filme de Frederic Amat mostrou-me uma peregrinação interna pela biografia do Homem sofrido.

Fica ainda a dúvida se Lorca só emprestou o título ou se as obras *en abyme* estão estrutural ou tematicamente presentes. O livro de Verne, *Autour de la Lune*, na verdade, também conta uma viagem fracassada: a tripulação do Gun-Club não consegue pousar na Lua, mas o livro tem seu desenlace feliz: os três astronautas Barbicane, Nicholl

---

9. Op. cit., p. 89.

10. Idem, p. 79.

11. A. Machado, *Pré-cinemas & Pós-cinemas*, p. 38: "O fascínio do cinema de Méliès, aquilo que na Europa e na América mobilizava multidões para as salas escuras, está sobretudo nesse componente onírico de fundo psicanalítico, pois o que as massas buscavam nas *féeries* de Méliès e em todas as *mises en scène magiques* do período era aquilo justamente que em princípio não podia ser mostrado".

12. Blaise Cendrars, por exemplo, o poeta e romancista de origem suíça – conhecido entre os estudantes da Residência de Estudantes madrilena da época de Lorca – descreve, em *Le Rayon vert*, como ele fez amizade com um capitão de navio numa viagem ao Brasil, porque ambos, na juventude, tinham adorado os romances de Verne. Cf. Cendrars, *Oeuvres complètes*, IV, p. 483 e I. Gibson, *Federico García Lorca*, I, p. 242-243.

32   VIAJE A LA LUNA

e o francês Michel Ardan voltam ilesos e "l'apothéose était digne…" (a apoteose era digna…). Na versão fílmica de Méliès, a expedição espacial, porém, é coroada de sucesso.

Seria, no entanto, precipitado concluir que Lorca citasse Méliès de maneira puramente designativa e sem referência temática. Arlindo Machado estabelece um paralelo entre o surgimento da psicanálise e a primeira *féerie* do cineasta francês[13] – a *Interpretação dos Sonhos* e *Cendrillon*, ambas de 1900 – e comparte a opinião de Pierre Jenn de que "a obra de Méliès, tranqüila na sua superfície, aparentemente desprovida de paixões ou outros sentimentos fortes que não o riso descomprometido, está atravessada todavia por uma angústia profunda e 'arcaica', tanto mais inquietante quanto mais se dissimula e se insinua nas pantomimas"[14]. E, nesse aspecto, há um íntimo parentesco entre o roteiro lorquiano e a obra do cineasta francês.

Talvez seja mais clara a relação entre os dois autores se recorrermos a uma interpretação do filme *Eclipse de soleil en pleine lune*[15] (Eclipse do Sol na Lua Cheia) de 1907:

> Um astrônomo de opereta (o próprio Méliès) observa pelo telescópio um eclipse do sol. Ao passar por detrás da lua, o sol, muito atrevido, resolve se aproveitar da situação, para o prazer do astro noturno. As expressões de gozo sexual por parte da lua são inequívocas (nos filmes de Méliès os astros têm rostos), quando sente o sol precipitarse sobre ela. Excitado, o astrônomo se inclina para espiar a cena mais de perto e… cai janela abaixo! Tudo aparentemente muito inocente. Mas quem são esse sol e essa lua – explica Jenn – senão metamorfoses do pai e da mãe? E o que fazem eles um em cima do outro senão o coito? O astrônomo Méliès, espiando pelo seu telescópio (versão transformada desse instrumento emblemático da escopofilia: o buraco da fechadura), não está revivendo nesse pequeno filme o fantasma da cena primitiva, essa cena que se passa *en pleine lune*, como diz o título[16]?

Tanto em Lorca como em Méliès, a Lua aparece personificada e preenche a função de um objeto de desejo; nas duas obras há uma projeção cósmica do desejo sexual e ambas apresentam os protagonistas numa situação íntima.

A obra do cineasta francês, no entanto, emana um sentimento de prazer que, no roteiro lorquiano, falta por completo. O ato sexual entre o Sol e a Lua acontece ao meio-dia (*pleine lune* não é apenas uma referência temporal; a expressão francesa também significa "bunda"), enquanto Lorca envolve a obra inteira num ambiente noturno e assombreado pela morte, em que os desejos não chegam a se realizar: a viagem interna do protagonista lorquiano falha como no "pré-texto" literário de Jules Verne, e, além disso, sem desenlace feliz.

13. Op. cit., p. 36.
14. Idem, p. 30
15. Uma descrição detalhada da fita encontra-se em A. Gaudreault (dir.), *Ce que je vois de mon ciné...*, p. 103-107.
16. A. Machado, op. cit., p. 38.

Voyage dans la Lune, o modelo da viagem bem-sucedida, leva o espectador para um mundo fantástico, onde crescem cogumelos gigantes, do tamanho de casas. Além disso, o astro está povoado e seus habitantes, os selenitas, formam uma população animalesca, mas com uma estrutura social hierárquica e um exército que se revela ameaçador frente aos astronautas[17]. Estes ficam admirados pelo mundo com características carnavalescas, onde eles assistem, inclusive, a um "pôr da Terra".

Na vivência lorquiana, a experiência nova-iorquina equivalia a uma estadia em outro planeta: arranha-céus – em vez de cogumelos gigantes –; um povo que ele não compreendia – Lorca não falava inglês –; e uma sociedade com costumes e valores diferentes dos da espanhola. Para nosso poeta andaluz, a metrópole americana era inumana e angustiosa[18] e lembrava-lhe, com certeza, a *Metrópolis* utópica, de Fritz Lang, que ele deve ter assistido antes de viajar[19].

Já mencionamos que o fundo cênico de *Viaje a la Luna* é Nova York. Comparado com o pré-texto citado, a metrópole americana substitui o destino da viagem do filme de Méliès, o que estabelece um paralelo entre Nova York e a Lua.

Cabe mencionar, aqui, que a obra *Poeta en Nueva York* emprega o termo "luna" quase cinqüenta vezes, envolvendo, assim, os poemas num ambiente noturno, comparável ao do roteiro. A palavra "muerte" ou uma forma verbal de "morir" aparecem mais de trinta vezes, devido ao acúmulo de poemas dedicados a esse tema. Além disso, o poema "Nueva York" também insiste no mesmo tema; na concepção lorquiana, a metrópole americana é a cidade da Lua e da Morte:

> Todos os dias matam-se em Nova York
> quatro milhões de patos,
> cinco milhões de porcos,
> duas mil pombas para o gosto dos agonizantes,
> um milhão de vacas,
> um milhão de cordeiros
> e dois milhões de galos[20].

---

17. Vários elementos da obra de Méliès lembram a fantástica viagem à Lua de Luciano de Samosata, que, nas *Histórias Verdadeiras* (em *Die Hauptwerke des Lukian. Griechisch und deutsch*), descreve o exército lunar que usa escudos de cogumelos gigantes ("ασπίσι μυκητίναις εχωντο", p. 344). Em ambas as obras, os selenitas, ao morrer, dissolvem-se como fumaça e convertem-se em ar (cf. p. 350).

No roteiro lorquiano, não há nenhuma alusão direta à obra de Luciano, a não ser que o casamento selenita entre homens (não há mulheres na Lua) tenha alguma ressonância no latente homossexualismo do Homem das Veias.

18. L. Stainton, *Lorca: Sueño de Vida*, p. 258.

19. I. Gibson, op. cit., II, p. 13.

20. Todos los días se matan en New York / cuatro millones de patos, / cinco millones de cerdos, / dos mil palomas para el gusto de los agonizantes, / un millón de vacas, / un millón de corderos / y dos millones de gallos. F. García. Lorca, *Poeta en Nueva York*, p. 203-204. Tradução minha.

A justaposição de Nova York com o astro noturno tem tradição literária: Ian Gibson, que vê na Lua o "símbolo máximo da artificialidade de Nova York", cita um texto do poeta e amigo de Lorca, Juan Ramón Jiménez, que descreve a aparição da Lua entre os arranha-céus, como se fosse um letreiro luminoso na metrópole americana: "– ¡La luna! – ¿A ver? – Ahí, mírala, entre esas dos casas altas, sobre el río, sobre la octava, baja, roja, ¿no la ves…? – Deja, ¿a ver? No… ¿es la luna, o es un anuncio de la luna?"[21] (– A Lua! – Onde? – Aí, olhe, entre essas duas casas altas, sobre o rio, sobre a oitava avenida, baixa, vermelha, não a vês…? – Deixe me ver! Não… é a Lua, ou é um anúncio da Lua?).

E Lorca converte-a no título que, um dia, deveria anunciar seu filme nova-iorquino nos cartazes cinematográficos.

Anos mais tarde – ignoro a data exata –, Salvador Dalí criou um jogo de tarô com valores simbólicos próprios, em que seu auto-retrato ocupa a posição do Mago e o retrato de Gala corresponde à carta da Imperatriz.

No *Tarot Universal Dalí*, o décimo oitavo arcano maior – correspondendo à Lua – mostra a mesma junção imagética como o roteiro lorquiano: a carta representa a *skyline* nova-iorquina, cujos arranha-céus iluminados se destacam no céu noturno com uma Lua amarela, de dimensões exageradas e com traços de um rosto feminino inacessível. Essa figura antropomórfica pintada sobre um fundo azul[22] reflete a cor da lagoa do primeiro plano, em que se espelham os prédios da metrópole. Uma das torres situa-se frente à Lua, de uma maneira que a ponta da cúpula parece ferir a testa dessa mulher celeste: o astro e a cidade relacionam-se e, embora os arranha-céus estejam todos iluminados, a contraluz provocada pelo luar é dominante.

O primeiro plano da colagem é dominado por uma lagosta gigantesca e ameaçante, cuja pinça hiperdimensionada se levanta à altura do céu, como se fosse outro planeta. Dois cachorros pequenos (se não fosse um lobo e um cachorro, como nos jogos de tarô tradicionais), uivando, encontram-se entre a lagoa e a cidade: um olha para a pinça enorme e o outro para a Lua. Embora Dalí não conhecesse o roteiro lorquiano, as urdiduras imagéticas dos dois artistas são as mesmas: o reino terrestre da Lua é a cidade de Nova York.

Não podemos esquecer que Lorca ficou ofendido por achar-se tratado, por Buñuel e Dalí, de "cachorro andaluz". Na carta do tarô daliniano, o cachorro uivando, ao olhar o astro noturno, pode ser interpretado como referência ao poeta da Lua.

---

21. I. Gibson, op. cit., II, p. 12.

22. A cor azul, na obra lorquiana, está negativamente valorizada. Entraremos numa análise mais profunda ao comentar a seqüência 14, em que Lorca prescreve a cor azul para a cena da queda pela montanha-russa.

Figura 3: *Tarot Universal Dalí*: La Luna.

Chama a atenção que Dalí assinou o décimo oitavo arcano do tarô no disco lunar com o rosto inacessível. Essa inscrição aproxima o pintor catalão à imagem do objeto de desejo distante, pondo assim em jogo "o amor que não podia ser" entre os dois artistas[23].

NÚMEROS NA CAMA – PRÓLOGO (1-2)

1
Cama branca numa parede cinza. Nos panos surge um baile
de números 13 e 22. Desde dois começam a surgir até que cubram
a cama como formigas diminutas[24].

O roteiro situa a cena inicial num interior vagamente definido, com a presença de uma parede cinzenta, contra a qual há uma cama branca. Destaca-se, num filme preto e branco, o objeto cênico claro que – conforme a definição do *Diccionario de la Real Academia Española* – "sirve para dormir y descansar en ella las personas" (serve para dormir e descansar nela as pessoas). O cenário evoca um lugar apropriado para momentos valorizados, seja positivamente (descanso,

23. Ver I. Gibson, *Lorca-Dalí*.
24. A tradução do roteiro é minha.

namoro, nascimento), seja negativamente (doença, morte). Sua utilização, para o ser humano, é transitória e geralmente noturna.

O mesmo objeto cênico reaparece no final do roteiro[25], ali, porém, sob a clara definição de um leito mortuário.

Na tentativa de resumir o roteiro, concluímos que se trata de uma obra biográfica que apresenta, numa sucessão cronológica, as diferentes etapas da vida de um ser humano. Ao considerar o conjunto do roteiro, numa segunda leitura[26], podemos deduzir que o início de uma diegese linear, que acabará numa cena ligada à morte, deve referir-se ao começo da vida. Román Gubern fala de um "cenário erótico por antonomásia"[27] e Antonio Monegal vê, nessa abertura, "uma abstração muito condensada do que vai seguir", alegando que os "números son la representación simbólica de una aspiración a la pareja"[28] (os números são a representação simbólica de uma aspiração à parelha).

A prescrição de dois elementos, que se mexem na cama e se multiplicam, liga a cena inicial ao ato amoroso e à conceição; e os números 13 e 22 determinam-se, extrinsecamente[29], como dois corpos humanos[30].

O filósofo que influencia muito os intelectuais espanhóis dos anos de 1920, José Ortega y Gasset, escreve, em 1925, no ensaio *La Deshumanización del Arte* (A Desumanização da Arte), que "o novo estilo, considerado em sua mais ampla generalidade, consiste em eliminar os ingredientes 'humanos, humanos demais', e reter só a matéria puramente artística"[31]. A substituição de seres humanos por números – num espaço apropriado para homens – corresponde a um processo desumanizador da arte[32]. Por um lado, um número é a mais

---

25. Cf. a seqüência 68: "Aparece una cama y unas manos que cubren un muerto".

26. Michael Riffaterre, em *Sémiotique de la poésie*, p. 17, fala de uma "leitura retroativa", definindo-a como a segunda fase no processo da compreensão de um texto.

27. Cf. *Proyector de Luna*, p. 452. Tradução minha.

28. Cf. Entre el Papel y la Pantalla, em F. García. Lorca, *Viaje a la Luna*, p. 29.

29. No estudo semiótico das mensagens visuais, o Groupe μ, em *Traité du signe visuel*, p. 107, alega que cada unidade, ou parte de unidade, adquire seu valor pela posição que ocupa dentro de um enunciado visual. Assim sendo, um olho pode ser identificado por ter a forma de um olho (determinação intrínseca) ou porque ocupa o lugar de um olho (determinação extrínseca).

30. *Viaje a la Luna* teria assim um começo comparável com a exposição da comédia *El Burlador de Sevilla y Convidado de Piedra* (O Burlador de Sevilha e Convidado de Pedra), de Tirso de Molina: ao abrigo da noite, passa-se uma cena de amor nos aposentos da duquesa Isabel. Acreditando que seu namorado é o duque Octavio, a dama nobre, ao acender uma luz, vê-se enganada, por ter compartilhado o leito de amor com Don Juan. À pergunta assustada da marquesa quem ele é, o sedutor dá-lhe a resposta famosa: "¿Quién ha de ser? / Un hombre y una mujer" (Quem há de ser? / Um homem e uma mulher).

31. *La Deshumanización del Arte y Otros Ensayos Estéticos*, p. 59. Tradução minha.

32. O jogo com números acha-se também no curta-metragem *777*, realizado pelo cineasta e pintor mexicano de vanguarda Emilio Amero, a quem Lorca confiou o manuscrito de seu roteiro. Cf. depoimento de Amero em Sánchez Vidal, *Buñuel, Lorca, Dalí*, p. 221. Não sabemos se o roteiro de Lorca tem mais alguma referência ao filme de Amero por desconhecer-se a existência de alguma cópia de *777*. Há, porém, outra obra

alta representação de uma idéia lógica; por outro, coagula em si a essência do irracional. Conforme a definição que o poeta atribui ao número, designam-se a felicidade ou as penas humanas. César Vallejo, ao inventar o neologismo "Trilce" como título de um livro de poemas, amalgama o número "três" com o adjetivo "dulce"[33], enquanto o poeta argentino Leopoldo Marechal (1900-1970) alega que a pena começa o número 2 ("Con el número Dos nasce la pena"[34]).

Figura 4: *Federico García Lorca,* Autorretrato en *"Ddooss", 1931.*

Nos desenhos de Lorca, a aproximação de um ser humano com os números existe, por exemplo, no *Autorretrato en "Ddooss"*, publicado, em março de 1931, em Valladolid, na revista *DDooss*. A repetição das letras no título do desenho, como também o entrelaçamento de dois rostos em formas que lembram os algarismos, leva a considerar que talvez o número 22 seja uma simples duplicação do símbolo gráfico, indicando que se trata de dois elementos. O jogo de números, que remete a um outro conteúdo não numérico, tem certa tradição na obra poética do autor. Referente ao 2, Lorca escreve no *Pequeño Poema*

cinematográfica lembrada na primeira cena do roteiro lorquiano: *Le Ballet mécanique* (O Balé Mecânico, 1923-1924), de Fernand Léger e Dudley Murphy, em que aparece um jogo rítmico entre os algarismos 1, 2 e 3.
33. *Poesía Completa*, p. 109-202.
34. Último verso do soneto "Del Amor Navegante", publicado em *Sonetos a Sophia y Otros Poemas*, em 1940. Apud J. O. Jiménez (org.), *Antología de la Poesía Hispanoamericana Contemporánea: 1914-1970*, p. 238.

38 VIAJE A LA LUNA

Infinito (Pequeno Poema Infinito), de 1930: "Pero el dos no ha sido nunca un número"[35] (Mas o dois nunca foi um número).

Existem, na obra lorquiana, vários jogos combinatórios com os números 1, 2 e 3, suscitando um sentido interpretativo; lemos em *El Público*:

> Amor, amor, amor.
> Amor do um com o dois
> e amor do três que se afoga
> por ser um entre os dois[36].

A "Fábula y Rueda de los Tres Amigos" (Fábula e Roda dos Três Amigos), uma espécie de dança macabra, baseia-se numa estrutura comparável:

> Enrique, / Emilio, / Lorenzo. [...]
> Lorenzo, / Emilio, / Enrique. [...]
> Uno / y uno / y uno [...]
> Tres / y dos / y uno [...][37].

Esses exemplos citados atribuem aos números tanto uma relação pessoal (o auto-retrato em *DDooss*) como valores pesados (angústia, desespero, castigo, afogamento, morte), o que leva a opinar que o 22 – além do 13 – também carrega uma valorização negativa. Mas não é claro por que Lorca escolheu precisamente esses dois números[38] e qual deles – se realmente for o caso – corresponderia ao sexo feminino ou masculino[39].

A passagem que já chamou a atenção de vários críticos[40] é a citação dos próprios números 13 e 22 no subtítulo do poema em prosa *Suicidio en Alejandría* (Suicídio em Alexandria)

13 e 22

Quando colocaram a cabeça cortada sobre a mesa do escritório, romperam-se todos os vidros da cidade. "Será necessário acalmar essas rosas", disse a velha. Passava um carro e era um 13. Passava outro carro e era um 22. Passava uma loja e era um 13. Passava

---

35. Idem, I, p. 579.

36. "Amor, amor, amor. / Amor del uno con el dos / y amor del tres que se ahoga / por ser uno entre los dos", em F. García Lorca, *El Público*, p. 157. Tradução minha.

37. Em F. García Lorca, *Poeta en Nueva York*, p. 117-119.

38. Para Gómez de la Serna (*Total de Greguerías*, p. 260), o 22 assemelha-se a uma parelha de cisnes ("Las parejas de cisnes parecen que señalan siempre una misma cifra, el 22"); e Victor Hugo (*Poésie*, II, p. 238) compara o 22 com dois patos: "Le numéro 22 se promène dans l'étang sous la forme d'un couple de canards" (O número 22 passeia no lago sob a forma de uma parelha de patos). Ambos os exemplos citados, porém, implicam uma valorização positiva.

39. M. Laffranque, Lettura e interpretazione, em F. García Lorca, *Viaggio verso a la luna*, p. 29, atribui aos números pares e ímpares, sem explicação nenhuma, um valor feminino e masculino.

40. Cf. M. Laffranque, op. cit., e A. Monegal, Entre el Papel y la Pantalla, em F. García Lorca, *Viaje a la Luna*, p. 42.

um quilômetro e era um 22. A situação ficou insustentável. Havia necessidade de romper para sempre[41].

Esse poema em prosa equipara os números em questão com um automóvel, uma loja e uma indicação de quilometragem na rua, mas nenhuma das três definições serve para explicar uma presença humana numa cama.

O que chama a atenção é a mesma valorização negativa que o início de *Suicidio en Alejandría* atribui aos números 13 e 22, ao aparecerem num contexto marcado pela *morte* ("suicídio", "cabeça cortada"); e isso, dificilmente, combina com nossa conclusão extrínseca de que se trate de uma cena de prazer sexual, gerando *vida* nova.

Além da valorização negativa dos números 13 e 22, a definição cromática da cama – sua brancura – evoca o imagético de um móvel hospitalar, excluindo, assim, a impressão de que se trata de um *locus amœnus* propício ao namoro; o objeto cênico implica sofrimento[42], lembrando o verso de *Llanto por Ignacio Sánchez Mejías* (Lamentação por I.S.M.): "Un ataúd con ruedas es la cama"[43] (Um caixão com rodas é a cama).

De certo modo, a cena que alude à conceição do ser humano protagonista pressagia uma existência ligada ao sofrimento e à morte. Amalgamam-se, na obra lorquiana, o amar, o nascer e o morrer.

Embora Lorca use a mesma combinação numérica em *Viaje a la Luna* e *Suicidio en Alejandría*, não achamos ainda o núcleo denotativo comum que nos possa servir de chave interpretativa para esses textos, mas o poema em prosa contém mais informações interpretáveis do que a cena inicial do filme.

Suicidio en Alejandría apresenta, pelo menos, uma estrutura clara: cada combinação de números, precedendo geralmente um trecho de texto, segue uma ordem matemática rigorosa: o suposto subtítulo da primeira estrofe, "13 y 22", é seguido pelo segundo, "12 y 21", e os parágrafos seguintes iniciam-se por "11 y 20", "10 y 19" etc. Além das primeiras frases do texto, que atribui um valor referencial aos números ("Pasaba un automóvil y era un 13" etc.), o restante dessa contagem regressiva aparece totalmente aleatório.

---

41. "Cuando pusieron la cabeza cortada sobre la mesa del despacho, se rompieron todos los cristales de la ciudad. 'Será necesario calmar a esas rosas', dijo la anciana. Pasaba un automóvil y era un 13. Pasaba otro automóvil y era un 22. Pasaba una tienda y era un 13. Pasaba un kilómetro y era un 22. La situación se hizo insostenible. Había necesidad de romper para siempre". F. García Lorca, *Obras Completas*, I, p. 496, edição de M. García-Posada. Tradução minha.

42. A cena inicial do roteiro lembra, entre outros, o quadro *Hospital Henry Ford*, que Frida Kahlo pintou em 1932. A cama, na tela da pintora mexicana, emoldura, sobre lençóis brancos, um corpo feminino nu – um auto-retrato – e as causas de seu sofrimento, inclusive um recém-nascido.

43. F. García Lorca, *Obras Completas*, I, p. 618, edição de M. García-Posada.

Por se tratar de um jogo com vinte e dois números, minha hipótese é a de que os textos talvez façam referência aos vinte e dois arcanos maiores do tarô, cuja combinação aleatória é o pilar da cartomancia. Embora não haja, na obra lorquiana, nenhuma referência explícita às cartas da adivinhação[44], sabemos que os surrealistas tinham um interesse particular por esse baralho[45].

Figura 5: *Dois arcanos do Tarô de Marselha: "XIII: A Morte" e "O Louco"*.

Sob esse ponto de vista, a primeira combinação numérica de *Suicidio en Alejandría* (o "13 y 22") poderia ser lida como "A Morte e o Louco", a segunda (o "12 y 21") como "O Enforcado e o Mundo" e a terceira como "A Força e o Julgamento" etc. Nossa hipótese ampliaria a base interpretativa e um subtítulo referente à morte e loucura, num texto que anuncia um duplo suicídio, faria sentido. Assim, "a cabeça cortada" corresponderia ao arcano da Morte[46], que a velha cartomante ("la anciana") põe na mesa; e as rosas que ela quer acalmar poderiam ser compreendidas como as feridas do suicídio iminente que ela quer impedir[47].

44. Não faltam, porém, referências a outros baralhos; por exemplo, no poema "Reyerta": "Una dura luz de naipe / recorta en el agrio verde, / caballos enfurecidos / y perfiles de jinetes." F. García Lorca, *Obras Completas*, I, p. 418, edição de M. García-Posada. Tradução minha.

45. Dalí confeccionou seu próprio jogo (do qual já falamos no capítulo anterior) e André Breton publicou, em 1947, *Arcane 17*.

46. Nos jogos tradicionais – no baralho de Marselha, por exemplo –, a Morte é representada por um esqueleto com uma foice vermelha de sangue na mão, que acaba de desmembrar os seres humanos, cujos pés, mãos e cabeças jazem no chão.

47. No *Tarot Universal Dalí*, os corpos desmembrados são substituídos por uma rosa que, na linguagem poética de Lorca, pode ser um eufemismo para "ferida" ou "morte". Cf. o Romance Sonâmbulo ou o Soneto de la Guirnalda de Rosas, em F. García Lorca, *Obras Completas*, I, p. 421 e 627, edição de M. García-Posada.

ANÁLISE INTERTEXTUAL DO ROTEIRO

Foge ao nosso propósito interpretar aqui o poema; citamo-lo, simplesmente, na expectativa de encontrar uma possível resposta para entender a "signifiance"[48] da abertura do roteiro.

Se mesmo o tarô fosse pré-texto paradigmático da parte inicial, chegaríamos à seguinte conclusão: a abertura do filme alude, sob o presságio da morte e da loucura, a um coito desumanizado, cujo fruto será uma existência humana predestinada a uma vida sofrida e dolorosa. Assim, o número 13 corresponderia ao princípio feminino que, tradicionalmente, na obra lorquiana, fica ligado à morte[49], e o número 22 evocaria um representante quixotesco do sexo masculino. Em *El Público* (O Público), o estudante 2 formula uma pergunta-chave: "Em último caso, será que Romeu e Julieta precisam ser forçosamente um homem e uma mulher?"[50].

Mas o estudante 1 já antecipa a resposta: "Romeo pode ser uma ave e Julieta pode ser uma pedra. Romeo pode ser um grão de sal e Julieta pode ser um mapa. Que importância tem isso para o público?"[51].

A proposta de *Viaje a la Luna* é ainda mais abstrata e hermética; e é só por meio da comparação intertextual que os números 13 e 22 deixam vislumbrar camadas de sentido encobertas – como Romeu e Julieta ou loucura e morte[52] –, cuja camuflagem confere à obra uma aparência surrealista.

No *Tarot Universal Dalí*, a carta do Louco representa um santo que – como Dom Quixote – anda a cavalo pelo mundo; borboletas gigantes revestem cavaleiro e cavalgadura. A interpretação daliniana do arcano lembra a fotomontagem da cabeça de Walt Whitman com a barba cheia de borboletas, que ilustra a "Oda a Walt Whitman", em *Poeta en Nueva York*. O poema diz sobre o poeta americano: "[…] los maricas,

48. Uso a terminologia de M. Riffaterre, op. cit., p. 211: "La signifiance est le vrai sujet du poème, ce qu'il veut vraiment dire" (A *signifiance* é o verdadeiro tema do poema, o que ele verdadeiramente quer dizer).

49. Cf. o "Romance de la Luna, Luna", em que a Lua, personificada e vestida de mulher, entra numa dança macabra com um menino. F. García. Lorca, *Obras Completas*, I, p. 415-416, edição de M. García-Posada.

50. "En último caso, ¿es que Romeo y Julieta tienen que ser necesariamente un hombre y una mujer para que la escena del sepulcro se produzca de manera viva y desgarradora?". F. García Lorca, *El Público*, p. 170.

51. "Romeo puede ser un ave y Julieta puede ser una piedra. Romeo puede ser un grano de sal y Julieta puede ser un mapa. ¿Qué le importa esto al público?" Idem, p. 169.

52. Em O Obscuro Objeto da Ambigüidade, Eduardo Peñuela Cañizal (em *Um Jato na Contramão*, p. 33) propõe a intertextualidade como instrumento-chave que permite ir além da interpretação hermenêutica: "A meu ver a intertextualidade se me afigura, por conseguinte, um instrumento eficaz para isolar sentidos que se camuflam na polissemia da ambigüidade que se implicita. Creio que sem ele seria impraticável a leitura dessas camadas de significância submersas em muitas das passagens consideradas pela crítica realistas e, amiúde, pobres de significação. Este instrumento funciona, penso, como a navalha de *Un Chien andalou*; talha, no caso, as superfícies visíveis de matéria expressiva para nos deixar ver a interioridade onde se alojam significâncias que pertencem a uma imaginação que, por meio da ferida aberta a um significante aparentemente trivial, chega até nós como um rumor, usando o termo de Bachelard, 'insituável'".

42 VIAJE A LA LUNA

Walt Whitman, te señalan. / ¡También ése! ¡También!"[53] (as bichas, Walt Whitman, apontam para você. / Também esse! Também!).

O mosaico referencial, ao abrir ainda mais o leque interpretativo, dá a perceber que o número 22 se refere também a um homossexual, cuja loucura é o temor ante o sexo oposto.

Aliás, seja registrado desde já: o homem afeminado do filme *Un Chien andalou* – que não anda a cavalo, como o padre quixotesco do tarô daliniano, senão de bicicleta – veste uma roupa ridícula que lembra o vestuário do Louco do tarô de Marselha.

2
Uma mão invisível arranca os panos.

Dentro do rico acervo das *greguerías*, Gómez de la Serna caracterizou o cinema da seguinte maneira: "– Começou? / – A tela acabou de tirar-se o penhoar"[54].

O ato de "arrancar os panos" implica em uma mudança abrupta de cena: o prelúdio na cama acabou e a primeira parte, dedicada à infância do ser humano, vai começar. Sob o pano, que está sendo arrancado, descobre-se um espaço que, até agora, ficou invisível.

Impõe-se a alusão de uma função teatral, em que, de repente, se abre o pano – ou cortina de boca – que separa o proscênio da parte principal do palco, e deixa o espectador entrar, visualmente, no mundo da ficção[55].

No primeiro livro publicado por Lorca, *Impresiones y Paisajes* (Impressões e Paisagens), de 1918, consta uma estrutura comparável: o prólogo acaba também no ato de abrir uma cortina, para ter acesso aos "quadros" da galeria poética: "Se descorre la cortina. El alma del libro va a ser juzgada" (Abre-se a cortina. A alma do livro vai ser julgada).

E, como no teatro, a "mão que arranca os panos" fica "invisível"; ela, que não faz parte do jogo fictício, é a "mão-de-obra" que não entra no palco, o operário da produção nos bastidores[56].

O roteiro lorquiano adota uma técnica teatral, distinguindo o corpo da obra do prólogo, que muitas vezes resume a obra ou reflete o ato da enunciação. *Mariana Pineda*, por exemplo, é proemiada por um

53. F. García Lorca, *Obras Completas*, I, p. 564, edição de M. García-Posada.

54. "*¿Ha comenzado? / Acaba de quitarse la bata la pantalla*". R. Gómez de la Serna, op. cit., p. 515.

55. O termo espanhol correspondente a "pano de boca" seria *telón*. A palavra *paño*, para designar o "lençol da cama" da primeira seqüência, também não corresponde ao vocabulário normal da língua espanhola, que seria *sábana*. Obviamente, Lorca prefere uma palavra mais genérica que abranja ambas as acepções. Concordo com Riffaterre, quando este alega que o uso atípico de uma expressão pode ser o indício-chave de compreensão. Cf. *Sémiotique de la poésie*, p. 17-18.

56. Cf. A. Monegal, op. cit., p. 30: "Cuando en 2, 'una mano invisible arranca los paños', es como si descorriera un telón" (Quando, em 2, "uma mão invisível arranca os panos", é como se descerra-se um telão).

ANÁLISE INTERTEXTUAL DO ROTEIRO

romance popular que resume o destino da protagonista; em *La Zapatera Prodigiosa* (A Sapateira Prodigiosa) aparece o personagem do autor frente à cortina e o *Retablillo de don Cristóbal* (O Pequeno Retábulo de D. Cristóbal) começa com uma discussão entre o poeta e o diretor. Em *El Paseo de Buster Keaton* (O Passeio de B. K.) – o "diálogo" lorquiano ligado ao cinema por excelência – a abertura é feita por um galo que canta um "quiquiriquí" e é identificado por Román Gubern com o emblema da produtora Pathé Frères: segundo ele, o galo de Buster Keaton faz referência ao símbolo anunciador dos filmes da produtora francesa[57].

No caso do roteiro, o prólogo, primeiro, pode considerar-se um resumo do tema central, versando sobre a dificuldade do relacionamento humano. E, seguindo o exemplo dos prólogos citados, contamos com que, aqui também, haja referências ao ato de produção da obra.

Nas indicações cênicas da primeira imagem proposta consta uma expressão estranha: resulta excêntrica a descrição da cama, posicionando-se *numa* ("sobre una") parede cinza e não *contra* ela. O uso da preposição "sobre" seria adequado se o objeto prescrito fosse um papel de parede ou uma tapeçaria[58].

Pergunto-me se a cama deveria estar colocada em posição vertical, como um quadro grande que ainda não foi pendurado. Assim, os "paños", além de serem lençóis, teriam a função de um *pano* de fundo do cenário ou de uma tela estendida *sobre* a parede da sala de cinema.

A equiparação da tela a um lençol existe também nas *greguerías* de Gómez de la Serna, fonte de referência predileta da Geração de 1927[59]: "A tela cinematográfica deve ter a largura de um lençol matrimonial, já que no final de quase todos os filmes casam-se os protagonistas"[60].

Pergunto-me se Lorca não teria recorrido à lembrança de uma sessão de cinema improvisada num vilarejo no interior da Andaluzia, onde se usava um lençol como espaço de projeção. Antes de começar o filme, "surge", "sobre os panos" da tela improvisada na "parede cinza" de projeção, "um baile de números" em contagem regressiva da película técnica, que precede o próprio filme a ser projetado: 3-2-1-0.

A meu entender, o segmento inicial do roteiro – além das referências temáticas da obra – alude ao ato da projeção. Ao nível do enunciado, o prólogo profere o assunto do filme e, ao mesmo tempo,

---

57. R. Gubern, *Proyector de Luna*, p. 17.

58. Na interpretação fílmica de Frederic Amat, a cama está posicionada *contra* a parede.

59. Op. cit., p. 409.

60. "La pantalla cinematográfica debe tener la anchura de una sábana matrimonial, ya que al final de casi todas las películas se casan sus protagonistas". Tradução minha. Embora *Viaje a la Luna* trace as etapas de uma existência humana trágica, não falta o irônico beijo cinematográfico na penúltima seqüência do roteiro: o desenlace feliz existe para os outros.

44   VIAJE A LA LUNA

representa, numa *mise en abyme*, as circunstâncias da enunciação: a própria sessão de cinema.

A VIDA COR-DE-ROSA OU O SOFRIMENTO DE UMA CRIANÇA– PRIMEIRO ATO (3-22)

3
Pés grandes correm rapidamente com exageradas meias de losangos brancos e pretos.

Abriu-se a cortina e o espectador pode assistir às primeiras cenas de vida do ser humano protagonista. O arrancar do pano, aparentemente, eliminou a percepção da tela de projeção, deixando o espectador entrar no mundo virtual da ficção: a viagem lunática começa.

Mostram-se, pela primeira vez, em *close*, fragmentos de um corpo humano, no entanto, não fica visível o homem inteiro. A introdução fragmentária de uma personagem – começando pelos pés – não permite identificação individual, o que põe em cena a espécie humana em geral, sem remeter a um homem individualizado.

O primeiríssimo plano dos pés destaca o vestuário insólito: o protagonista veste meias de losangos brancos e pretos desproporcionados. Antonio Monegal vê "uma concepção muito lúcida da parte de Lorca referente à maneira de explorar as possibilidades do cinema, limitado aos contrastes extremos e às matizes tonais"[61]. O que mais chama a atenção nessa indicação cênica é a desproporcionalidade do desenho das meias[62], que remete à indumentária de um palhaço. A tomada antecipa a aparição do arlequim que, na seqüência 50, entrará em cena com uma garota, representando o adulto que aceitou o papel infligido pela sociedade.

Os meios cinematográficos exploram-se, em primeiro lugar, pelo movimento rápido, porém desnorteado, por não dar nenhuma informação sobre o espaço percorrido. Esse enfoque transmite a idéia de que se trata de uma fuga; a corrida produz a impressão de um mal-estar do protagonista ainda não identificado: alguém, sem sapatos, em circunstâncias que ignoramos, quer escapar de uma situação insustentável. Reitera-se, assim, o clima tenso de *Suicidio en Alejandría*: "La situación se hizo insostenible" (A situação ficou insustentável).

Buñuel, em seu ensaio "Del Plano Fotogénico" (Do Plano Fotogênico), que Lorca certamente conhecia, refere-se às diferentes maneiras de filmar um homem correndo:

> Se nos limitarmos simplesmente a filmar um homem que corre teremos conseguido o objetivo do cinematógrafo. Mas se na projeção e em plena corrida desaparecer tudo

61. Op. cit., p. 30. Tradução minha.
62. A distorção das proporções é uma técnica corrente na pintura de Dalí.

e vermos uns pés velozes, depois o desfile vertiginoso da paisagem, o rosto angustiado do corredor e em sucessivos planos a câmera apresentar os elementos principais dessa corrida abstraídos e os sentimentos de seus atos, teremos o objeto da fotogenia[63].

E veremos que Lorca explorará a fotogenia em questão à sua maneira. Essa primeira imagem, porém, determina o ritmo do filme, que será confirmado pelo comentário técnico que o autor fará na última seqüência da primeira parte (21), dedicada à infância: "Todos estos cuadros rápidos y bien ritmados".

4
Cabeça assustada que encara um ponto e dissolve-se numa cabeça de arame com um fundo de água.

Os dois seguintes planos dessa série "rápida e bem ritmada" mostram, novamente, uma parte do corpo humano. A cabeça estática que olha para um ponto não definido contrasta com a imagem em movimento anterior, o que dá a impressão de que não se trata do mesmo personagem. As indicações cênicas também não informam se a imagem remete a uma mulher ou a um homem; só fica claro que se trata da cabeça de um ser humano assustado que se converte numa cabeça de arame.

O motivo de quem assiste a uma cena assustadora e deixa de existir como ser humano tem sua larga tradição: "Respiciensque uxor eius post se, versa est in statuam salis"[64] (A mulher de Loth olhou para trás e ficou convertida numa estátua de sal). Tanto na mulher convertendo-se numa estátua como na cabeça que se dissolve sobre uma estrutura de arame, observamos um processo desumanizador: o homem vira objeto.

No caso do roteiro, o corpo humano torna-se transparente, e vemos sua estrutura interna como numa imagem de raio X. Em vez do crânio, porém, fica visível uma estrutura de arame que lembra os fantoches das telas de Giorgio de Chirico.

O característico de um homem-manequim é a falta de ação própria: ele é comandado por outrem e faz o que se exige dele. Nesse sentido, a cabeça assustada prepara também – como as meias de palhaço – a aparição do arlequim, que representa o ser humano orientado por normas alheias.

---

63. "Si nos limitamos simplemente a impresionar un hombre que corre, habremos conseguido el objetivo del cinematógrafo. Pero si en la proyección, y en plena carrera desaparece todo y vemos unos veloces pies, luego el desfile vertiginoso del paisaje, la cara angustiada del corredor, y en sucesivos planos el objetivo presenta abstraídos los elementos principales de esa carrera y los sentimientos de su[s] actos, tendremos el objeto de la fotogenia". L. Buñuel, Del Plano Fotogénico, *Obra Literaria*, p. 155. Tradução minha.

64. *Gênesis*, cap. 19, v. 16.

Vislumbra, na imagem da cabeça transparente, "um fundo de água" que Antonio Monegal[65] interpreta, sem maiores explicações, como imagem simbólica da "carga erótica do texto", alegando que esse fundo corresponde ao próprio "conteúdo da cabeça"[66].

Figura 6: *Roland Penrose*, The Conquest of the Air *(A Conquista do Ar), 1939.*

Em 1939, o surrealista Roland Penrose pintou *The Conquest of the Air* (A Conquista do Ar), um quadro que representa uma cabeça de arame em forma de uma gaiola. No mesmo ano, o artista britânico criou o lenço *Good shooting* (Bom Tiroteio), em que a cabeça de uma mulher é substituída por um fundo de água[67].

A imagem proposta no roteiro lorquiano entrelaça, em uma só cabeça, o que esses dois quadros apresentam separadamente.

Obviamente, a proposta de ambos os artistas tende a visualizar os pensamentos que figuram no interior da cabeça-gaiola do ser humano. O pássaro representa um princípio vivo e inusitado – uma loucura, talvez – dentro de um invólucro com traços humanos, e, no caso da mulher que está sendo fuzilada, a paisagem idílica transpõe um ideal negado de paz ou de liberdade.

---

65. Op. cit., p. 21.
66. Confirma-se essa colocação, por exemplo, nas alusões eróticas em *Yerma* (nome que significa "a Erma"), em que a secura corresponde à ausência de uma vida sexual, ou em *La Casa de Bernarda Alba*, quando María Josefa exclama, no final do primeiro ato: "¡Quiero irme de aquí, Bernarda! A casarme a la orilla del mar, a la orilla del mar" (Quero ir embora daqui, Bernarda! A casar-me à beira do mar, à beira do mar). No tarô daliniano, o único arcano maior "com um fundo de água" é o arcano número III, que mostra Gala como imperatriz, diante de um lago. F. García Lorca, *Obras Completas*, II, p. 601, edição de M. García-Posada.
67. Y. David, *¿Buñuel! Auge des Jahrhunderts*, p. 119 e 193.

No roteiro lorquiano, o fundo de água, que vislumbra entre as grades de arame da cabeça inteiriçada, remete a um desejo erótico oculto que irrompe do imagético da obra inteira.

5
Letras dizendo "Socorro Socorro Socorro" com dupla exposição sobre um sexo de mulher com movimento de acima para baixo.

A cabeça petrificada da seqüência anterior antecipa, talvez, a reação do público da época, ao assistir não só a uma cena de um beijo cinematográfico, senão à imagem de um sexo de mulher em movimento. Ignoro se o cinema de 1930 já mostrava cenas parecidas, mas acredito que Lorca tinha a firme intenção de chocar o espectador. Depois de duas imagens de homens assustados, eis aqui, explicitamente, o motivo do susto: uma vagina em primeiríssimo plano. O letreiro, com a tripla exclamação de "socorro", reforça ainda o provável sentimento de quem assiste à cena "escandalosa", seja dentro da ficção cinematográfica – o homem que corre (3) ou a cabeça sobressaltada (4) –, seja na sala de cinema.

Vimos, no final do prólogo, uma mão invisível arrancando os panos que cobriam a cama. Esse gesto "pôs a nu" o que os lençóis ocultavam: o implícito tornou-se explícito.

Buñuel, em *Le Fantôme de la liberté* (O Fantasma da Liberdade), de 1974, retomará o mesmo procedimento: o sobrinho, apaixonado pela própria tia, arranca o lençol da cama em que a sexagenária está deitada e descobre um corpo completamente juvenil, lembrando os encantos da *Maja Desnuda*, de Goya.

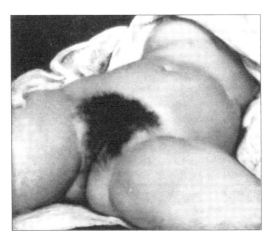

Figura 7: *Gustave Courbet,* L'Origine du monde *(A Origem do Mundo), 1866.*

48 VIAJE A LA LUNA

6
Corredor comprido, recorrido pela câmera, com uma janela no extremo.

O motivo do susto não atinge somente as personagens da ficção e os espectadores; (re)age também a própria câmera, quer dizer, o olhar do cineasta. Essa cena filmada com câmera subjetiva destaca, entre as pessoas assustadas, o enunciador, que também dá as costas ao que Gustave Courbet denominava *L'Origine du monde* (A Origem do Mundo) (1866). A câmera, que filmava os pés correndo, revela, além da posição do objeto filmado, o motivo da fuga: o susto frente ao sexo feminino é, em primeiro lugar, o problema do próprio autor.

Nessa seqüência, a fuga está situada num ambiente mais concreto: num corredor, com uma janela ao final. Esse interior contrasta com o "fundo de água" (4), o que apóia a hipótese de interpretar o primeiro dos quatro elementos como uma imagem remetendo ao erotismo e não como uma indicação topográfica.

O corredor, lugar de passagem por excelência, evoca[68], semanticamente, a presença de um grande edifício como um hotel, um ministério ou um hospital; e, como num labirinto, o homem é impelido a percorrer o local, seja para dentro, seja para fora.

O espaço da tela, convertido num corredor (e, metonimicamente, a sala de cinema num espaço labiríntico), transmite ao espectador a sensação de passar depressa em direção à janela do fundo que, pelo menos, permite a visão para fora.

7
Vista da Broadway, de noite, com movimento de tique-taque. Dissolve-se no anterior.

A vista pela janela oferece um panorama noturno de Nova York; a única seqüência do roteiro que situa a diegese num contexto geográfico,

---

68. Referente ao espaço evocado no cinema, cf. N. Burch, *Práxis do Cinema*, p. 37-38: "Para compreender a natureza do espaço no cinema, pode ser útil considerar que se trata, efetivamente, de dois espaços: o que existe em cada quadro e o que existe fora do quadro. Para os objetivos desta discussão, a definição de espaço do campo (ou do quadro) é extremamente simples: constitui tudo o que o olho percebe na tela. O espaço-fora-da-tela ou quadro é, neste nível de análise, de ordem mais complexa, divide-se em seis 'segmentos': os limites imediatos dos quatro primeiros segmentos são determinados pelos quatro cantos da tela: são projeções imaginárias no espaço ambiente das quatro faces de uma 'pirâmide'. [...] Enfim, o sexto segmento compreende tudo o que se encontra atrás do cenário (ou atrás de um elemento do cenário): tem-se acesso a ele saindo por uma porta, contornando a esquina de uma rua, escondendo-se atrás de uma pilastra ou de uma personagem. Num limite extremo, este segmento de espaço encontra-se 'atrás' do horizonte".

ANÁLISE INTERTEXTUAL DO ROTEIRO

ligado ao viver cotidiano de Lorca. O poeta desterrado comenta, numa carta para seus pais, que a espetacular Broadway é visível desde o prédio da Universidade de Columbia, em que está hospedado:

> Do lado, e pelas janelas dos quartos da frente, passa logo a imensa Broadway, a avenida que cruza toda Nova York. [...] O espetáculo da Broadway noturna cortou-me a respiração. Os imensos arranha-céus vestem-se de cima para baixo com anúncios luminosos de cores que mudam e se transformam num ritmo inesperado e estupendo. Correntes de luzes azuis, verdes, amarelas, vermelhas, mudam e pulam até o céu. Mais altos do que a Lua apagam-se e acendem-se os nomes de bancos, hotéis, carros e cinemas, a multidão garrida com blusas de cores e lenços atrevidos sobe e desce [a avenida] em cinco rios distintos, as buzinas dos carros confundem-se com os gritos e as músicas das rádios, e os aeroplanos iluminados passam anunciando chapéus, ternos, pastas de dente, mudando de letras e tocando grandes trombetas e campanas. É um espetáculo soberbo, emocionante, da cidade mais atrevida e moderna do mundo[69].

Nas cartas encaminhadas a seus pais, Lorca valoriza sua experiência americana positivamente[70]. Mas, quando se dirige aos seus amigos, o tom é diferente[71].

8
Seis pernas oscilam com grande rapidez.

A conexão entre essa seqüência e as anteriores consiste no ritmo ("com grande rapidez") e na reiteração de imagens parciais do corpo humano. O movimento oscilante, porém, não retoma a imagem das pernas do palhaço que corre, senão a iluminação da Broadway. A descrição lembra um chamariz luminoso de alguma casa noturna, onde pernas femininas oscilam num ritmo sedutor.

---

69. "Al lado, y por las ventanas de los cuartos de enfrente, ya pasa el inmenso Broadway, el bulevar que cruza todo New York. [...] El espectáculo del Broadway de noche me cortó la respiración. Los inmensos rascacielos se visten de arriba debajo de anuncios luminosos de colores que cambian y se transforman con un ritmo insospechado y estupendo. Chorros de luces azules, verdes, amarillas, rojas, cambian y saltan hasta el cielo. Más altos que la luna, se apagan y se encienden los nombres de bancos, hoteles, automóviles y casas de películas, la multitud abigarrada de jerseys de colores y pañuelos atrevidos sube y baja en cinco o seis ríos distintos, las bocinas de los autos se confunden con los gritos y músicas de las radios, y los aeroplanos encendidos pasan anunciando sombreros, trajes, dentífricos, cambiando sus letras y tocando grandes trompetas y campanas. Es un espectáculo soberbio, emocionante, de la ciudad más atrevida y más moderna del mundo". Cf. F. García Lorca, *Obras Completas*, III, p. 1104-1106, edição de M. García-Posada. Tradução minha.

70. "Me siento bien aquí. Mejor que en París, al que lo noto un poco podrido y viejo" (Sinto-me bem aqui. Melhor do que em Paris, cidade que eu vejo um pouco apodrecida e velha). F. García Lorca, *Obras Completas*, III, p. 1105, edição de M. García-Posada.

71. Veja um fragmento de uma carta dirigida a Carlos Morla Lynch: "Me siento deprimido y lleno de añoranzas" (Sinto-me deprimido e cheio de saudades). F. García Lorca, *Obras Completas*, III, p. 1102, edição de M. García-Posada.

50 VIAJE A LA LUNA

9
As pernas dissolvem-se sobre um grupo de mãos que tremem.

O jogo associativo continua: as mãos que tremem podem associar-se às imagens tremulantes de cartazes luminosos da cidade noturna.

10
As mãos que tremem sobre uma dupla exposição de um menino que chora.

O enfoque de uma criança que chora quebra parcialmente a linha associativa. Pela primeira vez, aparece na tela um indivíduo inteiro que se destaca como o primeiro protagonista do filme. O ritmo acelerado e o meio ambiente confuso deixam o menino ainda mais assustado que um adulto. O choro da criança resume as impressões negativas ligadas à vida noturna metropolitana, que promete diversão (as pernas oscilando) e pode ser – como no caso de Lorca – fonte de uma profunda solidão.

11
E o menino que chora sobre uma dupla exposição de uma mulher que lhe dá pancada.

A criança, que chorando manifesta seus sentimentos frente ao mundo, continua sendo o protagonista passivo da diegese, mas o motivo das lágrimas já não é um tédio da vida em geral, senão uma pancada concreta. Para o menino, o mundo e suas causas de sofrimento concentram-se na figura materna.

Alberto Manguel resume a tradição pictórica ocidental de representar a figura da mãe, alegando que:

> Em várias dessas tradições, a imagem da boa mãe que amamenta se contrapõe à imagem da mãe destruidora. Na Mesopotâmia, por exemplo, a deusa Lamastu foi retratada aleitando um cão ou um porco, e acreditavam que ela provocava a febre puerperal e doenças infantis. Em tempos posteriores, essa mãe maléfica transforma-se em Medéia e em Lady Macbeth, que retira seu mamilo das gengivas sem dentes do bebê e espatifa os miolos de seu filho; em época mais recente, ela se torna a deusa perversa do cinema, Joan Crawford, ou a Nossa Senhora esplendidamente severa pintada por Max Ernst em 1926[72].

72. *Lendo Imagens*, p. 63-64.

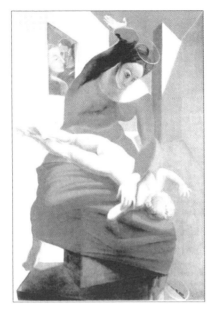

Figura 8: *Max Ernst*, La Vierge corrigeant l'enfant Jésus devant trois témoins (*A Virgem Abençoada Castigando o Menino Jesus Diante de Três Testemunhas*), 1926.

O quadro de Max Ernst, cujo título completo é *A Virgem Abençoada Castigando o Menino Jesus Diante de Três Testemunhas: André Breton, Paul Éluard e o Artista*, já foi detectado como possível fonte intertextual pelo realizador de *Viaje a la Luna*, Frederic Amat[73].

Concordo plenamente com essa referência extratextual não apenas pelo motivo central de uma mãe castigando o menino, mas também pela presença oculta dos três surrealistas que espiam a cena e, cujo olhar, lembra a seqüência 45, em que três homens olham para a Lua. Esse jogo referencial estabelece mais um paralelo entre a Lua e uma mãe santa, uma entidade feminina castigadora e uma mulher cobiçada.

12
Essa pancada dissolve-se sobre o corredor comprido que a câmera, de novo, recorre com rapidez.

A cena reitera a corrida com a câmera subjetiva da seqüência 6, cujo "ponto de fuga" original – a janela com vista para Broadway – é alterado.

---

73. F. García Lorca, *Viaje a la Luna*; documentação e edição de F. Amat.

13
No final, um plano de detalhe de um olho sobre uma dupla exposição de peixes dissolvendo-se sobre o seguinte.

A janela, no final do corredor, é substituída por um olho em primeiríssimo plano. Olho e janela, ambos deixam passar a luz: o olho para dentro do corpo humano e a janela para dentro de uma construção arquitetônica. São aberturas pelas quais ocorre uma comunicação entre um mundo exterior e interior. O uso metafórico de janela por olhos, ou óculos, existe até no código falado de várias línguas[74]. Man Ray, num auto-retrato de 1936, substitui seus óculos por um par de janelas.

A janela no corredor abre a visão para fora; o enfoque de um olho, porém, causa ambigüidade: embora o olho facilite ao homem a visão para fora de seu corpo, o olhar de um olho inverte a percepção visual e abre, metaforicamente, a visão para dentro.

O poema "Los Ojos" (Os Olhos), que Lorca publicou em 1922, define os olhos como as entradas do mundo interior, com seus inúmeros caminhos:

> Nos olhos abrem-se
> infinitos trilhos.
> [...] Ao castelo de você irá
> e não voltará
> passa-se pelo caminho
> que começa na íris[75].

Na intenção metafórica do roteiro, o plano do glóbulo ocular é sobreposto por uma imagem de peixes; o interior da cabeça humana associa-se, mais uma vez, à água, com a mesma carga erótica como na seqüência 4.

No capítulo anterior, associamos o peixe à figura do protagonista homossexual, cujo desejo íntimo é uma vida "como um peixe na água", quer dizer, viver a própria vida num ambiente que lhe é propício. Conforme nossa interpretação, a água remete ao mundo virtual do desejo realizado.

As indicações técnicas no roteiro prescrevem, explicitamente, sete primeiríssimos planos; em quatro dos sete casos, o peixe ocupa uma posição de destaque, o que confirma sua importância central. Nessa seqüência combina-se, além disso, o plano do peixe com um *close* de um olho, que também aparece em quatro momentos impor-

---

74. Na língua alemã, por exemplo, o termo *Vorfenster* (a "pré-janela" que, tradicionalmente, se colocava diante da janela normal, para proteger o interior da casa contra o frio do inverno) é uma expressão popular para designar os óculos.

75. "En los ojos se abren / infinitos senderos. [...] / Al castillo de irás / y no volverás / se va por el camino / que comienza en el iris". F. García Lorca, *Obras Completas*, I, p. 193, edição de M. García-Posada. Tradução minha.

ANÁLISE INTERTEXTUAL DO ROTEIRO

tantes do filme[76]. Esse olho superdimensionado, aliás, abre para os críticos o jogo referencial com o prólogo de *Un Chien andalou*.

14
Descida rápida numa montanha-russa em cor azul com dupla exposição do letreiro "Socorro Socorro".

Lorca prescreve que a cena filmada seja de cor. A coloração manual de um trecho da fita existe desde o início do cinema[77]. *Le Ballet mécanique* (O Balé Mecânico) (1924), de Fernand Léger e Dudley Murphy, por exemplo, apresenta um jogo de figuras geométricas coloridas: a sobreposição de um triângulo e um quadrângulo de cores diferentes. E, em 1929, foi lançada uma versão colorida do filme de Méliès, *Voyage dans la Lune*, com oito cenas em duas cores e vários sintagmas tingidos.

A simples escolha de uma cor não atribui nenhum sentido particular a um signo plástico. Conforme a teoria do Groupe µ[78], é quase impossível atribuir univocamente conteúdos às expressões cromáticas: "Il faut accepter que l'image plastique n'est pas codée a priori et choisit librement ses déterminations colorées" (É preciso aceitar que a imagem plástica não é codificada *a priori* e escolhe livremente suas determinações coloridas).

Na obra de Méliès, o uso do novo efeito técnico aproxima a imagem da cor real do objeto representado, de modo que se aplica o azul a uma cena noturna ou a coloração vermelha à fumaça e ao fogo.

Lorca, no entanto, escolhe o caminho contrário: o uso da cor não se aproxima do modelo referencial, o que cria um grau de abstração ainda maior entre a imagem cinematográfica e o objeto filmado. A introdução da cor, que na obra de Méliès servia para uma representação mais fiel de um elemento natural, torna-se aqui um meio puramente estético. A colorização de um único sintagma num filme em preto e branco atribui uma posição particular à cena.

Neste ponto, Lorca é discípulo de Eisenstein, que tinha a consciência profunda do potencial artístico que os meios técnicos ofereciam ao cineasta: "A arte começa a partir do momento em que o calcar da bota (na trilha sonora) se junta a um plano visual diferente, suscitando, assim, associações correspondentes. O mesmo é válido

---

76. Cf. "una cabeza que vomita y que abre y cierra los *ojos*" (18); "dos niños que avanzan cantando con los *ojos* cerrados" (19); " [el muchacho] con gran furia le da otro beso profundo y pone los dedos pulgares sobre los *ojos* como para hundir los dedos en ellas" (61).

77. Uma das seqüências breves dos irmãos Lumière, intitulada "Danse serpentine", por exemplo, realizada entre 1895 e 1900, está inteiramente colorida à mão.

78. Groupe µ, *Traité du signe visuel*, p. 241.

para a cor: a cor começa lá onde ela não corresponde mais à coloração natural"[79].

Nesse sentido, o artifício da colorização num filme pressupõe uma intenção. A imagem tingida, além de afastar-se da percepção natural do objeto representado, põe em jogo a escolha da cor, de maneira que o azul se torna um elemento carregado de um código[80]. Uma análise intertextual da obra lorquiana deveria aproximar o elemento cromático prescrito no roteiro a uma definição mais concisa do significado de /azul /.

A cor escolhida aparece nas obras lorquianas com freqüência e abundam, na poesia, expressões como "olhos azuis", "céu azul" ou "montanhas azuis". Os exemplos de nosso interesse, porém, são aqueles que pintam de azul um signo plástico cuja natureza é de outra cor ou de nenhuma.

Na poesia juvenil inédita de Lorca, encontramos uma série de expressões esclarecedoras. O poema "Sangre de los Campos" (Sangue dos Campos), por exemplo, equipara uma flor azul – a passiflora – ao vermelho do sangue: "Las pasionarias azules, / Sangre del cañaveral" (As flores-da-paixão azuis, / sangue do canavial)[81].

No poema juvenil "Hora"[82] define-se /azul/ como a cor da tortura: "Cada día siento más / La tortura del azul" (Cada dia sinto mais / A tortura do azul); e em "Junto al Gris Claro del Agua entre los Mimbres" (Junto ao Cinza Claro da Água entre os Vimes)[83], a cor adota a carga semiótica do cantor desesperado do Salmo 130, (*De profundis clamavi, ad te Domine*): "las aguas del río / Un azul de profundis cantaron" (as águas do rio / Um azul *de profundis* cantaram).

Destaca-se, na poesia inédita em vida do autor, um poema sem título ("¡Azul! ¡Azul! ¡Azul!")[84], datado de 22 de junho de 1918, que associa a cor azul com a dor, a sombra, a tortura das almas e o além.

No *Romancero Gitano*, o adjetivo "azul" aparece uma só vez, designando, no poema "Muerto de Amor", a cor do telegrama que anuncia a morte: "Madre, cuando yo me muera, / que se enteren los señores. / Pon telegramas azules / que vayan del Sur al Norte"[85] (Mamãe, quando

---

79. "L'art commence à partir du moment où le craquement de la botte (au son) tombe sur un plan visuel différent et suscite ainsi des associations correspondantes. Il en va de même pour la couleur : la couleur commence là où elle ne correspond plus à la coloration naturelle...". Eisenstein, apud R. Barthes, *L'Obvie et l'obtus*, p. 55.

80. "Du moment que l'on attribue un contenu à la couleur, on est en présence d'un code" (A partir do momento em que um conteúdo é atribuído a uma cor, estamos frente a um código), Groupe μ, op. cit., p. 238.

81. F. García Lorca. *Poesía Inédita de Juventud*, p. 249.

82. Idem, p. 323.

83. Idem, p. 377.

84. F. García Lorca, *Obras Completas*, I, p. 1004-1006, edição de A. de Hoyo.

85. Idem, p. 422.

eu morrer, / que o saibam os senhores. / Mande telegramas azuis / que vão do Sul ao Norte).

A obra contemporânea ao roteiro, *Poeta en Nueva York*, sendo sobretudo marcada pela cor branca, contém uma série de expressões ligadas a /azul/ com carga semântica negativa: "caballo azul de mi locura" (cavalo azul da minha loucura), "la piel del camello se eriza con un violento escalofrío azul" (a pele do camelo eleva-se com um violento calafrio azul), "una muerte para piano que pinta de azul a los muchachos" (uma morte para piano que pinta de azul aos meninos)[86].

Na peça dramática *Así que Pasen Cinco Años* (Assim que Passem Cinco Anos), existe um diálogo entre um garoto e um gato, ambos mortos. A nota cênica prescreve uma "luminosidade azulada de tormenta" e o figurino do gato morto é azul[87].

Os exemplos citados coincidem numa definição de cor da tortura, tormenta e desespero, o que combina perfeitamente com as palavras sobrepostas à imagem: "Socorro Socorro". O movimento da câmera, correspondendo a uma queda por uma montanha-russa, é mais um signo visual que acentua um sentimento negativamente valorizado.

Johann Wolfgang Goethe, ao definir em seu *Tratado das Cores* o "efeito sensual-ético" (*die sinnlich-sittliche Wirkung*) de cada cor, atribui ao azul a impressão de escuridão e uma energia negativa que, em sua pureza absoluta, se aproxima do nada; alega, além disso, que o azul tem um efeito contraditório entre irritação e tranqüilidade, tratando-se de uma cor que recua, definindo assim um espaço de fundo, sendo que a única sensação positiva dela é que parece fugir, arrastando o observador atrás dela; segundo ele, o azul transmite uma impressão de frieza, como a sombra, e se deriva do preto[88]. Goethe escreve que um quarto forrado com papel azul parece amplo, porém vazio e frio, que um vidro azulado envolve os objetos com uma luz triste e que só a mistura do azul, próximo ao verde-mar, evoca uma sensação agradável.

Esses efeitos sensuais, descritos pelo sábio alemão, correspondem, por exemplo, à impressão que transmitem as obras da chamada "Época azul" de Pablo Picasso, cujas pinturas representam figuras solitárias e melancólicas. O azul emana de uma profunda tristeza.

O elemento, que aparentemente se objeta a uma valorização negativa de nossa decodificação, é o espaço físico em que se desenvolveria a cena: a montanha-russa remete a um parque de atrações, lugar de diversão popular. O próprio título da obra já se relaciona a uma atração chamada *A Trip to the Moon* (Uma Viagem à Lua), que Lorca devia ter conhecido no Luna Park de Coney Island. Nesse sentido, a queda

---

86. F. García Lorca, *Poeta en Nueva York*, p. 115, 153 e 228.

87. *"La luz desciende y una luminosidad azulada de tormenta invade la escena."* F. García Lorca, *Obras Completas*, II, p. 340, edição de M. García-Posada.

88. J. W. Goethe, *Werke*, XIII, p. 498.

56 VIAJE A LA LUNA

rápida pela montanha-russa transmitiria uma sensação procurada. A sobreposição da palavra repetida "socorro", porém, é um alerta.

O poeta chileno Nicanor Parra termina seu poema "La Montaña Rusa" com o aviso:

> Subam, se quiserem.
> Claro que eu não me responsabilizo se descerem
> perdendo sangue pela boca e pelo nariz[89].

O alerta é um elemento gráfico que surgiu, pela primeira vez, na seqüência 5 ("Letras que digan 'Socorro Socorro Socorro'"), como também o movimento de cima para baixo ("con movimiento de arriba abajo"). A montanha-russa ocupa o lugar que tinha a imagem do sexo feminino ("con doble exposición sobre un sexo de mujer").

Implicitamente, as duas cenas remetem a uma relação sexual que – dependendo do caso – pode inspirar emoção ou angústia. A tripla repetição do alerta inscrito sobre o sexo feminino aponta para um sentimento extremamente forte, medo ou aversão. No entanto, nas duas cenas marcadas pelo grito de socorro – a da montanha-russa e a do corpo feminino – não há indicação de quem está atrás da câmera, que aqui é subjetiva.

As "montañas rusas increíbles" são sujeito de comentário numa carta de Lorca para sua família, escrita no dia 6 de julho, de 1929, contando sobre sua visita a Coney Island[90]. A atração popular também é um motivo com tradição cinematográfica: aparece, por exemplo, em *Le Ballet mécanique*, e lembra também a cena famosa do filme *Entr'acte* (1924), de René Clair. Igual ao roteiro lorquiano, há uma descida numa montanha-russa com câmera subjetiva. Mas não se trata de um carrinho que desce a montanha, mas um caixão. Este, saindo do trilho, cai no chão e, do féretro, sai um mago que, com sua varinha, faz desaparecer todas as personagens circunstantes. O mago é o próprio cineasta que se apresenta como o grande mestre do jogo ilusionista na sala obscura e que decide sobre o jogo ilusório projetado na tela.

Em *Viaje a la Luna*, o olhar subjetivo da câmera que desce sobre o sexo feminino remete a um narrador cinematográfico não identificado, atrás do qual se esconde, mais uma vez, o próprio Lorca.

15
Cada letreiro de "Socorro Socorro" dissolve-se numa pegada de um pé.

Os vestígios na areia, na terra molhada ou na neve indicam uma pista que outros homens já percorreram. Se alguém – perdido – encontra

---

89. "Suban, si les parece. / Claro que yo no respondo si bajan / echando sangre por boca y narices". Apud J. O. Jiménez, (org.), op. cit., p. 471. Tradução minha.

90. F. García Lorca, *Obras Completas*, III, p. 1109, edição de M. García-Posada.

ANÁLISE INTERTEXTUAL DO ROTEIRO

uma trilha, sabe pelo menos que ao segui-la pode achar seu próprio caminho. O campo semântico evocado pela imagem de uma pegada inclui um semema social: "seguir os passos" pressupõe a vontade de não ficar à margem de uma sociedade.

O ser humano, protagonista do filme, apresentado pela primeira vez na seqüência 11 como criança, tem à sua frente um caminho de vida claramente traçado que deve orientá-lo.

16

E cada pegada de pé [dissolve-se] num bicho-de-seda sobre um fundo branco.

Quem segue, no roteiro, os traços paternos não é a criança, mas bicho-da-seda. A enunciação substitui o ser humano por um animal miudinho que, em espanhol, é chamado de "verme".

O grande enciclopedista espanhol do século XVII, Sebastián de Covarrubias, no *Tesoro de la Lengua Castellana o Española*, além de considerar os vermes animais tristes, destaca, entre eles, duas espécies de estimação: os bichos-da-seda e as lagartas; a primeira, por "dar tanta riqueza" na hora da morte e, a segunda, por renascer em forma de borboleta[91].

Na obra lorquiana, os bichos-da-seda e as borboletas têm uma importância comparável; veja, por exemplo, a já citada "Oda a Walt Whitman", em que Lorca exalta o poeta americano, com sua "barba llena de mariposas"[92] (barba cheia de borboletas), por sua procura de um autêntico amor.

E nosso poeta em Nova York sofre por não achar essa pista traçada por Whitman: a procura do autêntico amor é a maior causa do sofrimento que revelam seus textos nova-iorquinos. Num país do qual nem falava a língua, ele se sentia ainda mais à margem da sociedade do que na Espanha tradicional.

Viaje a la Luna mostra esses traços autobiográficos ao apresentar uma biografia anônima de um ser humano sofrido, que considera a morte como único desenlace possível de sua situação. A comparação do protagonista com um bicho que não consegue alçar vôo – como as borboletas na barba de Whitman –, mas que se crisalidam dentro de um casulo de seda fina, assenta com a personalidade do autor.

O casulo lorquiano que lhe dará fama, além da morte, é sua produção artística.

---

91. *Tesoro de la Lengua Castellana o Española*, p. 671.
92. F. García Lorca, *Obras Completas*, I, p. 564, edição de M. García-Posada.

58 VIAJE A LA LUNA

17
Dos bichos-de-seda sai uma grande cabeça morta e da cabeça
morta um céu com Lua.

Sai, do bômbice, uma cabeça morta, o que confirma nossa hipótese de
que uma vida sem asas para levantar vôo – quer dizer, sem achar sua
realização num autêntico amor – é destinada à morte. Logo a seguir, a
imagem da caveira é substituída pelo clássico símbolo lorquiano que
também remete à morte: a Lua.

18
A Lua parte-se em dois e aparece o desenho de uma cabeça que
vomita e abre e fecha os olhos e dissolve-se sobre…

A crítica atribui a esta seqüência (como também à anterior) um profundo parentesco com *Un Chien andalou*. Agostín Sánchez Vidal fala
de "numerosas concomitâncias com *Un Chien andalou*, tanto em sua
temática como em suas imagens concretas"[93], e cita, além dessa seqüência, a 14, 19 e 60. Antonio Monegal avalia que "se trata de uma
Lua transgredida, de uma Lua cortada que se abre a outras imagens"[94]
e, ao comentar sobre a cabeça que vomita e que abre e fecha os olhos
da seqüência 18, alega que "essa Lua cortada parece ecoar os doze
planos iniciais que formam o prólogo de *Un Chien andalou*".
   A equiparação da Lua com um olho remete também ao retrato
que Dalí fez de Buñuel, em 1924, onde uma nuvem ameaça cortar o
olho direito do cineasta[95].
   A Lua, ao ser cortada, expõe uma cabeça que vomita e abre e
fecha os olhos. Esse rosto, que exprime o maior gesto físico de repulsão, abre toda uma série de imagens paralelas: aparecerá, na 38,
o desenho lorquiano *Muerte de Santa Rodegunda*, que apresenta a
moribunda vomitando; na 55, voltará uma cabeça vomitando e, logo
depois, todos os clientes do bar vomitarão também; finalmente, na 56,
um menino negro vomitará no elevador.
   O tema do vômito, na obra lorquiana, surge paralelamente em
Poeta en Nueva York, no poema "Paisaje de la Multitud que Vomita"
(Paisagem da Multidão que Vomita), escrito em dezembro de 1929, que
tem seu *pendant* em outra das composições mais negativas da coletânea,
"Paisaje de la Multitud que Orina" (Paisagem da Multidão que Urina)[96].
As causas do vômito explicam-se por elementos ligados à morte, sendo
um passado ("de outra hora") mal digerido que ainda se manifesta:

   93. *Buñuel, Lorca, Dalí*, p. 222. Tradução minha.
   94. Op. cit., p. 19. Tradução minha.
   95. O tema está bem documentado. Cf. A. Sánchez Vidal, op. cit., p. 210.
   96. Idem, p. 145-146.

ANÁLISE INTERTEXTUAL DO ROTEIRO

> São os cemitérios
> e a dor das cozinhas enterradas debaixo da areia.
> São os mortos, os faisões e as maçãs de outra hora
> os que nos empurram na garganta[97].

Maria Clementa Millán expõe que a personagem principal do poema, uma mulher gorda que preside o cortejo de uma multidão que vomita, encarna "o vômito" que invade a cidade[98]. No roteiro, o abre-alas da comitiva de vomitadores é a cabeça que se mostra quando "a Lua se corta".

A exposição dos motivos de enjôo começou, na seqüência 5, com a imagem de um sexo feminino, movimentos de cima para baixo e uma tripla exclamação de socorro; na seqüência 14, reiterou-se o grito de socorro e o movimento nauseante de um carrinho de montanha-russa, e alegávamos que a cena aludia ao caixão de *Entr'acte*, que desce as trilhas da atração. Ambas as cenas apresentam-se num movimento que enjoa: o que leva à conclusão de que um sexo feminino pode ser tão emético como uma montanha-russa. O que é um prazer procurado para a grande maioria, é motivo de emeticidade para outros.

A cabeça, que no roteiro ocupa o lugar da mulher gorda do poema, pode considerar-se um emblema de repulsão física, o que entra em contraste total com a força atrativa que emana da imagem da Lua. Embora a forma da cabeça, que abre e fecha os olhos ao vomitar, lembre o rosto e a redondeza do astro noturno, não se trata de mais um epíteto acrescentado a esse símbolo tão complexo, senão de uma imagem oposta. A cabeça não "se dissolve" sobre a Lua – o que indicaria uma transformação. Ela só aparece quando a Lua "se corta", quer dizer, quando ela é destruída. Só então se mostra a imagem do avesso.

Aliás, a figura feminina de Coney Island, que no poema encarna o vômito, é nomeada "inimiga da Lua".

19
... dois meninos que avançam cantando com os olhos fechados.

O roteiro volta a apresentar o ser humano protagonista que, na seqüência 11, foi introduzido na idade infantil como uma criança espancada; a duplicação indica que a obra não expõe a biografia de um único indivíduo; trata-se, pelo menos, de um grupo maior.

Os dois meninos que avançam cantando representam a primeira imagem feliz da diegese e lembra a saudade lorquiana da própria infância:

---

97. "Son los cementerios / y el dolor de las cocinas enterradas bajo la arena. / son los muertos, los faisanes y las manzanas de otra hora / los que nos empujan en la garganta". F. García Lorca, Paisaje de la Multitud que Vomita, *Poeta en Nueva York*, p. 143-144.

98. Idem, *Poeta en Nueva York*, p. 250.

60 VIAJE A LA LUNA

Aqueles olhos meus de mil novecentos e dez
viram a branca parede onde urinavam as meninas,
o focinho do touro, o cogumelo venenoso
e uma Lua incompreensível que iluminava nos cantos[99].

As duas crianças, porém, andam pelo mundo com os olhos fechados; ainda não sabem nada da dor que a vida adulta lhes infligirá: "Aquellos ojos míos de mil novecientos diez / no vieron enterrar a los muertos" (Aqueles olhos meus de mil novecentos e dez / não viram enterrar os mortos).

Nessa idade, a Lua não era nada mais do que um astro lindo no céu, que ainda não carregava os valores simbólicos de mulher ou de morte, como na obra do poeta adulto. Na visão lorquiana, a vida despreocupada dura pouco: "He visto que las cosas / cuando buscan su curso encuentran su vacío" (Vi que as coisas / quando procuram seu curso encontram o vazio).

20
Cabeças dos meninos que cantam, cheias de manchas de tinta.

Referente às manchas na arte ocidental, a artista plástica Anésia Pacheco e Chaves, em seu caderno expositivo dedicado a esse tema, alega que elas infundem ao âmago um "corpo ambíguo, sexual, indomável, carregando a herança da espécie"[100]. O indivíduo puro e inocente, mesmo sem se entregar a comportamentos pecaminosos, leva, em termos da Igreja católica, as máculas do pecado original. No contexto lorquiano, impõe-se a interpretação de que o estigma maculador seja a homossexualidade.

21
Um plano branco sobre o qual jogam-se gotas de tinta. (Todos esses quadros rápidos e bem ritmados.) Aqui um letreiro dizendo "Não é por aqui".

"A mancha, parente da sombra, pode ser entendida de várias formas: como erro, o acidental, o aleatório na arte. Deixar cair um pinguinho,

99. *"Aquellos ojos míos de mil novecientos diez / vieron la blanca pared donde orinaban las niñas, / el hocico del toro, la seta venenosa / y una luna incomprensible que iluminaba por los rincones"*. Tradução minha. Cito o início do segundo poema "1910 (Intermédio)", de *Poeta en Nueva York*, p. 112-113, escrito em Nova York, em 1929.

100. "A mancha, tinta esparramada por pincel, derramada ou atirada por pistola (à maneira de Pollock) ou ainda, respingando no papel, tela, ou outro suporte, deita o peso do corpo, de maneira mais ou menos inconsciente. O corpo ambíguo, sexual, indomável, carregando a herança genética da espécie. Corpo intelectual ou animal, sempre, até certo ponto, confundidos, mas o primeiro acentuando a clareza, e o segundo, a misteriosa (para nós) obscuridade animal". A. Pacheco e Chaves, *Manchas*.

ANÁLISE INTERTEXTUAL DO ROTEIRO

ou um pingão de tinta, perturba a perfeita realização do projeto", alega o texto introdutório do livro da artista brasileira. O procedimento de manchar uma superfície reitera-se, elucidando que na imagem anterior não se trata de meninos sujos; essas manchas infamam a existência perfeita do ser humano.

O letreiro que fecha a primeira parte do roteiro – dedicada ao sofrimento na infância – formula a conseqüência, para um indivíduo acoimado, da sensação de impossibilidade de levar uma vida convencional: o caminho a seguir desviar-se-á do modelo que a sociedade em vigor prevê. Fecha-se uma porta.

22
Porta.

Um poema breve de Lorca atribui à porta um valor negativo, marcado pela presença da morte:

> Uma porta
> não é uma porta
> até que um morto
> sai por ela.
> Rosa de duas pétalas
> que o ar abre e fecha[101].

A porta fechada veda ao ser humano protagonista o futuro dentro das normas da sociedade e, ao mesmo tempo, fecha a primeira parte do roteiro, que se iniciou quando uma mão invisível arrancou os panos (2): termina aqui o primeiro ato, dedicado ao "sofrimento na infância".

SANTO ADÔNIS MÁRTIR OU O SOFRIMENTO DE UM ADOLESCENTE – SEGUNDO ATO (23-29)

23
Sai um homem com uma bata branca. Pelo lado oposto sai um menino nu com uma sunga de grandes quadrados brancos e pretos.

A segunda parte do roteiro (23-29), protagonizada por um jovem, trata da vida adolescente. Num interior vagamente definido, entra "um rapaz nu [vestido] de sunga com retângulos brancos e pretos"[102].

---

101. "Una puerta / no es una puerta / hasta que un muerto / sale por ella. / Rosa de dos pétalos / que el aire abre y cierra". F. García Lorca, *Obras Completas*, I, p. 1008, edição de A. del Hoyo.

102. A prescrição da nudez do jovem e, ao mesmo tempo, da peça de vestuário que ele usa, é uma contradição que tem suas raízes no âmbito da Igreja católica: um

Antonio Monegal atribui às duas cores um valor interpretável:

O branco e o preto juntos sinalizam um momento de indiferenciação sexual [...]. O garoto de sunga é abordado pelo homem da bata branca [...]. As mulheres aparecem majoritariamente vestidas de preto ou de luto, quando não estão quase nuas. A associação do preto ao feminino e do branco ao masculino confirma-se quando, no desenlace do roteiro, na 69, se destaca uma moça vestida de preto[103].

A imagem de um homem vestido de bata branca evoca a presença de um professor ou de um médico; a insistência na nudez do rapaz dá a entender que a cena se passa num consultório médico ou num quartel, por motivo de um alistamento. De qualquer maneira, o homem de bata branca é um representante da sociedade.

O jovem de calção com desenho retangular e o homem de bata branca entram em cena por lados opostos, numa encenação de enfrentamento: a sociedade exigirá que o adolescente se submeta ao código em vigor.

24
Primeiríssimo plano da sunga xadrez em dupla exposição sobre um peixe.

O enfoque da sunga, em primeiríssimo plano, indica que o desenho tem um valor interpretável: os quadros retangulares opõem-se não só à bata do suposto adversário, mas também aos losangos das meias de palhaço, que se repetirão no figurino do arlequim, impingidos pelo homem da bata ao protagonista adolescente.

A dupla exposição do calção sobre um peixe atribui à imagem uma conotação sexual. Definíamos, no capítulo anterior, o valor simbólico da rã, do pássaro e do peixe como epítetos da mulher, do machista e do homossexual.

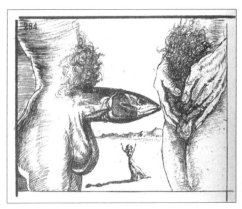

Figura 9: *Salvador Dalí,* Le Maquereau *(A Sarda), 1969.*

Cristo "nu", na cruz, ou um São Sebastião torturado, na representação iconográfica, veste sempre um pano para as partes íntimas do corpo.
103. Op. cit., p.30. Tradução minha.

ANÁLISE INTERTEXTUAL DO ROTEIRO

Gibson chama a atenção para a correspondência entre Dalí e Lorca, em que o pintor catalão designa seu amigo andaluz de "lenguado"[104].

Um tema freqüente entre os dois amigos versava sobre São Sebastião, o único santo "nu" nas igrejas, cuja conotação homoerótica tem uma larga tradição[105]. Dalí publicou, em 1927, um artigo[106] dedicado a Lorca sobre o mártir escassamente vestido, junto com um desenho em que um peixe substitui a cabeça do santo[107]. E, numa carta, o pintor catalão escreve ao poeta andaluz:

> Ainda não posso enviar-lhe o artigo porque estou suprimindo uma parte e acrescentando outras coisas; vê-se claramente que meu ofício é pintar, mas sim, acho que digo coisas.
>
> Meu São Sebastião lembra-me muito de você, e às vezes, tenho a impressão que é você... ver-se-á se o São Sebastião é você!... mas agora, deixe que eu use seu nome para assinar.
>
> Um grande abraço de seu São Sebastião[108].

No poema "Reyerta", do *Primer Romancero Gitano*, existe a comparação de facas com peixes[109]. Além do brilho, o *tertium comparations* dos dois elementos comparados consiste também na forma fálica.

104. *Federico García Lorca*, I, p. 500.

105. Cf. *Sebastian oder der Pfeil fliegt noch immer* (Sebastião ou a Flecha Ainda Está Voando) de Othmar Rahm-Kölling, que abrange a carga erótica das imagens iconográficas de santos. Ou também o ensaio "Le plaisir de mourir" (O Prazer de Morrer), de Michel del Castillo, em G. d'Annunzio, *Saint Sébastien*. Em 1911, estreou-se o *Martyre de Saint Sébastien* de Gabriele d'Annunzio, escrito em francês, com a música de Claude Debussy: o papel do santo foi interpretado por uma mulher. Cf. também o filme *Sebastiane* (1976), de Derek Jarman, que, na opinião do cineasta, não é somente um panfleto homossexual, mas "um estudo sobre a sexualidade reprimida e sobre os efeitos da sexualidade e da religião sobre os homens isolados em condições brutais" (apud J. Tulard, *Guide des films*, II, p. 711).

106. O artigo original "Sant Sebastià per Salvador Dalí", publicado em catalão, em *L'Amic de les Arts*, pode ser consultado em I. Gibson, *Federico García Lorca*, I, p. 612-617.

107. Dalí, ao substituir a cabeça do santo pelo peixe – uma imagem eufêmica do sexo masculino – escolheu o caminho contrário de René Magritte, para quem o animal aquático alude claramente ao sexo feminino, por exemplo, no quadro de 1934, *L'Invention collective* (A Invenção Coletiva) (cf. J. Meuris, *René Magritte*, p. 37), representando uma mulher-peixe. O pintor belga substituiu, em duas obras tituladas *Le Viol* (O Estupro, 1934 e 1948), a cabeça de uma mulher por um corpo feminino.

108. "No te puedo mandar ahun el articulo porque estoy suprimiendo una parte y añadiendo otras cosas, se ve claro que mi oficio es pintar pero en fin creo que digo cosas. / En mi San Sevastian te recuerdo mucho y a veces me parece que eres tu... a ver si resultara que San Sevastian eres tu!... pero por ahora dejame que use su nombre para firmar. / Un gran abrazo de tu San Sebastián". I. Gibson, *Lorca-Dalí*, p. 161.

109. F. García Lorca, *Obras Completas*, I, p. 418, edição de M. García-Posada: "En la mitad del barranco / las navajas de Albacete, / bellas de sangre contraria, / relucen como los peces" (No meio do barranco / as navalhas de Albacete, / belas de sangue contrárias, / reluzem como os peixes).

25

O homem da bata oferece-lhe uma roupa de arlequim, mas o garoto a recusa. Então o homem da bata agarra-o pelo pescoço, o outro grita, mas o homem da bata lhe tapa a boca com a roupa de arlequim.

O uniforme que a sociedade impinge ao adolescente não é terno e gravata, mas uma roupa de arlequim, quer dizer, um papel cuja atuação, desde a época da *Commedia dell'Arte*, segue um padrão: seu caráter fica predestinado pelas regras em vigor.

Jean Starobinski, num artigo dedicado aos arlequins de Picasso, chama a atenção para o fato de que o começo do século XX foi uma época propícia para reanimar funções e significados arcaicos do palhaço, tanto nas artes plásticas e cênicas como também na literatura[110]. O crítico suíço, ao esboçar o parentesco entre tais representações pictóricas e os textos de Guillaume Apollinaire, cita o poema "Crépuscule"[111], que atribui ao arlequim o epíteto *trismégiste*, próprio do deus Hermes-Mercúrio. A equiparação do saltimbanco com o deus transgressor de fronteiras – o mensageiro divino move-se entre o céu e a terra, entre o espaço da vida e da morte – exalta a origem demoníaca da figura e o papel do artista como mediador. Picasso identificava-se com essa figura teatral. Em 1905, pintou o quadro *Au "Lapin Agile" (Arlequin au verre)*, um auto-retrato do artista vestido de arlequim.

O protagonista lorquiano de *Viaje a la Luna*, ao recusar o figurino de losangos, não manifesta sua oposição em aceitar o papel de um artista mediador; a recusa do figurino, com certeza, remete a outra implicação.

Nas apresentações cênicas, o arlequim mostra-se, às vezes, como um transgressor de tabus e de regras morais: Ferruccio Busoni, por exemplo, criou um *Arlecchino* (1914-1916), que é o contrário de um personagem modelo[112]: sendo infiel a Colombina, ele seduz a esposa do alfaiate Matteo, que, pelas intrigas do adúltero manhoso, se alista para defender a honra da pátria[113]. Esse *Arlecchino*, invasor de bens alheios, incorpora o outro lado de Mercúrio: o do astuto deus protetor dos comerciantes e dos malandros.

---

110. Em G. Boehm; U. Mosch; K. Schmidt, *Canto d'Amore,* p. 130-133.

111. *Alcools*, p. 37.

112. Cf. o artigo sobre o *opus* 50 de Busoni de Matthias Kassel, em G. Boehm; U. Mosch; K. Schmidt, op. cit., p. 144-148.

113. Na cena final da obra, Arlecchino dirige-se ao público para apresentar "sua última conquista que, quando era a esposa do mestre alfaiate, não teve a oportunidade de ostentar seus encantos".

ANÁLISE INTERTEXTUAL DO ROTEIRO

No livro *Canciones*, que reúne textos lorquianos escritos entre 1921 e 1924, há um poema breve intitulado "Arlequín", que faz um retrato do saltimbanco como um ser ambíguo – metade Sol, metade Lua –, comparável ao mensageiro da mitologia clássica:

> Teta vermelha do sol.
> Teta azul da Lua.
>
> Torso metade coral,
> metade prata e penumbra[114].

Na tradição cultural espanhola, o dicionário de Covarrubias registra outra informação elucidativa:

[O arlequim] é uma figura humana, feita de pau e de dobradiças, que usam os pintores e escultores para formar diversas posturas; põem nas junções umas bolinhas e cobrem a figura inteira de uma pele e, assim, dobra-se nos membros. Imitando-os, os saltimbancos trazem um que atiram, e esse faz posturas estranhas, e por isso, chamaram esse saltimbanco de arlequim. Deriva-se do nome grego ´αρνάκις, ιδος, *pelis agni*, por cobrir-se com a pele do cordeiro, que é mais solta que outra[115].

Essa definição do começo do século XVII define o arlequim:

- como um manequim articulado, que "se dobra" como o pintor quiser;
- como um saltimbanco, que os outros atiram, e que "faz posturas esquisitas";
- relacionando-o, pela interpretação pseudo-etimológica, com um cordeiro.

Resumindo: uma "figura humana" sem nenhuma vontade própria, é o protótipo da vítima que se deixa manipular.

Francisco de Goya y Lucientes pintou, em 1791, o quadro *El Pelele*, que ironiza a situação política na Espanha de Carlos IV: quatro mulheres brincam com um homem-boneco[116].

---

114. "Teta roja del sol. / Teta azul de la luna. // Torso mitad coral, / mitad plata y penumbra". F. García Lorca, *Obras Completas*, I, p. 355, edição de M. García-Posada.

115. "ARNEQUÍN, y corruptamente arlequín, es una figura humana, hecha de palo y de goznes, de que se aprovechan los pintores y escultores para formar diversas posturas; ponen dentro de las coyunturas unas bolitas y cubren toda la figura de una piel y con esto se doblega por todos sus miembros. A imitación destos los bolteadores traen uno que le arrojan y haze posturas estrañas, y por esta razón llamaron al tal bolteador arlequín. Dixose del nombre griego ´αρνάκις, ιδος, *pelis agni*, por estar cubierto con la piel del cordero, que es más suelta que otra". Op. cit., p. 145.

116. O filme de Buñuel, *Cet obscur objet du désir* (1977), baseado no romance *La Femme et le pantin* (1898), de Pierre Louys, evoca, indiretamente, a imagem goyesca do *pelele*. Cf. R. Melchior, Cet obscur objet du désir, especialmente o segundo item, "Sobre Mulheres e Fantoches", em *Significação – Revista Brasileira de Semiótica*, p. 119-129.

66 VIAJE A LA LUNA

A cena do boneco de palha jogado no ar reitera-se no filme *College* (1927), de Buster Keaton, tão adorado pelo círculo em volta de Lorca[117].

Em 1974, Morris West publica seu romance *Harlequin*, que relata a biografia de um homem que se vê envolvido e visado por manipuladores inescrupulosos das altas finanças internacionais e do terrorismo. As três obras apresentam um homem exposto à vontade alheia que, no caso de Goya, é manipulado pelo sexo "fraco"; no filme de Keaton, pelos companheiros da faculdade; e no livro de West, pela sociedade corrupta e pelo poder.

Qual é o tipo de arlequim que o protagonista do roteiro lorquiano rejeita? Comentamos já o medo patente que, na seqüência 5, provocou um triplo grito de socorro frente a um corpo feminino nu. O pavor lorquiano não é, em primeiro lugar, um manifesto contra a sociedade manipuladora – embora Lorca passasse sua vida inteira em dependência financeira de sua família –, senão uma repugnância insuperável para cumprir com as expectativas sociais que tocam o relacionamento sexual. "¡Oh, sí! Yo quiero. ¡Amor, amor! Dejadme. / No me tapen la boca" (Oh sim! Eu quero. Amor, amor! Deixem-me. / Não me tapem a boca), grita o *Poeta en Nueva York*[118]. Buñuel, ao tocar no tema da sexualidade de Lorca, conclui secamente: "Federico était impuissant" (Federico era impotente)[119].

26
Primeiríssimo plano com mãos e roupa de arlequim apertando com força.

O primeiríssimo plano explicita, visualmente, a imposição autoritária de um papel social para com o adolescente. O gesto de lhe tapar a boca, mediante a fantasia do saltimbanco marcado pela passividade, suprime seu grito de socorro descrito anteriormente.

Trata-se da terceira referência a um elemento acústico que, num filme mudo, só pode ser evocado por meios visuais, seja com um texto sobreposto ou pela expressividade mímica. No fundo, esses casos – em que está enfocada a personagem falando ou gritando, sem que o espectador ouça as palavras ou o grito – são cenas mode-

---

117. Cf. o artigo entusiasta de Buñuel, Deportista por Amor de Buster Keaton, *Obra Literaria*, p. 166-167.

118. F. García Lorca, *Poeta en Nueva York*, p. 115. Román Gubern opina que "este temor al sexo femenino se completa, en otra dirección, con el letrero que luego (21) dice 'No es por aquí' [...]" e, citando Gibson, conclui que *Viaje a la Luna* é uma "busca de un amor que se demuestra imposible" e que o roteiro apresenta a viagem do próprio Lorca "hacia la aniquilación sexual". Op. cit., p. 454.

119. *Entretiens avec Max Aub*, p. 116.

lares de "voz *off*"; a definição habitual desse termo não me parece correta.

Essa seqüência do roteiro com o adolescente gritando remete, sem dúvida, ao quadro *O Grito* (do qual existem umas cinqüenta versões), pintado por Edvard Munch, por volta de 1893. A voz do personagem é substituída por um procedimento sinestésico, como o propaga o poema "Correspondance" (Correspondência), de Charles Baudelaire, em que "Les parfums, les couleurs et les sons se répondent" (Os perfumes, as cores e os sons respondem-se)[120]. Sabe-se que essa tela – como se ela mesma fosse um grito mudo de angústia existencial de um ser humano apavorado – é uma expressão da personalidade do próprio artista[121], que um comentarista descreve como depressiva por ele sentir-se "traumatizado por su relación con las mujeres, a quienes odia fervorosamente y se ocupa de retratar lo más tétricamente posible" (traumatizado pela relação com as mulheres, que ele odeia fervorosamente e se empenha em retratá-las o mais tetricamente possível)[122].

A imposição da ordem, quando o homem de bata tapa a boca do jovem, lembra também um dos textos teatrais mais expressivos de Lorca, o drama *La Casa de Bernarda Alba*. A entrada em cena da déspota, para dar vigor a um luto de sete anos na casa, oprime qualquer manifestação de sentimento pessoal. O grito "¡Silencio!" fica no ar até a última cena em que a tirana repete sua ordem intransigente: "¿Me habéis oído? Silencio, silencio he dicho. ¡Silencio!" (Ouviram-me? Silêncio, silêncio falei. Silêncio!)[123]. O grito do ser humano oprimido está sendo aniquilado.

27

Dissolve-se sobre uma dupla exposição de serpentes de mar do aquário e essas sobre caranguejos do mesmo aquário e esses em outros peixes, com ritmo.

As três imagens, que consecutivamente se sobrepõem, captam os animais marítimos num ambiente artificial: o aquário permite ao visitante

---

120. *Les Fleurs du mal*, p. 62.

121. Ulrich Bischoff, em *Edvard Munch 1863-1944*, p. 53, observa no quadro "o medo e a solidão do Homem num cenário natural que – longe de oferecer qualquer tipo de consolação – absorve o grito e o faz ecoar por detrás da baía até aos vultos sangrentos do céu" e cita uma passagem do diário do artista doente que faz lembrar essa cena: "[…] e apoiei-me a uma cerca […] e senti um grito infindável a atravessar a Natureza". O autor cita também o historiador de arte americano Roberto Rosenblum, que sugeriu que a múmia peruana do Museu do Homem, em Paris, serviu de modelo a Munch para sua "cabeça da morte".

122. Cf. http://www.livronet.com.br/arteyestilos/biografias/pintores/munch.htm.

123. F. García Lorca, *Obras Completas*, I, p. 587 e 634, edição de M. García-Posada.

68 VIAJE A LA LUNA

do zoológico uma maneira confortável de estudar os habitantes do mar que, em seu meio ambiente natural, se esquivariam da observação. "Las ventanas de los acuáriums parecen ventanillas de un tren submarino"[124] (As janelas dos aquários parecem janelinhas de um trem submarino), comenta Gómez de la Serna.

O mesmo conforto de acesso visual a fenômenos que, normalmente, ficam ocultos, oferece a tela cinematográfica. O espectador, tanto no zoológico como na sala de cinema, pratica um certo voyeurismo: "Au cinéma, c'est toujours l'autre qui est sur l'écran ; moi, je suis là pour le regarder. Je ne participe en rien au perçu, je suis au contraire tout-percevant"[125] (No cinema, é sempre o outro na tela; eu estou lá para olhá-lo. Não participo em nada no percebido, pelo contrário, estou totalmente percebendo), escreve Christian Metz.

A equiparação entre um espectador de cinema e um visitante de um aquário aponta para uma relação que André Gaudreault chama de "confrontação exibicionista": "'Confrontação exibicionista', porque o cinema dos primeiros tempos pressupõe, pelo contrário, duas instâncias bem definidas, uma frente à outra: um espectador que olha, e um ator que se sabe olhado e que, muitas vezes, mediante a câmera intercalada, olha para o espectador provocando-o"[126].

O espectador, confirmado em sua posição de testemunha ocular, é intimado a assistir ao espetáculo como no teatro clássico, cuja primeira finalidade era divertir e ensinar.

O tema reaparece, mais explicitamente, em *El Público*, num diálogo entre dois estudantes que se queixam do comportamento inadequado do público que – em vez de observar e aprender – interferiu na trama:

Estudante 4 – A atitude do público foi detestável.
Estudante 1 – Detestável. Um espectador nunca deve fazer parte do drama. Quando alguém visita o aquário, não assassina as serpentes do mar, nem as ratazanas de água, nem os peixes cobertos de lepra, mas sim deixa passar os olhos sobre cristais e aprende[127].

---

124. Op. cit., p. 420.

125. *Le Signifiant imaginaire*, p. 68.

126. "'Confrontation exhibitionniste' parce que le cinéma des premiers temps présuppose au contraire deux instances bien campées l'une en face de l'autre : un spectateur qui regarde et un acteur qui se sait regardé et qui souvent, par caméra interposée, regarde le spectateur et l'interpelle". *Ce que je vois de mon ciné...*, p. 13. Tradução minha.

127. "Estudiante 4. La actitud del público ha sido detestable. / Estudiante 1. Detestable. Un espectador no debe formar nunca parte del drama. Cuando la gente va al *aquárium*, no asesina a las serpientes de mar, ni a las ratas de agua, ni a los peces cubiertos de lepra, sino que resbala sobre los cristales sus ojos y aprende". F. García Lorca, *Obras Completas*, II, p. 317, edição de M. García-Posada.

28
Peixe vivo sustenido na mão, em primeiríssimo plano, morrendo
e avançando a boquinha aberta até cobrir o objetivo.

A cena relaciona-se com o primeiríssimo plano das mãos do homem
da bata (26), que obriga o adolescente a aceitar o papel indesejado.
Pela seqüência das imagens, a diegese equipara, mais uma vez, o protagonista com um peixe, que definíamos como referência metafórica
ao homossexual; ele vai morrer na mão do representante da sociedade
machista, frente ao olho da câmera. Esse ato cruel tem seu grande
aliado no espetáculo nacional da Espanha, na tourada, que celebra o
que em outras culturas se oculta: a morte.

Cada *mise en scène* da morte provoca uma sensação ambígua,
que propulsa o desejo de iniciar-se a um tabu; a mixoscopia não se
limita só ao ato sexual: Eros e Thánatos equiparam-se.

Roland Barthes comenta uma foto de um jovem condenado à morte que lhe causa uma estranheza particular, porque a imagem amalgama
a expectativa de uma morte e o fato de sua consumação[128]. "Il est mort
et il va mourir" (Morreu e vai morrer), diz a legenda da foto.

Ao olhar uma foto, manifestamos um interesse geral, o que o teórico francês chama de *studium*. Pode acontecer que algum detalhe da
imagem atraia nossa atenção particularmente; Barthes escolheu a palavra latina *punctum* para designar esse ponto de atração. O *studium*
remete, por exemplo, à composição ou ao tema da imagem, enquanto
o *punctum* fascina ou importuna. No caso da foto de Lewis Payne, o
punctum seria, talvez, o fato de que um morto segue olhando-nos: a
Morte personifica-se, adquirindo corpo, olhar e vida própria.

Voltando ao roteiro: o *punctum* que emana do peixe que morre,
em primeiríssimo plano, comove o espectador. "El pescado nos mira
con sus ojos fijos y abiertos para recordarnos el día de las grandes
acusaciones" (O peixe olha para nós com seus olhos fixos e abertos
para lembrar-nos o dia das grandes acusações), escreveu Gómez de la
Serna[129]. Os olhos do animal, em primeiríssimo plano, acusam a falta
de respeito à vida, tanto de quem efetua o ato como também de quem
assiste ao espetáculo fatal. Ser testemunha de uma morte envolve.
O espetáculo mortal do peixe tem a função de uma *mise en abyme*
anunciadora do destino trágico do protagonista.

---

128. R. Barthes, *La Chambre claire*, p. 148-151. Em 1865, Lewis Payne tentou assas-
sinar o secretário de Estado americano, W. H. Seward. Alexander Gardner fotografou-o na
prisão antes de ser pendurado. "La photo est belle, le garçon aussi : c'est le *studium*. Mais le
punctum, c'est : il va mourir. Je lis en même temps : cela sera et cela a été ; j'observe avec
horreur un futur antérieur dont la mort est l'enjeu" (A foto é bela, o garoto também: isso é o
studium. Mas o *punctum* é: ele vai morrer. Eu leio ao mesmo tempo: isso será e isso foi; ob-
servo com horror um futuro anterior cujo entremeio é a morte), comenta Roland Barthes.

129. Op. cit., p. 620.

70 VIAJE A LA LUNA

29
Dentro da boquinha aparece um primeiríssimo plano em que pulam,
agonizando, dois peixes. Esses se convertem num caleidoscópio no
qual cem peixes pulam e latem em agonia.

Reitera-se o motivo da morte do peixe, porém, num enfoque multi-
plicador. A diegese do roteiro não apresenta, por meio da metáfora
peixe-homem, um destino individual, senão o de todo um grupo social, marginalizado por não aceitar as regras do jogo da sociedade em
vigor. Por isso, o ser humano protagonista – que na seqüência 19 já
entrou em cena como dupla de dois meninos – não é individualizado;
ignoramos seu nome. Embora a trama do roteiro esteja intimamente
relacionada com a vida de Lorca, não se trata só de uma autobiografia
camuflada; a tragédia é coletiva.

SANTA RODEGUNDA E A PAIXÃO DE OUTRAS MULHERES MENOS SANTAS – TERCEIRO ATO: PRIMEIRO QUADRO (30-42)

30
Letreiro: Viagem à Lua.
Quarto. Duas mulheres vestidas de preto choram, sentadas,
com as cabeças apoiadas numa mesa, em que há uma lâmpada.
Dirigem as mãos ao céu. Plano dos bustos e das mãos.
Elas têm o cabelo caído sobre o rosto e as mãos contrafeitas
com espirais de arame.

A terceira parte do roteiro, dedicada ao sofrimento da mulher, inicia-se
com um letreiro que repete o título do filme. Genette, ao comentar as
funções dos paratextos, aponta para a diferença entre um título de entrada, que se dirige ao grande público que ainda não conhece a obra, e
um título interno, somente acessível para quem a assiste de perto[130].
    O anúncio no cartaz tem um valor *catafórico* que excita a curio-
sidade geral. *Viaje a la Luna* promete – já pela alusão à obra de
Méliès – um filme de ficção científica sobre uma viagem espacial.
Quem cedeu à sedução da publicidade e assiste à obra sente-se um
tanto intrujado, porque a promessa do título, até agora, não foi cumprida. E eis aqui que o filme lembra o suposto tema, mediante um letreiro intercalado, cuja função *anafórica* provoca uma reconsideração
do título principal: a viagem anunciada não é cósmica, mas mental, e
explora as trevas interiores de um ser humano.

130. *Seuils*, p. 297.

ANÁLISE INTERTEXTUAL DO ROTEIRO

O começo da terceira unidade – uma habitação com duas mulheres enlutadas, sentadas a uma mesa – lembra as protagonistas e o cenário de *La Casa de Bernarda Alba*, que Lorca classificou como "drama de mujeres en los pueblos de España" (drama de mulheres no interior da Espanha). O roteiro, portanto, confere aos figurinos femininos uma denotação surrealista, ao prescrever que as mãos das mulheres são "contrafeitas com espirais de arame". O fio de metal, que imobiliza os gestos das enlutadas, aparecia já na "cabeça de arame" da seqüência 4, que interpretamos como a estrutura interna de um fantoche. Ambas as imagens, ao combinar uma parte do corpo com o arame, remetem à existência de seres humanos, cujo raio de ação fica fortemente coibido.

Em 1928, foi exibido um filme de Carl Theodor Dreyer sobre uma mulher que sucumbe ao poder da "mão pública": *La Passion de Jeanne d'Arc* (A Paixão de Joana d'Arc). Renée Falconetti, no papel da santa, aparece com uma coroa de arame.

O imagético do roteiro atribui à mão a força masculina da ação: na seqüência 26, o homem da bata impõe-se ao adolescente com a mão, e em 28 é, mais uma vez, em primeiríssimo plano, uma mão que mata o peixe. A inabilitação da mão feminina, em contrapartida, é uma figura da castração.

31
As mulheres seguem baixando os braços e subindo-os no céu.

Continua o gesto ostensivo que remete a um grito de aflição ou a uma oração. No entanto, o contexto não revela a causa da atribulação das mulheres.

32
Uma rã cai sobre a mesa.

Definimos, no capítulo anterior, a rã como animal anunciador de fertilidade e como imagem da mulher. Além da atribuição do anfíbio à deusa Ísis, cabe citar aqui a classificação biológica desses anfíbios como anuros, o que significa "desprovidos de cauda"; a definição reitera a figura da castração.

Na poesia lorquiana juvenil, a rã aparece várias vezes, normalmente, coaxando ou calando-se quando aparece um perigo[131]. No

131. Ver, por exemplo, os versos 58-64 do poema "Yo Estaba Triste Frente a Los Sembrados": "Dos sombras silenciosas / Por el camino pasan. / Una es el geniecillo de Descartes. / La otra sombra es la Muerte... / Yo siento sus miradas / Como besos de plomo sobre mi piel. / ¡Se han callado las ranas!" (Duas sombras silenciosas / Pelo caminho passam. / Uma é o gênio de Descartes. / A outra sombra é a Morte... / Eu

poema "Media Luna" (Meia-lua), ela confunde o reflexo da Lua na água com um espelho[132]:

A Lua vai pela água.
Como está o céu tranqüilo?
Vai segando lentamente
o tremor velho do rio
enquanto a rã jovem
a confunde com um espelho[133].

E no poema "Un Romance", o emudecer dos anfíbios é paralelo ao comportamento das meninas e das velhas:

Sai a Lua minguante.
As meninas vão dormir
E as velhas corcovadas
Param com seu murmúrio.
As portas vão fechando-se.
Rãs param de coaxar[134].

A temática desses versos, mais uma vez, confirma a concatenação metafórica entre a rã e a mulher. Além disso, o poema antecipa também o motivo de portas fechadas, que seguirá na seqüência 35 do roteiro.

33
Dupla exposição da rã vista enorme sobre um fundo de orquídeas agitadas com fúria. Desaparecem as orquídeas e aparece, desenhada, uma enorme cabeça de mulher vomitando que muda de um negativo a um positivo e de um positivo a um negativo.

A imagem sobreposta da rã, em primeiríssimo plano, e das orquídeas, no fundo, lembra a estrutura da seqüência 4, em que aparece uma cabeça sobre um fundo de água.

Atribuímos ao elemento líquido a conotação de um desejo erótico oprimido. Pela *mise en parallèle*, as flores, "agitadas com fúria",

---

sinto suas olhadas / Como beijos de chumbo sobre minha pele. / Calaram-se as rãs!). F. García Lorca, *Poesía Inédita de Juventud*, p. 31.

132. Numa gravura de Emile Bayard e A. de Neuville, que acompanha o romance *Autour de la Lune*, de Jules Verne (p. 115), trata-se de um burro que olha para a Lua espelhada na água.

133. "La luna va por el agua. / ¿Cómo está el cielo tranquilo? / Va segando lentamente / el temblor viejo del río / mientras que una rana joven / la toma por espejito". F. García Lorca, *Obras Completas*, I, p. 181, edição de M. García-Posada.

134. "La luna en menguante sale. / Las niñas van a acostar / Y las viejas encorvadas / Cesan en su murmurar. / Las puertas se van cerrando. / Ranas dejan de croar". F. García Lorca, *Poesía Inédita de Juventud*, p. 127.

ANÁLISE INTERTEXTUAL DO ROTEIRO

apresentam-se como outra figura que aponta para um desejo feminino não realizado. Cabe citar aqui que Gómez de la Serna, tão presente na mente da Geração de 27, relaciona a orquídea com a deusa do amor: "El lirio quiere ser orquídea, pero le vence la Venus de las flores" (O lírio quer ser orquídea, mas vence-o a Vênus das flores)[135].

O *Lexikon der Symbole* (Dicionário dos Símbolos), de Wolfgang Bauer[136], interpreta o lírio como símbolo da Mãe de Deus e aponta, no mesmo artigo, o sincretismo entre a representação da Virgem junto com o quarto da Lua e a deusa Ísis[137]. A *greguería*, ao opor o lírio à orquídea, salienta os antagonismos amor puro e maternal *versus* amor carnal, Maria *versus* Maria Madalena, ʼαγάπη (agape) *versus* ʼέρως (Eros), Ísis *versus* Vênus.

No roteiro, o enquadramento da rã é substituído por um desenho de uma cabeça feminina que vomita. Um desenho comparável apareceu já na seqüência 18, em que a cabeça abria e fechava os olhos: aqui, num movimento semelhante, o negativo que muda para uma imagem positiva é variável como a Lua.

34

Uma porta fecha-se com violência e outra porta e outra
e outra sobre uma dupla exposição das mulheres que sobem e
descem os braços. Ao fechar-se cada porta, sai um letreiro
dizendo… "Elena Helena elhena eLHeNa".

Uma porta, na definição do dicionário da Real Academia Espanhola, é uma abertura que serve "para entrar e sair". Uma porta fechada, portanto, impede o acesso ao outro espaço; a imagem demarca um recinto vedado, seja interior ou exterior. E "cerrar uno la puerta", é definido por "hacer imposible o dificultar mucho una cosa" (impossibilitar ou dificultar muito uma coisa).

O início da terceira parte do roteiro (30), dedicada à tragédia feminina, prescreve o espaço cênico de uma habitação. Conseqüentemente, o fechamento violento de quatro portas deve ser entendido como um aprisionamento das mulheres, condenadas a passar uma vida em

---

135. Op. cit., p. 1095.

136. W. Bauer; I. Dümotz; S. Golowin, *Lexikon der Symbole*, p. 219.

137. "Ihr [Marias] Symbol ist die Lilie als Zeichen der vollkommenen Liebe, die in der Vereinigung von Gott und Mensch besteht. Maria wird häufig dargestellt mit einer Mondsichel, die auf ihre Verbindung zu den alten Göttinnen hinweist, die in enger Verbindung mit dem Mond standen" (O símbolo de Maria é o lírio como imagem do amor perfeito, consistindo na união de Deus com o Homem. A Virgem, muitas vezes, é representada acima da Lua, o que aponta para a concatenação com as deusas antigas intimamente relacionadas com a Lua).

74 VIAJE A LA LUNA

reclusão[138]. As portas fechadas convertem-se em quatro paredes de uma cela. Estabelece-se a dicotomia dentro *versus* fora, separando o espaço recluso das mulheres do mundo masculino.

Freud, na *Interpretação dos Sonhos*, atribui à porta uma conotação corporal, ao defini-la como um orifício do corpo humano. Sob essa interpretação, uma porta fechada remete a uma situação que impede qualquer relacionamento amoroso ou sexual[139].

A roupa preta das mulheres (33) indica que a reclusão está ligada ao luto e lembra a situação dramática que Lorca elaborou em *La Casa de Bernarda Alba*; no dia do enterro do marido, a déspota feminina manda: "Em oito anos que durar o luto não entrará nesta casa o vento da rua. Reparem que fechamos portas e janelas com tijolos. Assim aconteceu na casa do meu pai e na casa do meu avô"[140].

Nesse sentido, podemos também entender os versos já citados: "Una puerta / no es una puerta / hasta que un muerto / sale por ella"[141]. O dentro *versus* fora não se explica só pela oposição feminino *versus* masculino, mas também por luto *versus* alegria ou morte *versus* vida. Ou, para citar mais uma vez a Bernarda Alba: "Hilo y aguja para las hembras. Látigo y mula para el varón" (Fio e agulha para as fêmeas. Chicote e mula para o varão)[142].

Uma porta fechada pressagiando uma desgraça[143] encontra-se também no poema "Sibila", composto por volta de 1921, mas descartado da versão final de *Primeras Canciones*[144].

Além do elemento anunciador de um acontecimento fatal, consta também o luto, que o poema exprime pelo choro, substituído, no roteiro,

138. O mesmo elemento cênico existe já no filme *Metropolis* (1927), de Fritz Lang, onde as portas da casa do científico nefasto Ratwang fecham-se sozinhas, impedindo que a vítima escape.

139. *Studienausgabe*, II, p. 341 e p. 388.

140. "En ocho años que dure el luto no ha de entrar en esta casa el viento de la calle. Haceros cuenta que hemos tapiado con ladrillos puertas y ventanas. Así pasó en casa de mi padre y en casa de mi abuelo". F. García Lorca, *Obras Completas*, II, p. 591, edição de M. García-Posada.

141. Veja nosso comentário à seqüência 22, em que se fechou uma porta na vida do protagonista jovem.

142. F. García Lorca, *Obras Completas*, II, p. 591, edição de M. García-Posada.

143. O motivo da porta fechada reaparecerá em textos posteriores ao roteiro: além da peça de teatro *Huis clos* (1944), de Jean-Paul Sartre, existe também no romance de Albert Camus, *L'Étranger* (1940/1942), cuja primeira parte termina com a frase famosa: "Et c'était comme quatre coups brefs que je frappais sur la porte du malheur" (E era como quatro golpes breves que eu dava na porta da desgraça).

144. F. García Lorca, *Obras Completas*, I, p. 723, edição de M. García-Posada: "Puerta cerrada. // ¡Y un rebaño / de corazones / que aguardan! // Dentro se oye llorar / de una manera desgarrada. / Llanto de una calavera / que esperara / un beso de oro. // Puerta cerrada. // (Fuera, viento sombrío / y estrellas turbias.)" [Porta fechada. // E um rebanho / de corações / que aguardam! // Dentro ouve-se chorar / de uma maneira desgarrada. / Lamentação de uma caveira / que tinha esperado / um beijo de ouro. // Porta fechada. // (Fora, vento sombrio / e estrelas turvas.)]

pela imagem em movimento de umas mulheres que, em vez de chorar, manifestam a aflição pelos movimentos corporais: "mulheres que sobem e descem os braços".

O poema termina com uma descrição – sem verbo e entre parêntesis – da situação de fora: "(fuera viento sombrío / y estrellas turbias)". O espaço ligado ao mundo masculino também se valoriza negativamente: ele é sombrio e turvo.

Outrossim, o fechamento das quatro portas é acompanhado pela projeção de quatro variantes de um nome feminino: Elena, Helena, elhena e eLHeNa[145]. Na seqüência 65, juntar-se-á mais a grafia *elena*, com minúscula.

Ao comentar a seqüência 13, citamos o poema "Los Ojos" (Os Olhos), que termina invocando o mesmo nome feminino: "¡Guárdate del viajero, / Elenita que bordas / corbatas!" (Tem cuidado do viajante, / Heleninha que borda / gravatas![146]). A mulher que borda um objeto de uso masculino em forma fálica é advertida sobre um homem viajante. No roteiro, porém, a situação é invertida pelos letreiros de aviso, que parecem advertir contra as mulheres com esse nome que evoca, em primeiro lugar, a mulher que deu início à guerra de Tróia.

Em *El Público*, a personagem feminina principal também se chama Elena. Maria Clementa Millán opina que "a figura de Helena encarna a mulher em sua faceta mais negativa, como cópia da Helena de Tróia, portadora da morte, aparecendo por isso 'vestida de grega', e de forma semelhante à Morte de Cocteau"[147].

Além da alusão à mulher fatal da mitologia grega, fica a dúvida de por que Lorca insiste tanto nesse nome, embora o roteiro não aprofunde o tema. Ian Gibson chega à seguinte conclusão:

> Chama a atenção que em *Viaje a la Luna* insiste-se no nome Helena, num contexto de violência e horror (seqüências 34 e 65). Por que Helena? Além da alusão óbvia à Helena grega, arquétipo da beleza feminina, não podemos descartar a possibilidade de uma referência a Eleanor Dove, a noiva inglesa de Emilio Aladrén, conhecida entre os

145. As distorções do nome em *elhena* e *eLHeNa* abrem um vasto campo de especulações sobre um eventual significado: ao considerar que o artigo espanhol *el* tem seu parentesco no árabe *al*, entra, no leque das possibilidades interpretativas, *Alhena*, o nome de uma estrela fixa na constelação dos Gêmeos (Gamma Geminorum). Segundo Ptolomeu, a influência de Alhena é nefasta: "It is said to cause trouble and disgrace, sickness, loss of fortune, affliction and danger to the knees" (Dizem que causa distúrbios e desgraça, doença, perda de bens, aflição e perigo para os joelhos), apud V. E. Robson, *The Fixed Stars and Constellations in Astrology*.

A distorção do nome em eLHeNa lembra, talvez, uma fórmula química, mas se esquiva, definitivamente, de uma interpretação clara; no entanto, o jogo anagramático se encaixa, de alguma maneira, na série dos anagramas usados por Lorca e Dalí, como, por exemplo, a distorção do nome do pintor em Avida Dollars ou em Slavdor Adil (num desenho de Lorca, em F. García Lorca, *Obras Completas*, III, p. 1075, edição de A. del Hoyo).

146. F. García Lorca, *Obras Completas*, I, p. 194, edição de M. García-Posada

147. Apud F. García Lorca, *El Público*, p. 57. Tradução minha.

76 VIAJE A LA LUNA

amigos espanhóis, precisamente, como Helena, e "responsável", aos olhos de Lorca, pela ruptura de suas relações com o escultor[148].

Além disso, não podemos esquecer que a mulher por quem Dalí se apaixonou em agosto de 1929, Gala, se chamava verdadeiramente Helena Ivánovna Diákovna[149].

Gala não gozava de grande estima entre os amigos de Dalí. Buñuel, por exemplo, confessou publicamente sua aversão a ela[150]. Lorca nunca chegou a conhecer a mulher que conseguiu de Dalí o que ele mesmo nunca tinha conseguido. No entanto, houve duas Elenas responsáveis pelo afastamento entre o poeta e um homem amado: Gala e – segundo Gibson – Eleanor Dove, que causou a ruptura do *intermezzo* amoroso entre Lorca e Emilio Aladrén.

As variantes do nome grego no roteiro possivelmente refletem a variedade de mulheres fatais homônimas: a Ἑλένη grega, a inglesa Eleanor, a Елена russa, cujo nome sofreu uma série de variedades na transcrição do nome numa língua latina: Hélène, na França, e Elena, na Espanha.

O nome que designa, no contexto lorquiano, uma mulher fatal, ocupa uma ampla presença nos textos teatrais do autor andaluz. Em *El Público*, surge a exclamação qualificativa: "¡Oh mala mujer! ¡Elena! !Elena!"[151] (Ô mulher ruim! Helena! Helena!), antes de ela ser comparada com a Salomé bíblica:

> Homem 1 – Vou te trazer a cabeça do Imperador!
> Diretor – Será o melhor presente para Helena[152].

E mais adiante, Elena será equiparada com Σελήνη ("Selene"), deusa grega da Lua e da morte:

> Estudante 2 – Como se chama?
> Estudante 3 – Chama-se Helena.
> Estudante 1 – Selene[153].

O nome ressoava já no filme *Metropolis* (1927), de Fritz Lang, em que a entidade feminina fatal se chamava Hel. Este nome, por um lado, faz referência à deusa dos infernos e da morte da mitologia

---

148. *Lorca – Dalí*, p. 250. Tradução minha.

149. Com respeito à biografia de Gala, idem, p. 241-242.

150. Cf. L. Buñuel, *Mon dernier soupir*, p. 115-116.

151. F. García Lorca, *Obras Completas*, II, p. 287, edição de M. García-Posada.

152. "Hombre 1 – ¡Te traeré la cabeza del Emperador! // Director – Será el mejor regalo para Elena". Idem, p. 297.

153. "Estudiante 2 – ¿Se llama? // Estudiante 3 – Se llama Elena. // Estudiante 1 – Selene". Idem, p. 312.

nórdica, por outro, carrega também a primeira sílaba de Helena com essa valorização semântica nefasta.

Ignoro se Lorca conhecia o poema do argentino Macedonio Fernández intitulado "Elena Bellamuerte"[154], que equipara a mulher à morte. Mas o que para o modernista argentino era positivamente valorizado – "Muerte es Beldad" (Morte é Beleza) –, não o é mais na obra lorquiana.

Sobrepor a imagem de uma porta que se fecha com o nome de uma mulher é juntar um texto com um objeto, sem que tenha a mínima correlação entre eles. Este procedimento lembra um desenho de Francis Picabia, de 1915, que representa um objeto mecânico e leva inscrita a frase: "Voilà la femme" (Eis aqui a mulher).

No roteiro lorquiano, a estranheza, que resulta da junção de uma porta com o nome feminino, torna-se também temática: a mulher como porta é uma metáfora que lembra a idéia de um catolicismo medieval que via na mulher a porta de Satanás[155].

35
As mulheres dirigem-se à porta.

Uma mulher diante de uma porta fechada lembra a casa de Bernarda Alba, que se tornou um manicômio para as filhas encerradas. Adela, a filha mais jovem que não se conforma com as regras impostas pela mãe tirana, grita já antes do final do primeiro ato: "¡Yo quiero salir!" (Eu quero sair!)[156].

A indicação cênica do roteiro não explica porque as mulheres, que antes estavam sentadas à mesa, se dirigem à porta. Será que elas notam somente agora que as saídas estão bloqueadas e que estão trancadas? Ou será que alguém esqueceu de trancar a porta, de maneira que as prisioneiras tentam escapar?

36
A câmera, com grande ritmo, desce pelas escadas e, com dupla exposição, sobe por elas.

A indicação cênica sugere que uma mulher conseguiu escapar e está fugindo da casa enlutada.

---

154. Apud J. O. Jiménez (org.), op. cit., p. 47.

155. Cf. o comentário de J.-C. Frère, *Les Primitifs flamands*, p. 153, referente ao tríptico *O Jardim das Delícias*, de Hieronymus Bosch, ao concluir que "o catolicismo via na mulher a porta do Satã".

156. F. García Lorca, *Obras Completas*, II, p. 598, edição de M. García-Posada.

O espaço e o ritmo acelerado das tomadas feitas com a câmera à mão lembram o corredor percorrido da seqüência 6: escada e corredor, ambos são lugares de passagem ou de comunicação entre ambientes distintos. Um corredor remete a um espaço interior; uma escada evoca tanto o interior de um prédio como também uma construção ao ar livre.

De qualquer modo, uma mulher descendo uma escada opõe-se a uma mulher sentada à mesa, num ambiente fechado, transmitindo um sentimento de não conformidade com o espaço caseiro que a sociedade lhe atribui. A mulher que se movimenta fora da casa mostra sua firme vontade de fazer, ativamente, a própria vida. "Nuestra vida da una nota distinta en cada uno de los escalones de la gran escalera"[157] (Nossa vida dá uma nota distinta em cada uma dos escalões da grande escada), escreve Gómez de la Serna.

A imagem de mulheres numa escada, que manifestam sua oposição contra a sociedade, remete à seqüência do massacre na escadaria de Odessa, no filme *Броненосец Потёмкинъ* (O Encouraçado Potiômkin)[158] (1925), de Serguei Mikhailovitch Eisenstein.

Tanto no filme russo como no roteiro lorquiano, a escada torna-se um lugar de luta contra o poder: luta social, no caso do cinema soviético, e luta contra a discriminação feminina, na obra de Lorca.

Um cartaz do segundo filme do cineasta russo mostra duas filas de canhões do encouraçado e um personagem que cai no mar. A imagem parece antecipar a dupla exposição de escadas, prescrita no roteiro de Lorca, e, além disso, a queda da mulher, na seqüência 39.

37
Tripla exposição de subir e descer escadas.

A sobreposição de imagens tem um efeito visual estranho: o cruzamento de várias séries de linhas paralelas dos degraus esboça a estrutura imagética de uma malha que lembra uma grade de arame que impede o trânsito livre. A escada – símbolo de um lugar de transição – adota, pela fusão de imagens, o traço semântico de uma prisão. Esse efeito imagético anuncia as barras ("barrotes"), frente ao desenho de Santa Rodegunda, da seqüência 38.

---

157. R. Gómez de la Serna, op. cit., p. 1472.

158. Adoto a transcrição da Cinemateca brasileira, que corresponde à pronúncia russa correta.

38
Dupla exposição de barrotes que passam sobre um desenho: Morte de Santa Rodegunda.

Figura 10: *Federico García Lorca,* Muerte de Santa Rodegunda, 1929.

O desenho mencionado existe: Lorca pintou-o em Nova York, em 1929[159].

Embora a biografia da santa seja bem documentada[160], resulta difícil entender o episódio que Lorca criou: a dupla personagem deitada sobre uma mesa, vomitando e sangrando, não se refere a cenas hagiográficas conhecidas.

159. Cf. A. Monegal, op. cit., p. 22-23.
160. M. Sgarbossa, *Os Santos e os Beatos da Igreja do Ocidente e do Oriente*, p. 457-458: "13 de agosto [...] santa Radegunda (518-587) – rainha. Quando Clotário I derrubou o usurpador do pequeno reino da Turíngia, levou consigo Radegunda, jovem de 12 anos, filha do rei deposto e morto. Enviou-a a Vermandois para completar sua formação e oito anos depois a desposou. Clotário mostrou logo sua índole violenta e bruta, que a pia consorte suportou até não poder mais e fugir, pedindo ao santo bispo Medardo para encerrar-se no mosteiro por ele fundado em Poitiers, onde viveu em penitência".

Referente à morte da santa, não há informações mais esclarecedoras nem em *La Légende dorée* (A Lenda Dourada) de Jacques de Voragine, que fazia parte das leituras preferidas de Lorca (cf. L. Buñuel, *Mon dernier soupir*, p. 76); a lenda menciona apenas as aflições da santa, pelas quais ela sangrava muito: H. L. Keller acrescenta que Radegundis faleceu em conseqüência de mordeduras de lobos famintos. *Reklams Lexikon der Heiligen und der biblischen Gestalten* (Dicionário dos Santos e das Personagens Bíblicas), p. 432.

Como nenhuma das fontes indicadas explica devidamente o desenho lorquiano, também é possível que o poeta andaluz tenha sido inspirado por outra fonte ou que se trate de um produto de livre criação artística do autor.

Não obstante, cabe apontar para uma ilustração que ilumina o manuscrito 250 (136) da Biblioteca Municipal de Poitiers, *La Vie de Sainte Radegonde par Fortunat* (A Vida da Santa Radegunda, por Fortunato)[161]. A santa, que se afastava tanto das relações sexuais com seu marido como também da alimentação – será que ela vomitava por ser anoréxica? –, é representada junto com o Santo Medardo, mas o bispo, ao recebê-la, adverte a rainha de que uma mulher casada não pode se separar de seu esposo[162].

Sobressai, na ilustração, um detalhe: deteriorou-se, pela intempérie do tempo, a pintura original e parece mesmo que Santa Radegunda está vomitando ou sangrando pela boca. Será que Lorca conhecia o manuscrito de Poitiers?

O pouco que a personagem histórica e o desenho de Lorca têm em comum é o tema do sofrimento; além de insistir mais uma vez no motivo do vômito (cf. as seqüências 18, 55 e 56), antecipa também a cena "realista" da mulher sangrando na seqüência 40.

Figura 11: La Vie de Sainte Radegonde par Fortunat *(A Vida de Santa Radegunda por Fortunato), folio 27 do manuscrito 205 (136) da Biblioteca Municipal de Poitiers.*

O poema "Paisaje de la Multitud que Vomita" (Paisagem da Multidão que Vomita), do livro *Poeta en Nueva York*, define o ato de vomitar como uma manifestação dos mortos:

---

161. R. Favreau (dir.), folio 27.
162. Idem, p. 74-75.

Não é vômito dos hussardos sobre os peitos da prostituta,
Nem o vômito do gato que engoliu uma rã por descuido.
São os mortos que arranham com suas mãos de terra
As portas... [163].

O que chama a atenção, no desenho de Lorca, é a sobreposição de duas figuras que talvez possa ser interpretada como a figura do ser humano e da santa.

Podemos observar o mesmo procedimento de pintar uma figura sobre outra em outros desenhos lorquianos, como, por exemplo, em *La Careta que Cae* (A Máscara que Cai), *Amor, Muerte, Figura, La Mujer del Abanico* (A Mulher do Leque), *Leyenda de Jerez* (Lenda de Xerez) e no *Autorretrato en "Ddooss"*[164].

Existe mais um desenho lorquiano sem título[165], cuja figura representada se assemelha às cabeças da série de auto-retratos; essa figura – cujos olhos estão abertos – vomita ou sangra pela boca, igual à rainha santa, deitada sobre a mesa.

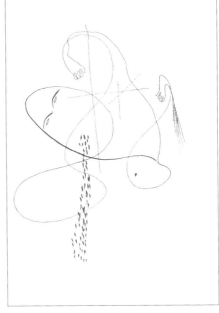

Figura 12: *Federico García Lorca, desenho sem título* (*Cabeça vomitando*).

---

163. "No es el vómito de los húsares sobre los pechos de la prostituta, / ni el vómito del gato que se tragó una rana por descuido. / Son los muertos que arañan con sus manos de tierra / las puertas [...]". F. García Lorca, *Obras Completas*, I, p. 528, edição de M. García-Posada.

164. Idem, III, p. 1028, 1049, 1051, 1055, 1058, 1071 e 1085, edição de A. del Hoyo.

165. F. García Lorca, *Poeta en Nueva York*, p. 237, edição de M. C. Millán.

Além disso, os olhos pretos do rosto interior do desenho de Santa Rodegunda lembram o olhar morto do auto-retrato *Cabezas Cortadas de Federico García Lorca y Pablo Neruda*[166].

Figura 13: *Federico García Lorca,* Cabezas Cortadas de Federico García Lorca y Pablo Neruda, *1934.*

Essas coincidências levam à interpretação de que o retrato duplo da santa se incorpora, perfeitamente, à lista dos auto-retratos do poeta: Santa R*o*degund*a* e a cabeça de Federico "R*a*degund*o*" – ambos deitados *in extremis* numa mesa – assemelham-se.

Julia Kristeva, em *Pouvoirs de l'horreur* (Poderes do Horror)[167], define o vômito como um ato de autoproteção que, além de manifestar a repugnância, implica num protesto e posicionamento de querer viver diferentemente.

A rainha Radegunda, segundo o relato de Voragine, costumava retirar-se num oratório em vez de passar a noite junto ao seu marido[168]; o sintoma do vômito, que o desenho de Lorca lhe atribui, refere-se talvez à recusa do ato sexual; e, a meu ver, é esse o ponto em comum entre a legenda da santa e o sentimento de culpabilidade do poeta em Nova York, cujas conceituações morais se fundam num tenebroso catolicismo espanhol assexuado.

39
Uma mulher vestida de luto cai pela escada.

---

166. Idem, *Obras Completas,* III, p. 1084, edição de A. del Hoyo.
167. *Pouvoirs de l'horreur,* p. 10-11.
168. *La Légende dorée,* II, p. 300.

ANÁLISE INTERTEXTUAL DO ROTEIRO

40
Primeiríssimo plano dela.

41
Outra vista muito realista dela. Leva um lenço de cabeça à maneira espanhola. Exposição do nariz sangrando.

A escadaria como o lugar em que morre uma mulher enlutada, com um lenço na cabeça, lembra mais uma vez a cena do fuzilamento de Odessa, do filme *O Encouraçado Potiômkin*.

A indicação "à maneira espanhola", porém, atribui à cena uma idéia nacionalista, ao marcar um distanciamento claro diante do filme russo e da realidade americana: não se trata de um *remake* de Eisenstein, nem de apresentar uma cena americana, apesar da indicação da Broadway, na seqüência 8. *Viaje a la Luna* baseia-se nas vivências que eram familiares a Lorca: o sofrimento da mulher faz parte do meio ambiente espanhol.

42
Cabeça, com a boca virada para abaixo, com dupla exposição sobre um desenho de veias e grãos de sal gordo para dar relevo.

A última seqüência do terceiro segmento do roteiro, dedicado à tragédia feminina, concatena, pela dupla exposição, o primeiríssimo plano da cabeça da mulher morta com os desenhos que cobrem o corpo do Homem das Veias, protagonista da última parte do filme. A junção de imagens provoca uma conexão ao nível do conteúdo: o destino da mulher espanhola e o do Homem das Veias têm uma base em comum.

O sofrimento de Lorca espelha-se tanto no desenho de Santa Rodegunda como na vida sofrida da mulher espanhola – aliás, protagonista da maioria das peças de teatro do autor.

Gustave Flaubert, ao ser interrogado sobre a personagem com a qual ele mais se identificava, respondeu: "Madame Bovary, c'est moi" (Madame Bovary, sou eu).

"RADEGUNDO", O HOMEM DAS VEIAS – TERCEIRO ATO: SEGUNDO QUADRO (43-72)

43
A câmera, de baixo, enfoca e sobe a escada. No alto, aparece um jovem nu. Tem a cabeça como os bonecos pintados com a anatomia humana, com os músculos e as veias e os tendões. Logo acima, o

*nu leva desenhado o sistema da circulação do sangue e arrasta um
traje de arlequim.*

Entre as seqüências 42 e 43 há mudança de protagonistas, mas o roteiro prescreve o mesmo lugar de ação: a escada em que acaba de morrer uma mulher.

Ao comparar os critérios de segmentação para a incisão entre a 42 e 43 com os precedentes, registramos que essa mudança é menos marcada.

Entre a parte inicial, dedicada ao sofrimento na infância (1-22), e o segundo segmento que desenvolve os problemas da adolescência (23-29), houve – além da alteração de personagens e de lugar – mais dois elementos indicadores para segmentar o roteiro: uma porta fechada e o letreiro "No es por aquí" (Não é por aqui). O começo da terceira parte, cujos protagonistas são as mulheres que sofrem num ambiente fechado, também é salientado pela intercalação do título do filme, *Viaje a la Luna*. Em vez desses casos de segmentação clara, não há aqui nem porta nem letreiro que separe as partes; ao invés, as indicações cênicas indicam que o espaço continua sendo o mesmo. Este fato leva-me a chamar a última parte do roteiro de "segundo quadro" da última parte, o que implica que se dê continuação ao assunto desenvolvido e que a diferença entre o sofrimento da mulher espanhola e o do novo protagonista, o Homem das Veias, seja mínima. Sofre, na sociedade retratada, qualquer ser humano que é vítima das regras sociais em vigor. O comportamento machista não subjuga somente as mulheres, nem é privilégio da casta dos homens: Bernarda Alba[169], por exemplo, é o modelo de um tirano feminino e o Homem das Veias é uma figura que compartilha o destino do "sexo fraco".

Embora o espaço cênico seja o mesmo, o ângulo de filmagem é outro: o protagonista da última parte do roteiro entra em cena no cimo da escada e é filmado em *contre-plongée*, o que ainda lhe dá mais destaque: o adolescente nu, com o sistema sanguíneo e os músculos pintados em seu corpo, é, sem dúvida, o protagonista principal.

O homem pode ser identificado com o garoto nu, da seqüência 23, que foi induzido a aceitar o traje de arlequim. Aparentemente, o jovem recusou o porte da camisa de força que a sociedade queria lhe impor[170].

---

169. Houve, em 1978, uma apresentação de *La Casa de Bernarda Alba*, no Teatro Eslava, de Madri, em que o papel da protagonista foi interpretado por um homem.

170. Kevin Power vê no Homem das Veias "um jovem vestido de arlequim cujo corpo de adulto não cabe mais nas roupas e cujo traje parece triste e um pouco absurdo no meio de seu novo ambiente". Não há, porém, indicação nenhuma no roteiro de que o rapaz tivesse aceitado o traje. Na seqüência 25, o jovem não quis aceitar o vestido.

ANÁLISE INTERTEXTUAL DO ROTEIRO

A nudez do jovem pintado carece de qualquer erotismo por não exibir seu corpo, mas sua anatomia: o Homem das Veias permite a visão de seu interior.

Essa transparência de raios X evoca, além da alusão explícita a um boneco anatômico, uma maneira barroca de representar o corpo de São Sebastião ou de Cristo, com as veias e os músculos ressaltados e palpáveis. A Semana Santa de Andaluzia seria uma das fontes mais ricas de tais esculturas religiosas que ostentam dor e sofrimento.

44

Aparece de meio corpo. E olha de um lado para outro. Dissolve-se sobre uma rua noturna.

A segunda tomada mostra o Homem das Veias mais de perto, num plano próximo. Seu olhar para ambos os lados indica que ele está se orientando nesse lugar, e parece que os outros nem reparam na sua presença. E apenas introduzido esse personagem esquisito, há uma mudança de cena que, possivelmente, apresentará as lembranças do Homem das Veias perante os fregueses do bar: a seqüência 45, cujo conteúdo é de outra índole, fica emoldurada pela presença desse novo protagonista.

45

Já na rua noturna, há três tipos com casaco que, aparentemente, estão com frio. Levam as golas para cima. Um olha para a Lua acima, levantando a cabeça, e aparece a Lua na tela, outro olha para a Lua e aparece uma cabeça de pássaro, em primeiríssimo plano, e lhe é estrangulado o pescoço até ele morrer frente ao objetivo, o terceiro olha para a Lua e aparece na tela uma Lua desenhada sobre um fundo branco, que se dissolve sobre um sexo e o sexo na boca que grita.

A seqüência noturna em que três homens, num jogo de plano e contraplano com a Lua, mostram três comportamentos diferentes, forma – para usar as palavras de Antonio Monegal – um "núcleo de uma condensação de significado"[171].

A simples presença da Lua – Monegal fala da "grande ausente"[172] – destaca a importância da seqüência, dado que o astro noturno

---

Comentamos esse ato como recusa de interpretar o papel que a fantasia implica. Apud C. M. Millán, em F. García Lorca, *El Público*, p. 55.

171. Op. cit., p. 16.

172. Idem, p. 24.

aparece em três ocasiões-chave: no título da obra, na seqüência emoldurada pela presença do Homem das Veias e na última cena do roteiro.

A repetição de elementos no começo e no final de uma obra[173] forma um tipo de moldura, cuja primeira função é a valorização do conteúdo emoldurado. Esse tipo de enquadramento, que enfoca a parte central da obra, sugere uma construção concêntrica. A construção do roteiro, portanto, é centrípeta, ou seja, organizada em volta de um centro destacado.

A designação da seqüência 45 como ponto de interseção das linhas estruturais do roteiro justifica-se, primeiro, pela presença da Lua[174], anunciada desde o título, e, segundo, pelo fato de tratar-se de um metatexto que se difere do resto do roteiro, por ser o mais comprido e complexo da obra.

No título, a simples menção da Lua abriu o jogo intertextual com o filme de Méliès, posicionando a obra numa tradição cinematográfica e criando uma expectativa, por assim dizer, *crescente*. Espelha-se sua presença fugaz – chamemo-la de *minguante* – na última seqüência; e aparece, em pleno esplendor da Lua cheia, nessa seqüência destacada.

Surpreende que Lorca não tenha estruturado as indicações cênicas por plano – como fez no restante do roteiro – e que a seqüência 45 se apresente como um mini-roteiro que, para ser filmado, precisa ser subdividido nos oito planos seguintes:

1. Já na rua noturna, há três tipos com casaco que, aparentemente, estão com frio. Levam as golas para cima. Um olha para a Lua acima, levantando a cabeça /
2. e aparece a Lua na tela, /
3. outro olha para a Lua /
4. e aparece uma cabeça de pássaro, em primeiríssimo plano, e lhe é estrangulado o pescoço até ele morrer frente ao objetivo, /
5. o terceiro olha para a Lua /
6. e aparece na tela uma Lua desenhada sobre um fundo branco, /
7. que se dissolve sobre um sexo /
8. e o sexo na boca que grita.

---

173. Além do astro noturno, repete-se também a presença de uma cama (cf. as seqüências 1 e 68).

174. Ao apresentar um elemento tanto no centro como também na circunferência da obra, a técnica assemelha-se ao encaixamento de um quadro em seu meio ambiente: suponhamos, um ícone russo de um santo com auréola e fundo de ouro, numa moldura dourada, dentro de uma catedral ortodoxa. Jacques Aumont (em *L'Œil interminable*, p. 112), agrega que "o ouro circula. Presente na moldura, também está presente fora da moldura, de uma forma real (em outros móveis) e de uma forma simbólica". Assim como o ouro do ícone, que faz parte da obra, da moldura e de seu meio ambiente tradicional, fica posicionada, no roteiro, a presença da Lua que, pela *mise en scène*, brilha numa posição destacada, em seu âmbito circunferente e no mundo lorquiano em geral.

ANÁLISE INTERTEXTUAL DO ROTEIRO

O fato de não respeitar aqui o padrão das anotações cênicas e de apresentar, em uma só seqüência, o conteúdo de uma micro-história completa, leva a suspeitar da existência de um modelo preexistente e a procurar pré-textos que possam ser considerados fontes materiais ou estruturais no vasto mar literário ou cinematográfico.

Heinrich Plett, autor do artigo "Intertextualidades", distingue uma intertextualidade *material*, baseada na repetição de signos – por exemplo, a presença da Lua –, e uma intertextualidade *estrutural* e generalizante, que funciona pela repetição de regras[175].

A seqüência 45 tem seus modelos intertextuais. Além de lembrar a cena dos três lenhadores, em *Bodas de Sangre* (que, pela sua vez, tem parentesco com a parte central de *El Caballero de Olmedo*, de Lope de Vega e talvez com o início de *Macbeth*), acredito que o principal texto-matriz é um artigo crítico sobre a fotografia cinematográfica de Luis Buñuel, "Del Plano Fotogénico", publicado em *La Gaceta Literaria*, número 7, em 1927[176]. O artigo é um elogio ao que Buñuel chama de *gran plano*, nos filmes de David Wark Griffith e de outros. O cineasta aragonês, para dar um exemplo-modelo, cita uma cena do filme *The Merry Widow* (A Viúva Alegre) (1925)[177], de Erich von Stroheim, que também deve ter causado o interesse de Lorca:

> Lembremos um episódio de *A Viúva Alegre*: três homens num palco, desejando a mesma mulher que, agora, dança pela cena em graciosos turbilhões. De repente, detém-se. Conforme é vista por cada um, ela é mostrada descomposta em três planos: pés, ventre, e olhos. Imediatamente, explicam-se pelo cinema três psicologias: um sádico refinado, um primitivo sexual, um puro amante. Três psicologias e três motivos. O resto do filme é um comentário a essas três atitudes[178].

O texto crítico de Buñuel vê, no manejo desse jogo de plano e contraplano entre a dançarina americana Sally O'Hara e seus três pretendentes, o resumo da idéia básica da obra: uma mulher, contemplada por três homens de interesses divergentes, é mostrada em três planos distintos que caracterizam a aproximação psicológica de cada

175. *Criterios*, p. 69.

176. Em L. Buñuel, *Obra Literaria*, p. 154-156.

177. A dançarina americana Sally O'Hara, em turnê no reino de Monteblanco, suscita a paixão carnal do príncipe herdeiro Mirko e o amor puro de seu primo Danilo. O rei opõe-se aos planos do príncipe herdeiro, e Sally acaba casando-se com o velho e rico barão Sadoja, que não sobrevive às núpcias. Mirko e Danilo, num duelo, batem-se pela viúva alegre, e Danilo fica ferido. Morre o rei e o herdeiro Mirko é assassinado. Danilo, finalmente, casa-se com Sally e é proclamado rei de Monteblanco.

178. "Recordemos un episodio de *La Viuda Alegre*: tres hombres reunidos en un palco, deseando a la misma mujer que danza ahora en gráciles torbellinos por la escena. De pronto, se detiene. Según es vista por cada uno se nos da la descompuesta en tres planos: pies, vientre y ojos. Inmediatamente tres psicologías quedan explicadas por el cine: un sádico refinado, un primitivo sexual, un puro amante. Tres psicologías y tres móviles. El resto del film es un comentario a estas tres actitudes."

88 VIAJE A LA LUNA

um deles a seu objeto de desejo em comum: o primeiríssimo plano dos *pés* da estrela define a intenção do "sádico refinado" (o velho barão Sadoja), o plano do *ventre* da dançarina desmascara o "primitivo sexual" (o príncipe Mirko) e o plano de detalhe dos *olhos* remete ao olhar do "puro amante" (o príncipe Danilo).

A seqüência 45 do roteiro reitera uma estrutura idêntica à da cena comentada do filme do cineasta austro-americano, embora a materialidade intertextual tenha sofrido substituições significativas: o espaço cênico do episódio da *Viúva Alegre*, um camarote ("palco"), corresponde a uma "rua noturna" (como em *El Caballero de Olmedo*) e a estrela americana é substituída pela visão da Lua nova-iorquina. O que em Stroheim era um local interior agradável, ocorre, na versão lorquiana, num ambiente exterior obscuro, marcado pelo frio: os três homens levam o colarinho do casaco levantado.

Ocorre, além disso, mudança da ordem dos olhares: Lorca privilegia o homem de intenções honestas (Danilo, que finalmente casar-se-á com a artista). Quando este olha a Lua, "aparece a Lua na tela". Essa imagem corresponde ao plano de detalhe dos olhos de Sally O'Hara. Aliás, a mesma metáfora visual é explorada no prólogo de *Un Chien andalou*.

O segundo homem nem consegue ver a Lua: a imagem em contraplano de um pássaro, que está sendo estrangulado frente à câmera[179], remete ao tema da morte do velho barão. Conforme Buñuel, seu nome – *Sad*oja – já é um anúncio de seu comportamento *sád*ico e fetichista: na fita de Stroheim, o velho barão falece na noite da Lua de mel, extasiado pelos sapatos da estrela americana.

O terceiro admirador da Lua – correspondendo ao sexuado príncipe Mirko, que olha para o (baixo) ventre de Sally – contrapõe-se a uma série de três planos fundidos: uma Lua desenhada que se dissolve num sexo e este se funde numa boca que grita.

O manuscrito não define se é um sexo masculino ou feminino[180]. No entanto, a aproximação intertextual dessa seqüência com *A Viúva Alegre* confirma a opinião de Antonio Monegal – embora não pela mesma argumentação – de que o objeto de desejo deve ser um corpo

179. Em "Tu Infancia en Menton" (F. García Lorca, *Poeta en Nueva York*, p. 114), Lorca cita um verso do poema "El Pájaro en la Mano", de Jorge Guillén (*Cántico*, p. 161): "Sí, tu niñez, ya fábula de fuentes" (Sim, tua infância, já [é uma] fábula de fontes). A obra, publicada pela primeira vez em 1928, foi uma leitura de Lorca, pouco antes de viajar para Nova York, que lhe serviu, em *Poeta en Nueva York*, como obra de referência. Constam a Lua e o pássaro também no poema inicial "Advenimento" (idem, p. 73), e os três elementos *noite*, *rua* e *astro* surgem na seção "El Pájaro en la Mano" e no título do poema "La Noche, la Calle, los Astros". Na poesia de Guillén, porém, não se estrangula nenhum pássaro.

180. Monegal confirma que há opiniões diferentes entre os críticos sobre se o sexo mencionado é masculino ou feminino, mas acredita que se trata de um sexo feminino. Cf. F. García Lorca, *Viaje a la Luna*, p. 51.

feminino[181]. O grito é uma forma de manifestar a satisfação desse chamado "primitivo sexual".

Partindo de uma intertextualidade estrutural entre a seqüência 45 do roteiro e um comentário cinematográfico de Buñuel sobre um dos filmes que o cineasta aragonês valorizava altamente[182], chegamos a revelar – *mutatis mutandis* – uma reiteração material baseada em *The Merry Widow*. O comportamento dos três homens lorquianos lembra a maneira de atuar dos pretendentes de Sally O'Hara, marcados pelo amor puro (Danilo), pela perversão (Sadoja) ou pelo desejo sexual (Mirko). Essas atitudes diferentes frente a um objeto de desejo dão a entender que a cena faz referência ao modo comportamental do próprio Lorca, de Dalí e de Buñuel.

María Clementa Millán, ao comentar os poemas de *Poeta en Nueva York*, aponta, desde o início da obra, para um dos temas essenciais da obra: a procura de uma autêntica relação amorosa[183]. Lorca, quanto à veracidade do sentimento amoroso, espelha-se no primeiro homem que vê na Lua ela mesma: "y aparece la luna en la pantalla".

Gómez de la Serna resume o desejo de ser apreciado pelo próprio valor na *greguería*: "La luna sueña que es la luna" (A Lua sonha que é a Lua)[184].

Buñuel, de sua parte, confessa uma identificação pessoal com os personagens cinematográficos de seus filmes preferidos: "Llegamos a reconocer nuestra propia alma en los dos ojos que nos miran desde un gran plano" (Chegamos a reconhecer nossa própria alma nos dois olhos que olham para nós num primeiríssimo plano).

Além disso, várias cenas de suas próprias criações fílmicas testemunham uma predileção fetichista por pés; lembremos a cena de *L'Âge d'or* (1930), em que uma moça beija o pé de uma estátua, ou a abertura do filme mexicano *Él* (1953), em que o padre, na cerimônia do lava-pés da Quinta-feira da Paixão, beija o pé de um menino coroinha com uma delicadeza voluptuosa, enquanto Francisco Galván, casto quarentão católico assíduo, sente-se atraído pelos pés lindamente calçados das mulheres da primeira fila[185]; e também o artigo de Buñuel sobre o filme de Stroheim menciona o "sádico refinado" em primeiro lugar.

181. Entre el Papel y la Pantalla, em F. García Lorca, *Viaje a la Luna*, p. 25.
182. La Dama de las Camelias, *Obra Literaria*, p. 161-163.
183. Em F. García Lorca, *Poeta en Nueva York*, p. 111.
184. Op. cit., p. 803.
185. Charles Tesson (*Luis Buñuel*, p. 171-173), em seu livro sobre o cineasta, dedica um capítulo inteiro ("Pied nu, pied chaussé") ao tema do fetichismo. Adilson Ruiz (apud E. Peñuela Cañizal, *Um Jato na Contramão*, p. 212) lembra que o cineasta aragonês considerava seu filme de 1953 muito autobiográfico ("É talvez o filme onde mais me projetei. Há algo de mim no protagonista"). E Manuel Rodríguez Blanco (*Luis Buñuel*, p. 229) chama a atenção para a última cena do filme em que o cineasta assume o papel de Francisco Galván.

VIAJE A LA LUNA

Dalí, desde que começou a conviver com Gala, virou, aos olhos de seus amigos, um sexual obsessivo que, pela presença dessa mulher, se afastou deles. Buñuel, que não suportava Gala, escreve:

> É uma mulher que sempre detestei, não tenho por que escondê-lo. [...] De um dia para o outro, eu já não reconhecia Dalí. Toda afinidade de idéias entre nós desaparecera, a tal ponto que desisti de trabalhar com ele no roteiro de *L'Âge d'or*. Ele só falava de Gala, repetindo tudo o que ela dizia. Uma transformação total[186].

O comportamento de Dalí, porém, precisa ser visto sob o pano de fundo das normas sociais da época, em que o amor livre – sobretudo com uma mulher casada – era simplesmente inimaginável. O seguinte depoimento de Buñuel fornece as informações necessárias: "Em minha juventude, na Espanha, com muito poucas exceções, só se conheciam duas maneiras de fazer amor : o bordel e o casamento"[187].

Na nossa leitura, o homem fascinado pela Lua (Danilo) remete ao próprio Lorca; o sádico (Sadoja) corresponde a Buñuel; e o terceiro homem, que vê no astro noturno uma Lua desenhada (Mirko), é uma alusão ao ex-amigo pintor Dalí.

Uma ação, que dentro de uma diegese se repete três vezes, implica numa gradação ou valorização. O olhar dos três homens, no caso do roteiro, organiza-se numa seqüência decrescente que vai do exemplo positivo ao negativo: amor-sadismo-sexo. É, portanto, notável que Lorca se espante mais com o comportamento sexuado do que com o sádico. Isso me leva a supor que o estrangulamento do pássaro tenha uma conotação mais ampla e que "matar o pássaro" seja uma imagem metafórica – embora concreta na ação fílmica – da masturbação.

Cabe citar aqui o artigo de Freud, "Leonardo da Vinci e uma Lembrança de Sua Infância", de 1910, onde interpreta um sonho do artista italiano, em que se sentiu assustado por uma ave de rapina que lhe intrometia o rabo na boca. Na visão freudiana, o pássaro é uma imagem fálica corrente em várias culturas:

> Mas por que será que tantas pessoas sonham sentindo-se capazes de voar? A resposta que nos dá a psicanálise é que voar, ou ser um pássaro, é somente um disfarce para outro desejo, e que mais de uma conexão, seja por meio de palavras ou de coisas, leva-nos a reconhecer esse desejo. Quando consideramos que às crianças perguntadoras dizemos que os bebês são trazidos por um grande pássaro, tal como a cegonha; quando nos lembramos de que os antigos povos representavam o falo como possuindo asas; que a expressão mais comum, em alemão, para a atividade sexual masculina é "vögeln"[188]; que o órgão masculino é chamado de "l'uccello" ("o pássaro") em italiano – vemos que todos esses dados constituem apenas uma pequena fração de um conjunto de idéias correlatas

---

186. *Meu Último Suspiro*, p. 132.
187. Idem, p. 67.
188. "Passarear": "Vogel" é a palavra alemã para "pássaro".

ANÁLISE INTERTEXTUAL DO ROTEIRO 91

que nos mostram que, nos sonhos, o desejo de voar representa verdadeiramente a ânsia de ser capaz de realizar o ato sexual[189].

Nesse sentido, a ordem *amor puro – masturbação – sexo sem normas* aproxima-se de uma moral católica sobre os pecados da carne, dentro da qual Lorca foi educado e que, aliás, também seria aplicável à trajetória da vida de Dalí: depois dos momentos de amor "platônico" com Lorca[190], caiu na fase do *Grande Masturbador* (1929), antes de perder-se completamente no banho ainda mais pecaminoso do *amour fou* com Gala.

No comentário de Buñuel, que fala de sadismo refinado e não de masturbação, estabelece-se uma ordem de desejos invertida: o fascínio pelos olhos, pelo ventre e pelos pés corresponde aos planos de amor puro, sexo e fetichismo.

Uma das características do roteiro lorquiano é mostrada num manifesto empenho de abstração: as indicações temporais situam a trama num ambiente noturno, as anotações cênicas prescrevem vagamente um ambiente interior ou exterior, e a identificação de personagens é reduzida a um mínimo absoluto. A obra transmite uma vontade de ser genérica e inidentificável.

Os poucos fios intertextuais que nos permitem descobrir algumas urdiduras pessoais, entretecidas sem dúvida na teia dramática, não podem ser puxados excessivamente. O olhar debaixo da superfície – embora lícito – não explica a obra em si.

A seqüência 45 apresenta, em primeiro lugar, três comportamentos masculinos frente ao objeto de desejo Lua: uma atitude casta, uma brutal e outra sexual.

---

189. "Warum träumen aber so viele menschen vom Fliegenkönnen? Die Psychoanalyse gibt hierauf die Antwort, weil das Fliegen oder Vogel sein nur die Verhüllung eines anderen Wunsches ist, zu dessen Erkennung mehr als eine sprachliche und sachliche Brücke führt. Wenn man der wissbegierigen Jugend erzählt, ein grosser Vogel, wie der Storch, bringe die kleinen Kinder, wenn die Alten den Phallus geflügelt gebildet haben, wenn die gebräuchlichste Bezeichnung der Geschlechtstätigkeit des Mannes im Deutschen "vögeln" lautet, das Glied des Mannes bei den Italienern direkt l`uccello (Vogel) heisst, so sind das nur kleine Bruchstücke aus einem grossen Zusammenhange, der uns lehrt, dass der Wunsch, fliegen zu können, im Traume nicht anderes bedeutet als die Sehnsucht, geschlechtlicher Leistungen fähig zu sein.", Eine Kindheitserinnerung des Leonardo da Vinci, *Studienausgabe*, X, p. 148.

190. Cf. R. Descharnes; G. Néret (*Salvador Dalí*, p. 124): "1927-1928. A amizade com Lorca não parou de crescer. Não há dúvida de que os dois jovens descobrem uma paixão recíproca pela descoberta estética, à altura dos seus próprios desejos. No ponto de viragem da sua vida e obra, Dalí sente que as buscas poéticas do seu amante são um eco das suas próprias buscas. Pouco a pouco, a amizade entre os dois foi dando lugar a uma paixão amorosa, por parte do poeta de Granada, o que não deixou de perturbar o pintor, que mais tarde viria a escrever em *As Paixões segundo Dalí*: 'Quando García Lorca me quis possuir, recusei, horrorizado'".

92 VIAJE A LA LUNA

Essa tripartição de reações diante de um outro tem seu modelo, inclusive, na própria poesia lorquiana, nas *Primeras Canciones*, escritas em 1922, antes da existência do filme de Stroheim, e publicada, pela primeira vez, na revista *Verso y Prosa*, número 4, em Murcia, 1927:

REMANSINHO

Olhei-me em teus olhos
pensando em tua alma.
Adelfa branca.

Olhei-me em teus olhos
pensando em tua boca.
Adelfa vermelha.

Olhei-me em teus olhos.
Mas você estava morta!
Adelfa preta[191].

A adelfa, uma espécie de oleandro, remete, pela etimologia da palavra, ao mito de Daphne, das *Metamorfoses*, do poeta latino Ovídio[192]. A ninfa, por ter recusado o amor de Apolo, foi convertida no arbusto tóxico, cujas flores são brancas, vermelhas e amarelas[193]. O texto retoma as cores do arbusto em flor ("Adelfa branca", "Adelfa vermelha"), mas substitui o amarelo: a própria cor da Lua converte-se, no reflexo da água estancada ("remansinho"), na escuridão que remete à morte.

O que chama a atenção é o desejo do poeta de ver a si mesmo espelhado nos olhos do outro. Mas a imagem espelhada não corresponde, forçosamente, à expectativa: em vez de evocar um pensamento que combine com a cor amarela – os cabelos, por exemplo – o espelho mostra a própria face da morte.

Tanto o olho, no poema "Remansillo", como a Lua, na seqüência 45 do roteiro, cumprem uma função especular: ambos atraem os olhares, ambos refletem imagens que revelam certas verdades e ambos são entidades de projeção dos próprios desejos.

Sabine Melchior-Bonnet, em seu livro *Histoire du miroir* (História de Espelho), define a função sedutora do espelho como eixo entre a vida real e a poesia do sonho: "O espelho é esse *no man's land* entre a vida concreta de todos os dias e a parte do sonho. O poeta o atravessa

---

191. "REMANSILLO // Me miré en tus ojos / pensando en tu alma. / Adelfa blanca. // Me miré en tus ojos / pensando en tu boca. / Adelfa roja. // Me miré en tus ojos. / ¡Pero estabas muerta! / Adelfa negra". Em F. García Lorca, *Obras Completas*, I, p. 179, edição de M. García-Posada.

192. Ver P. Ovidius Naso, *Metamorphosis* liber I, versos 452-567.

193. Mantém-se, na expressão espanhola "ella es como la adelfa", o caráter venenoso do arbusto, querendo dizer que a mulher é bela, atrativa, no entanto, falsa.

ANÁLISE INTERTEXTUAL DO ROTEIRO

quando quiser e, como não é louco, ele liga constantemente, pela magia das palavras, os dois lados do espelho"[194].

Concha Zardoya, em seu artigo "Los Espejos de Federico García Lorca", discute, no prólogo, a ambigüidade do espelho, atribuindo-lhe uma implicação lunar[195]. A professora da universidade de Massachusetts dedica um capítulo inteiro ao tema "O Espelho Cósmico", em que explora a metáfora Lua-espelho: na *Oda a Salvador Dalí*, o astro lunar apresenta-se como espelho nas mãos da estátua preta da noite e no poema "Thamar y Amnón", do *Romancero Gitano*, o filho primogênito de David vê refletido, no espelho da Lua, o objeto de seu desejo incestuoso:

> Amnon estava olhando
> a Lua redonda e baixa,
> e viu na Lua os peitos
> duríssimos de sua irmã[196].

Amnón, o príncipe estuprador do Antigo Testamento[197], alista-se na fila do terceiro homem, na rua noturna do roteiro, do príncipe Mirko, do filme de Stroheim, designado na crítica de Buñuel como "primitivo sexual", e no qual detectamos, em nossos excursos interpretativos, atributos dalinianos.

Cabe lembrar que Dalí adorava que sua irmã, Ana María, posasse como modelo para uma série de quadros, nos quais não se destacam "os peitos duríssimos" de sua irmã, senão – para citar o título de um capítulo do livro de Descharnes e Néret – "As Belas Nádegas de Ana" (ironicamente chamadas, em francês, de *lune*, "Lua"):

A irmã Ana María e a prima Montserrat são, então, os modelos preferidos de Dalí, e também os mais acessíveis. Dalí sentia-se, sem dúvida, muito mais à vontade ao lado destes elementos da família para libertar a sua libido. A sua maneira de representá-las, a maior parte das vezes de costas, traía simultaneamente os seus fantasmas e os seus desdéns. Dalí não é ainda muito explícito. Só começamos a compreender algo a partir da altura em que retomou o mesmo tema, ou seja, o de sua irmã à janela, em 1954, com a *Jovem Virgem Auto-Sodomizada pelos Cornos da Sua própria Castidade*. A partir daí começamos a ter uma explicação mais precisa das relações agitadas existentes entre irmão e irmã[198].

Marie Laffranque informa que um dos projetos lorquianos não realizados era escrever uma trilogia bíblica sobre os seguintes três

---

194. "La glace est ce *no man's land* entre la vie concrète de tous les jours et la part du rêve. Le poète la franchit quand il veut et, parce qu'il n'est pas fou, il relie sans cesse par la magie des mots les deux versants du miroir". *Histoire du miroir*, p. 258. Tradução minha.

195. Em I.-M. Gil (ed.), *Federico García Lorca*, p. 237-271.

196. "Amnón estaba mirando / la luna redonda y baja, / y vio en la luna los pechos / durísimos de su hermana". Apud *Obras Completas*, I, p. 452, edição de M. García-Posada.

197. Cf. o *Livro de Samuel*, II, cap. 13, v. 1-39.

198. Op. cit., p. 90.

temas[199]: "Las Hijas de Lot o la Destrucción de Sodoma" (As Filhas de Lot ou a Destruição de Sodoma), "Thamar y Amnón" e "Caín y Abel". Será que o drama sobre o príncipe incestuoso teria sido mais explícito do que o poema do *Romancero Gitano*?

Román Gubern, em seu livro sobre a Geração de 1927, documenta o uso da palavra "luna" no sentido de "tela cinematográfica"[200] e explica que a imagem da Lua, desde 1919, foi freqüentemente usada como metáfora da tela cinematográfica. A poetisa argentina Alfonsina Storni, no soneto "Mar de Pantalla" (Mar de Tela), reitera essa acepção.

> Vem o mar e vence as paredes
> e solta suas ondas na tela
> a avança até tua poltrona e o milagro
> de aço e Lua toca teus sentidos […][201].

Os exemplos mostram que, na época, o uso metafórico da palavra Lua por "tela", ou mais precisamente pelo reflexo da projeção sobre a tela, era bastante comum; o *tertium comparationis*, sem dúvida, é a luz refletida que atrai a fascinação do espectador envolto na escuridão da noite ou da sala de cinema. O menos óbvio da comparação está na forma dos termos comparados: a redondeza da Lua e o retângulo da tela perturbam o ato comparativo imediato; um "projetor de Lua" ou uma "máquina lunar" dos primeiros tempos, porém, produzia um reflexo circular sobre a tela. A expressão de Rafael Laffón, "luna cuadrangular"[202], remete já à evolução técnica no mundo da cinematografia que, muito cedo, optou pela projeção em forma retangular.

Comparávamos, antes, a Lua com um espelho, cujas imagens refletidas mostram as partes do próprio corpo que o ser humano, sem ele, não consegue ver (os olhos, por exemplo).

O reflexo especular e a projeção cinematográfica fascinam, ambos, pela magia de criar um mundo que, embora virtual, remete a uma realidade concreta e visível.

A Lua, nesse sentido, é seu precursor legítimo, que "esclarece" em imagens oníricas os obscuros medos e desejos do "lunático"[203].

---

199. Apud I.-M. Gil, (ed.), op. cit., p. 88.

200. Op. cit., p. 17.

201. *"Se viene el mar y vence las paredes / y en la pantalla suelta sus oleajes / y avanza hacia tu asiento y el milagro / de acero y luna toca tus sentidos"*. Apud *Obras Completas I. Poesías*, p. 387-388.

202. R. Gubern, op. cit., p. 17.

203. Outro exemplo – teatral – em que a Lua adquire a função especular de desejos projetados foi criado por Oscar Wilde, em 1896: em *Salomé*, o rei Herodes (cf. Mt 14,1-12), fascinado pela filha de Herodias, ex-esposa de seu irmão Filipe, projeta na Lua seus desejos eróticos evocados pela presença de Salomé. O começo do poema lorquiano "Salomé y la Luna" reafirma o parentesco evocado por Herodes entre o astro noturno e a jovem mulher fatal, afirmando que "a Lua é uma irmã de Salomé". F. García Lorca, *Obras Completas*, I, p. 215, edição de M. García-Posada.

ANÁLISE INTERTEXTUAL DO ROTEIRO

O astro noturno, na concepção lorquiana, é um arcano maior no jogo mágico do auto-reconhecimento; e *Viaje a la Luna* apresenta o processo de uma auto-afirmação.

46
Os três fogem pela rua.

Huir (fugir), na definição do dicionário da R.A.E., significa "apartarse con velocidad, por miedo o por otro motivo, de personas, animales o cosas, para evitar un daño, disgusto o molestia" (afastar-se com velocidade por medo, ou por outro motivo, de pessoas, animais ou coisas, para evitar prejuízo, aborrecimento ou incômodo). O que fica pouco claro é o motivo da fuga dos três homens. Será que fogem do Homem das Veias que aparecerá na rua obscura? E qual seria o motivo? Não há, ao nível da diegese, nenhuma resposta clara.

O que dentro do contexto é ainda mais enigmático do que a fuga é a presença dos três admiradores da Lua; sua aparição, na seqüência 45, interrompe o fio narrativo do roteiro, cuja última parte se iniciou com a aparição do Homem das Veias, no alto da escada (43). A cena noturna, sem dúvida, é de outra índole.

Na minha interpretação, não se trata aqui de uma fuga dos três homens; quem foge mesmo é a imagem intercalada que, dentro do contexto, se apresenta como mera visualização dos pensamentos do Homem das Veias. É ele que, ao olhar a Lua, questiona três possíveis comportamentos do ser humano frente ao objeto desejado, que podemos transcrever por atitude casta, dominação ou enfrentamento sexual.

Qual dos caminhos seguir? Um dos três lenhadores, na tragédia lorquiana *Bodas de Sangre*, daria a seguinte resposta: "Hay que seguir la inclinación" (É preciso seguir a inclinação)[204].

47
Aparece, na rua, o Homem das Veias e fica [com os braços] em cruz.
Avança em pulos de tela.

É aqui que o roteiro nomeia o protagonista, pela primeira vez, de "hombre de las venas" (o Homem das Veias) – designação que será repetida mais duas vezes, nas seqüências 51 e 62. Ele se destaca também por sua descrição física que já comentamos (cf. 43). Aparentemente, desceu a escada para entrar na rua noturna, iluminada pelo astro lunar.

Sua nudez contrasta com o modo de vestir-se dos três homens que, marcados pelo frio, levavam o colarinho de seu casaco levantado.

204. Apud F. García Lorca, *Obras Completas*, II, p. 455, edição de M. García-Posada.

Essa diferença de percepção da temperatura ambiental desloca a cena intercalada – na diegese do roteiro – para uma posição onírica ainda mais definida, justificando assim nossa tese de que a mini-história da seqüência 45 deve ser compreendida como representação cinematográfica de reflexões comportamentais do Homem das Veias, enquanto ele mesmo contempla o astro noturno.

Figura 14: *Aubrey Beardsley*, The Woman in the Moon *(A Mulher na Lua), 1893. Ilustração de* Salomé, *de Oscar Wilde.*

À diferença da ilustração de Aubrey Beardsley, feita para iluminar a tradução inglesa de *Salome*, de Oscar Wilde, o Homem das Veias abre as mãos "en cruz", o que quer dizer "con los brazos extendidos horizontalmente": seu gesto ostensivo – além da ostentação da nudez de seu corpo marcado – remete à representação pictórica tradicional do Crucificado.

ANÁLISE INTERTEXTUAL DO ROTEIRO

O roteiro segue prescrevendo que o Homem das Veias avança pela rua "en saltos de pantalla" (em pulos de tela). Ignoro o sentido exato dessa expressão que, em si, deve indicar um modo de movimentação particular do cinema da época; poderia imaginar que a obra de referência seja o filme *Entr'acte*: há uma cena, filmada em câmera lenta, em que os enlutados seguem um séqüito fúnebre em saltos ridículos, como se fossem cangurus.

48
Dissolve-se sobre um cruzamento, em tripla exposição, de trens rápidos.

A mudança de cena da rua para o bar é efetuada por uma série de imagens sobrepostas, cuja primeira é um cruzamento de trens rápidos "en triple exposición". O jogo imagético, sobrepondo movimentos de máquinas, lembra o curta-metragem *Ballet mécanique* (O Balé Mecânico) (1924), de Fernand Léger e Dudley Murphy, cuja intenção era montar um espetáculo de objetos plásticos: "Un objet peut devenir seul un spectacle tragique ou comique" (Um objeto pode tornar-se um espetáculo trágico ou cômico), justifica o pintor francês[205].

No contexto lorquiano de poeta perdido em Nova York, a tecnologia e a industrialização de que se ufana a metrópole operam uma percepção do mundo americano claramente marcada pela tragédia desumanizadora[206].

O trem, além de significar "progresso" e "rapidez", abre o jogo de conotações sexuais que Georges Bataille, em *L'Anus solaire* (O Ânus Solar), redigido em 1927 e publicado em 1931, define – pelo movimento dos pistões da locomotiva – como uma imagem do ato sexual[207].

Essa cosmovisão, que vê na mecânica da locomotiva a combinação dos dois movimentos geradores da "origem do mundo", surpreende talvez pelo inusitado do exemplo escolhido; ecoa, portanto, em *Voilà la femme* (Eis Aqui a Mulher) (1915), de Francis Picabia, e não é menos irônico do que a famosa apresentação diametralmente oposta de *L'Origine du monde*, de Gustave Courbet.

---

205. J. Tulard, op. cit., I, p. 187.

206. *Modern Times* (Tempos Modernos), de Charles Chaplin, será a obra por excelência que, em 1936, ironiza esse progresso mecânico.

207. *Œuvres complètes*, I, p. 79-86. Aliás, o movimento dos pistões e das rodas da máquina, como referência ao ato sexual persiste até no cinema contemporâneo: o início do filme *Lavoura Arcaica* (2001), de Luiz Fernando Carvalho, abre com uma imagem de um corpo masculino em convulsões eróticas, sobre um fundo sonoro e imagético de um trem em movimento.

O poema lorquiano "Tu Infancia en Menton", que começa com um verso citado do cântico "El Pájaro en la Mano" (O Pássaro na Mão), de Jorge Guillén, associa, no segundo verso, um trem e uma mulher no céu:

Sim, tua infância: já fábula de fontes.
O trem e a mulher que ocupa o Céu[208].

Essa junção, por insólita que pareça, pode ser compreendida como evocação do desejo em duas imagens justapostas, que, em outros textos lorquianos, amalgamar-se-iam no símbolo da Lua.

Numa fotografia de Man Ray, *Érotique voilée* (Erótica Velada) (1933), a mulher, combinada com uma roda de metal lubrificada, torna-se uma imagem intermediária entre o erotismo explícito de Courbet e a nova iconografia do desejo, definido por Bataille no movimento dos pistões e das rodas e artisticamente explorado em *Voilà la femme*.

Ressoa também, na representação do desejo mediante um trem, o lema iconoclasta "Omne corpus fugiendum est", que José Ortega y Gasset comenta em seu ensaio *La Deshumanización del Arte* (A Desumanização da Arte)[209]. A arte moderna caracteriza-se, entre outros pontos, pela desumanização e pela tendência de evitar formas representando seres vivos.

A prescrição cênica do roteiro prevê um cruzamento de trens rápidos "em tripla exposição". O cruzamento, que implica uma aproximação antagônica de dois meios de transporte, remete a um encontro de impacto. E na tripla sobreposição dessa apresentação desumanizada do encontro ecoa a micro-história intercalada dos três homens que reconhecem, no espelho da Lua enigmática, o verdadeiro desejo de cada um.

49
Os trens dissolvem-se sobre uma dupla exposição de teclados de piano e mãos que tocam.

A segunda fusão imagética realiza-se entre a imagem sobreposta de trens e pianos. Reitera-se a pluralidade dos objetos representados, cuja conexão associativa baseia-se na semelhança imagética de um trilho com um teclado.

Na concepção da Geração de 1927, o piano é um objeto burguês ou "putrefato" por excelência: as *greguerías* de Gómez de la Serna comparam-no com um caixão ("O piano é caixão e ressurreição" ou

---

208. "Sí, tu niñez: ya fábula de fuentes. / El tren y la mujer que llena el cielo". F. García Lorca, *Poeta en Nueva York*, p. 114.

209. *La Deshumanización del Arte y Otros Ensayos Estéticos*, p. 54.

ANÁLISE INTERTEXTUAL DO ROTEIRO

"O piano é um caixão antecipado")[210] e, em *Un Chien andalou*, o piano é o andor de animais mortos.

Lorca, porém, não compartilharia essa onda de desprezo, o que facilmente se explica pelo fato de que ele – além de poeta – era pianista assíduo[211].

Pelo encadeamento associativo com a imagem do trem, o piano adquire também uma conotação erótica – bem mais carinhosa do que ensina o movimento dos pistões –, visualizada no suave toque do objeto pelas finas mãos do pianista.

Destaca-se, entre os instrumentos musicais, o violão como objeto metafórico de um corpo feminino[212]. No evento Dalí Dream of Venus (Sonho Dalí de Vênus), que o pintor catalão organizou em Nova York, em 1939, havia uma personagem feminina vestida de piano[213].

50

Dissolve-se sobre um bar com vários jovens vestidos de smoking.
O garçom serve-lhes vinho, mas eles não conseguem levá-lo à boca.
Os copos tornam-se pesadíssimos, e os jovens lutam numa angústia
de sonho. Entra uma garota quase nua com um arlequim e bailam
em câmera lenta. Todos tentam beber, mas não conseguem.
O garçom, sem parar, enche os copos que já estão cheios.

O instrumento musical entoa, visualmente, a nova ambientação cênica: um bar elegante, freqüentado por uma clientela masculina jovem e bem vestida que está bebendo vinho. O onírico da cena manifesta-se

210. "El piano es féreto y resurrección" e "El piano es un féreto antecipado". Op. cit., p. 1039 e p. 1313.

211. Em 1931, Lorca grava com *His Master's Voice* cinco discos com temas folclóricos espanhóis, em que ele acompanha, ao piano, as interpretações de La Argentinita. Foi lançado, em 1999, um CD (Acqua Records / Sonifolk) com as seguintes gravações históricas: Zorongo Gitano, Anda Jaleo, Sevillanas del Siglo XVIII, Los cuatro Muleros, Nana de Sevilla, Romance Pascual de los Peregrinitos, En el Café de Chinitas, Las Morillas de Jaén, Romance de los Mozos de Monleón, Las Tres Hojas, Sones de Asturias, Aires de Castilla.

212. Cf. R. Descharnes; G. Néret, op. cit., p. 363, a tela de fundo que o pintor catalão realizou, em 1943, para o bailado *Café de Chinitas* – com músicas populares espanholas e arranjos musicais de Lorca – representa uma mulher, com corpo de violão, cravada, na parede, em forma de um Cristo na cruz. A tela visualiza o sentido trágico que Lorca atribui ao som do violão, por exemplo, no poema "La Guitarra", que "llora monótona" (chora monótona), "llora por cosas distantes" (chora por coisas distantes) e "llora flecha sin blanco" (chora flecha sem alvo), com um "coração ferido por cinco espadas". F. García Lorca, *Obras Completas*, I, p. 307, edição de M. García-Posada.

213. Barbara, uma cantora francesa, que costumava acompanhar-se ao piano, criou uma canção "Femme piano" (gravada no CD *Barbara*, Mercury France, 1996), em que ela se apresenta vivendo sua vida "em piano preto" ("J'vis ma vie / En piano noir") e alertando que "seu piano" não era para ser tocado ("Touche pas mon piano").

no impedimento geral de beber: cada um tenta levar o copo à boca, mas não consegue, e o garçom constantemente enche os copos já cheios[214].

Buñuel confirma a conotação sexual do ato de beber (ou de comer ou de fumar) ao dizer que "o álcool e o fumo acompanham agradavelmente o ato de amor" e que "geralmente, o álcool se situa antes e o fumo depois"[215].

O não poder beber, portanto, remete a uma indisposição para o amor. Nesse sentido, Lorca já usou a mesma expressão metafórica num poema inédito de 1918, intitulado "Balada Sensual", em que o seguinte refrão se repete cinco vezes:

> Uma boca fresca de mulher
> E meus lábios com sede
> Não conseguem beber[216].

No estilo explícito da poesia juvenil, o poeta ainda confessa sua impotência para relacionar-se amorosamente com uma mulher: "Brota en el alma la impotencia / Y la ansiedad en el corazón" (Brota na alma a impotência / E a ansiedade no coração). Os jovens elegantes do bar aparentemente estão com o mesmo problema.

Contrapõe-se a essa imagem de tédio a entrada em cena de uma jovem quase nua que dança com um arlequim. A filmagem em câmera lenta atribui à cena uma aura onírica que talvez visualize os sonhos dos homens que não conseguem beber, mas perseveram no sonho – ou no pesadelo – de estar com uma mulher.

A nudez dessa moça lembra a figura da *femme fatale* a quem não resiste homem nenhum. Visto no contexto poético lorquiano, esse baile remete a uma dança macabra[217]; a figura do arlequim é sua vítima que não escapará: é o Don José na malha de Carmen, o menino cigano na dança com a Lua, Salvador Dalí sob o feitiço de Gala/Elena...

---

214. Uma variante do motivo, o querer comer e não poder fazê-lo, reaparecerá no filme de Buñuel *Le Charme discret de la bourgeoisie* (O Discreto Charme da Burguesia) (1972).

215. L Buñuel, *Mon dernier soupir*, p. 67.

216. "Una boca fresca de mujer / Y mis labios sedientos / No pueden beber". F. García Lorca, *Poesía Inédita de Juventud*, p. 184-185.

217. Ver "Romance de la Luna, Luna", F. García Lorca, *Obras Completas*, I, p. 415, edição de M. García-Posada.

ANÁLISE INTERTEXTUAL DO ROTEIRO

51
Aparece o Homem das Veias, gesticulando e fazendo sinais
desesperados e movimentos que expressam vida e ritmo acelerado.
Todos os homens ficam adormecidos.

Essa terceira entrada em cena do Homem das Veias apresenta-o, pela primeira vez, frente a outros personagens. Sua presença, porém, não é notada pelos clientes adormecidos do bar e seu comportamento distingue-se pelos movimentos acelerados e gestos desesperados. O protagonista, apesar de sua nudez num ambiente formal – todos vestem *smoking* –, não chama a atenção de ninguém; sua presença, que mostra o interior de seu corpo, parece ser despercebida pelos outros. A marginalidade do homem sofrido dentro dessa sociedade acentua-se ainda mais pelo rito acelerado de seus movimentos perante uma imobilidade coletiva dos homens que estão com cara de sono e as imagens da moça com o arlequim.

Chama a atenção o fato de que, em nenhum momento, o Homem das Veias e o arlequim aparecem juntos. Esse detalhe tem certa importância interpretativa, porque na seqüência 62 o arlequim tira sua fantasia para dar-se a reconhecer como o outro: "[...] y aparece el hombre de las venas".

Na minha leitura, ambas as aparições representam um modo de comportamento de um indivíduo sexualmente marginalizado dentro de uma sociedade: o homossexual pode apresentar-se como uma pessoa fora da sociedade, "com as veias abertas", que ostenta seu sofrimento, explicando publicamente que sua vida é essa; ou ele pode disfarçar sua inclinação e entrar no baile social, submetendo-se às exigências sociais: casar-se e ter filhos. E as duas atitudes, no roteiro, terão a mesma solução final, representada pela morte do indivíduo: na hora da verdade, na seqüência 67, o Homem das Veias, fantasiado de arlequim ou não, será reconhecido como tal.

52
Uma cabeça olha estupidamente. Aproxima-se da tela e dissolve-se
numa rã. O Homem das Veias estrangula a rã com os dedos.

Aparece, em contraplano, uma cabeça com um olhar estúpido que aparentemente está surpreendida pela presença estranha do Homem das Veias. Semelhante à seqüência 4 ("Cabeça assustada que encara um ponto e dissolve-se numa cabeça de arame com um fundo de água"), o roteiro não define se é uma cabeça masculina ou feminina. Como a cabeça, em primeiríssimo plano, transforma-se numa rã – animal que associávamos à mulher[218] –, podemos deduzir que se trata de um olhar feminino, cuja expressão atesta que a pessoa tomou conhecimento da estranha aparência física do protagonista no bar. Surpreende a reação do Homem das Veias, que estrangula o animal com sua mão.

Trata-se aqui da terceira cena do roteiro, em que se mata um animal frente à câmera[219]. A rã, vítima do Homem das Veias, remete talvez a uma história marcada pelo ódio entre o protagonista e uma mulher. Notamos, primeiramente, que o homem que não queria vestir-se de arlequim é um personagem pouco passivo: age – até brutalmente – dentro de sua luta contra uma sociedade que rejeita. Fica, porém, a pergunta: por que ele estrangula o anuro, cujo valor metafórico remete à mulher?

Definíamos, no decorrer de nossa análise, dois tipos de mulher no roteiro: primeiro, a figura da mulher sofrida e altamente respeitada (Santa Rodegunda) e, segundo, seu contrário, a *femme fatale*, representada pelo nome Elena ou uma de suas variantes.

O comportamento do Homem das Veias, por enquanto, é enigmático, mas o contexto geral deixa vislumbrar uma atitude vingadora contra a mulher sexuada e de costumes fáceis, que, para o protagonista, significa uma ameaça pessoal.

53
Sai uma esponja e uma cabeça vendada.

O ciclo de imagens associadas continua: a cabeça transformada numa rã converte-se numa esponja e esta, por sua vez, transforma-se de novo numa cabeça. A associação da rã com uma esponja remete ao meio ambiente que lhe é comum: a água; o *tertium comparationis* entre a esponja e a cabeça vendada seria a forma irregularmente arredondada de ambas.

Chama a atenção que as duas imagens associadas, a esponja e a cabeça vendada, não remetem forçosamente à idéia da morte; uma esponja – embora sendo um animal morto quando está fora da água – apresenta-se, no uso do dia-a-dia, como objeto cotidiano sem nenhuma conotação macabra; e a cabeça vendada pressupõe uma ferida.

O rodízio de imagens associadas opõe-se à idéia da morte que, pela cena do estrangulamento da rã, fica gravada na mente do espectador. Será que se trata de uma morte num sentido figurado?

---

218. Cf. nosso capítulo "Elementos Associados: o peixe, a rã o pássaro" e nossas observações a respeito das seqüências 32 e 33.

219. Cf. as seqüências 28 ("Pez vivo sostenido en la mano en un gran plano hasta que muera y avance la boquita abierta hasta cubrir el objetivo") e 45 ("[…] otro mira la luna y aparece una cabeza de pájaro en gran plano a la cual se estruja el cuello hasta que muera ante el objetivo […]").

ANÁLISE INTERTEXTUAL DO ROTEIRO

54

Dissolve-se sobre uma rua. A garota vestida de branco foge com o arlequim.

Volta o espaço cênico da rua do episódio intercalado (45), onde começa agora uma fuga, cujo motivo ignoramos. Remete à cena de Carmen e Don José? Ou será que a alusão é bem mais pessoal e Lorca refere-se a Gala e a Dalí, que num primeiro momento também fugiam dos contatos sociais?

55

Aparece uma cabeça que vomita. E, em seguida, todo o pessoal do bar vomita.

O vômito geral é uma expressão coletiva de desgosto. A encadeação diegética nessas cenas é tão vaga que fica difícil formular se o elemento rejeitado é a bebida, a aparição da moça nua dançando com o arlequim, o Homem das Veias, ou o estrangulamento da rã. Provavelmente, é a suma de elementos negativamente codificados que causa esse comportamento geral.

56

Dissolve-se sobre um elevador onde um negrinho vomita. A garota e o arlequim sobem no elevador.

O arlequim e a jovem aparentemente dirigem-se a um prédio, em que um menino negro faz funcionar o elevador. Reitera-se o motivo do vômito até dentro do elevador. Essa expressão de mal-estar comum lembra o poema "Paisaje de la Multitud que Vomita (Anochecer de Coney Island)" que descreve uma situação paralela, em que todo mundo à volta do protagonista vomita: "Yo, poeta sin brazos, perdido / entre la multitud que vomita"[220] (Eu, poeta sem braços, perdido / entre a multidão que vomita).

57

Sobem no elevador e abraçam-se.

Embora o elevador seja um local propício para abraçar-se, a junção do gesto amoroso com uma cena de vômito produz uma sensação nojenta que contamina até o abraço. É Pier Paolo Pasolini que, anos

---

220. F. García Lorca, *Poeta en Nueva York*, p. 144.

mais tarde (1975), explorará essa combinação do erótico com o nojento em *Salò o le centoventi giorante di Sodoma* (Salò ou os Cento e Vinte Dias de Sodoma), com imagens insuportáveis que se negam a fornecer ao espectador o prazer esperado do cinema.

58
Plano de um beijo sensual.

Existe já nas *greguerías* de Gómez de la Serna uma definição ambivalente do beijo: "Un beso puede ser una caricia o una llaga" (Um beijo pode ser uma carícia ou uma chaga)[221].

A primeira cena de um beijo sensual no roteiro lorquiano acontece nas circunstâncias do vômito geral, o que aniquila totalmente a valorização positiva da expressão amorosa do gesto. Contaminado pelo contexto, o beijo, além de ferir, dá nojo. Amor evoca vômito.

59
O garoto morde a garota no pescoço e puxa violentamente pelos cabelos.

"O primeiro beijo é um roubo"[222], opina Gómez de la Serna. Torna-se visível o lado negativo do gesto: o beijo, aparentemente, não é a expressão de uma atração mútua, mas o início de uma cena marcada por violência e imposição. No modo de atuar do arlequim, vislumbra a atitude de um estuprador: o beijo num elevador vomitado torna-se um ato diametralmente oposto ao desejo ou ao amor; é uma pura demonstração motivada pelo machismo, para afirmar – frente a si e aos outros – a primazia da espécie "homem" e escapar de qualquer reputação de homossexual.

Os biógrafos de Lorca[223] relatam um episódio da vida íntima do jovem poeta que talvez seja o pano de fundo dessa cena de posse violenta do arlequim para com a garota: Lorca, ao não conseguir ficar íntimo de Dalí, teve sua primeira (e única) relação sexual com uma mulher, sabendo que o pintor estava observando-o e traspassando sua paixão para a garota. Os biógrafos falam de um sacrifício.

---

221. Op. cit., p. 650.
222. "El primer beso es un robo." Idem, p. 788.
223. Cf. A. Sánchez Vidal, *Buñuel, Lorca, Dalí*, p. 128.

ANÁLISE INTERTEXTUAL DO ROTEIRO

60
Aparece um violão. E uma mão rápida corta as cordas com uma
tesoura.

A imagem do corte das cordas do violão remete mais ao romance
"Thamar y Amnón": o rei David, ao ser informado do estupro de
Thamar, cometido pelo próprio irmão, corta as cordas de sua harpa:

> David com uma tesoura
> Cortou as cordas da harpa[224].

Lembremo-nos do pano de fundo que Dalí pintou, em 1943, para
o espetáculo *Café de Chinitas*: uma mulher de expressão triste com
corpo de violão sem cordas.

61
A garota defende-se do garoto, e ele, muito furioso, dá-lhe outro
beijo profundo e põe os polegares sobre os olhos, como querendo
meter os dedos dentro deles.

Essa cena violenta lembra a seqüência 25, em que o homem da bata
força o protagonista adolescente a aceitar o traje de arlequim. Seu
comportamento atual, frente à mulher, espelha o que ele sofreu na sua
juventude.

O gesto de violentar os olhos com os dedos polegares é uma
imagem de defloração. Além disso, lembra o relato de um acidente
na praça de touros de Madri e uma história pornográfica paralela[225] –
ambos descritos em *Histoire de l'œil* (História do Olho), de Georges
Bataille. O toureiro Granero leva uma cornada no olho, enquanto a
insaciável Simone passa por momentos de deleite sexual.

---

224. "David con unas tijeras / Cortó las cuerdas del arpa". F. García Lorca, *Obras Completas*, I, p. 454, edição de M. García-Posada.

225. *Histoire de l'œil*, p. 79-81. Não é de subestimar a importância desse texto de Bataille na criação artística de Lorca, Dalí e Buñuel. O famoso corte de olho do prólogo de *Un Chien andalou* também tem um parentesco surpreendente com cenas de *Histoire de l'œil*. Veja também o ensaio de Roland Barthes, "La métaphore de l'œil" (A Metáfora do Olho) sobre esse tema, em *Essais critiques*, p. 238-245.

106   VIAJE A LA LUNA

62
*Grita a garota, e o garoto, de costas, tira o paletó e a peruca e
aparece o Homem das Veias.*

O grito da garota também lembra a seqüência 25, em que o adolescente se defende por não querer aceitar as imposições do homem da
bata. O estupro não existe só ao nível da sexualidade, mas também
das imposições machistas de um código social.

No momento em que o Homem das Veias tira sua fantasia e se
apresenta à garota – e ao espectador –, na nudez de sua própria existência, fica claro que seu atuar como arlequim foi puro teatro preme-
ditado, seja para disfarçar sua verdadeira maneira de ser, seja como
tentativa – frustrada – de cumprir com o comportamento machista da
sociedade em vigor.

63
*Então, ela dissolve-se num busto de gesso branco, e o Homem das
Veias beija-a apaixonadamente.*

A cena termina numa metamorfose; o roteiro lorquiano segue o modelo ovidiano. A transformação da mulher em estátua marca um tipo de
morte da vítima e sua ressurreição dentro de outra realidade: Antonio
Monegal fala de uma "representação idealizada"[226].

O desenlace artificial implica também em arrependimento por
parte do agressor: o Homem das Veias beija o busto da mulher
apaixonadamente, como se pedisse perdão por seu comportamento
agressivo.

64
Vê-se o busto de gesso com marcas de lábios e de mãos.

Os traços de beijos e mãos sobre o busto de gesso da mulher testemunham um respeito carinhoso que o Homem das Veias guarda na
memória, embora isso contradiga o comportamento anterior que ele
mostrou a ela. A mulher e sua imagem provocam duas reações diferentes: uma defesa contra "os perigos sexuais" da primeira é substituída por uma idolatria da outra[227]. Dentro da dicotomia da mulher,
vista como prostituta ou como santa, há, desde o ponto de vista do

226. Op. cit., p. 34.
227. Os quadros de Dalí que representam Gala na postura da Virgem Maria despertam, em mim, a mesma sensação.

Homem das Veias, uma realidade carnal que é sentida como perigosa, ou uma idealização exagerada à distância.

65
Aparecem de novo as palavras "Elena elena elena elena".

Essa evocação final de Elena já não combina com o grito de socorro; ecoa, na palavra repetida, um sentimento de louvor parecido como nos *Sonnets pour Hélène* (Sonetos para Helena), do poeta francês Ronsard, em que não é a pessoa de Hélène de Surgères o alvo principal da evocação poética, e sim o *glamour* que o nome clássico carrega.

66
Estas palavras dissolvem-se sobre torneiras que jogam água de maneira violenta.

Antonio Monegal define essa imagem como "metáfora do clímax sexual"[228]. E uma ilustração de Dalí da série *Metamorfoses Eróticas* (1969), intitulada *Le Robinet, la grille* (A Torneira, a Grade), confirmará explicitamente essa metáfora do sexo masculino como torneira e o sexo feminino como esgoto.

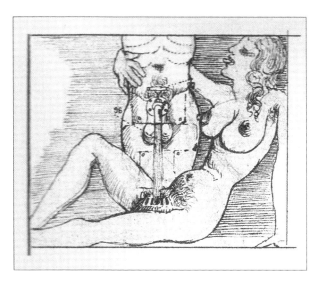

Figura 15: *Salvador Dalí,* Le Robinet, la grille *(A Torneira, a Grade), 1969.*

---

228. Op. cit., p. 35.

108 VIAJE A LA LUNA

O que surpreende no roteiro é o uso do plural ("grifos que echan agua"), que não se encaixa bem na lógica da metáfora de gozo sexual do estuprador.

A imagem de torneiras abertas aparece também na obra lorquiana, porém atribuída à figura da mulher; uma cena em *El Público* apresenta Elena como uma mulher com "duas torneiras nos seios":

Desnudo – Estou com sede.
Enfermeiro – Já vão ao teatro procurando água.
Estudante 4 – A primeira bomba da revolução varreu a cabeça do professor de retórica.
Estudante 3 – Com grande alegria para sua mulher, que agora trabalhará tanto que precisará colocar duas torneiras nos seios.
Estudante 4 – Dizem que, de noite, subia um cavalo com ela ao terraço[229].

Ambas as imagens, tanto a masculina como a feminina, têm uma referência sexual em comum: a água correndo designa o desejo ou alguma atividade sexual[230].

A designação metafórica de seios femininos como torneiras é, a meu ver, uma profanação de uma tipologia de imagens religiosas, representando a Virgem Maria de cujos seios brotam jatos de leite. O pintor italiano Filotesi dell'Amatrice, por exemplo, pintou a *Madonna delle Grazie* (c. 1508) alimentando com seu leite as almas do purgatório.

O puro dessa imagem misturou-se logo a versões eróticas, a lembrar o quadro de Jean Fouquet, *Virgem com o Menino*, que, além de representar a mãe santa, é um retrato de Agnès Sorel, amante do rei Carlos VII[231].

229. "Desnudo. Tengo sed. / Enfermero. Ya se ha enviado al teatro por el agua. / Estudiante 4. La primera bomba de la revolución barrió la cabeza del profesor de retórica. / Estudiante 3. Con gran alegría para su mujer, que ahora trabajará tanto que tendrá que ponerse dos grifos en las tetas. / Estudiante 4. Dicen que por las noches subía un caballo con ella a la terraza". F. García Lorca, *El Público*, p. 167. Tradução minha

230. Na obra lorquiana, abundam as imagens do rio como elemento metaforizado que remete ao desejo sexual; veja, por exemplo, a intervenção da Fêmea, "la mujer del demonio", em *Yerma*. F. García Lorca, *Obras Completas*, II, p. 519-520, edição de M. García-Posada.

231. Sobre a tradição da *virgo lactans*, cf. o capítulo "Figura Maternal", em M.-F. Boyer, *Culto e Imagem da Virgem*, p. 26-33: "O momento em que Fouquet decide pintar o seio exuberante de Agnes Sorel na Virgem com o Menino corresponde à interdição desse culto extravagante, que não obstante reaparecerá esporadicamente e de forma um tanto inesperada".

Figura 16: *Jean Fouquet,* Vierge à l'Enfant *(Virgem com o Menino), c. 1450, Museu Real de Belas Artes, Antuérpia (Bélgica).*

Lembramos já várias vezes que Lorca, no "Romance de la Luna, Luna", mistura, na figura da Lua "lúbrica y pura", as imagens de uma mãe e de uma prostituta, mostrando os seios.

No roteiro, predomina a imagem da mulher sexuada que, na apresentação metafórica, combina a interpretação "lúbrica" do seio feminino com a metáfora imagética de uma ejaculação. Portanto, o clímax sexual – representado pelas torneiras abertas – não é especificamente masculino.

67
E estas torneiras [dissolvem-se] sobre o Homem das veias morto sobre jornais abandonados e arenques.

A cena da morte do Homem das Veias sobrepõe-se à imagem ligada ao gozo sexual: o tema tradicional de Eros e Thánatos perpetua-se. "O erotismo abre-se para a morte", comenta Bataille[232]. Os jornais abandonados e os arenques, que formam o pano de fundo mortuário, amalgamam-se com a figura nua do protagonista, envolvendo-a num clima de abandono e putrefação: o papel e o peixe jogado fora remetem ao próprio Homem das Veias.

232. *L'Érotisme*, p. 31.

110   VIAJE A LA LUNA

68
Aparece uma cama e mãos que cobrem um morto.

Volta, no final do roteiro, o mesmo objeto cênico como na primeira seqüência. Agora, porém, a cama é claramente definida como leito mortuário; chegamos ao ponto final da biografia do Homem das Veias e também ao final de *Viaje a la Luna*, e compreendemos que a viagem anunciada no título do filme é uma expressão metafórica referindo-se à vida, e que a Lua designa, eufemisticamente, o destino dessa viagem: a morte.

O ser humano que procura viver uma vida autêntica, seguindo as próprias inclinações, sem observar as normas sociais, não escapa do desenlace trágico: Adela, em *La Casa de Bernarda Alba*, morre enforcada; e o próprio Lorca, em 1936, acabou sendo vítima da ideologia fascista.

69
Vem um jovem de bata branca e com luvas de borracha e uma garota vestida de preto. Pintam um bigode com tinta numa cabeça de morto terrível.

Sobrevive quem segue as normas da sociedade: a bata que o jovem veste indica sua conformidade social e o vestido preto da garota evoca o modo de apresentar-se numa cerimônia de luto. Ambos cumprem as exigências sociais, embora seja pura aparência: sua atitude de pintar um bigode na cabeça morta, de se beijar e de rir com o desenho são atos de uma profunda profanação.

Na seqüência 20, as cabeças dos meninos protagonistas foram manchadas com tinta; as manchas sobre seus corpos não tinham nenhuma forma definida. Agora, a tinta aplicada na cabeça do protagonista morto tem um traçado concreto: um bigode interpretável.

"Tener bigotes", em espanhol, significa "ter constância nas resoluções, não se deixar manipular facilmente". De fato, o Homem das Veias manifestou constância e veracidade em seu hábito, sem ser manipulado pelo estilo de vida dos outros. Além disso, o bigode implica uma conotação sexual. Em *El Público*, Julieta queixa-se de um assédio sexual: "Mas agora são quatro, são quatro garotos os que quiseram pôr-me um falo de barro e estavam decididos a pintar-me um bigode de tinta"[233].

---

233. "Pero ahora son cuatro, son cuatro muchachos los que me han querido poner un falito de barro y estaban decididos a pintarme un bigote de tinta".

ANÁLISE INTERTEXTUAL DO ROTEIRO

Entre os escritos cinematográficos de Buñuel, destaca-se um artigo de 1927-1928, intitulado "Variaciones sobre el Bigote de Menjou" (Variações sobre o Bigode de Menjou). O cineasta coroa o atributo masculino com o epíteto "coleóptero de amor" e confere-lhe uma importância tão significativa quanto aos olhos[234].

Para Dalí, o bigode chegou a ser a marca distintiva por excelência de sua aparição física nas fotos e nos auto-retratos. Seus textos literários, porém, não citam o atributo de relevo do ator americano; eles homenageiam a obra brincalhona *L.H.O.O.Q.*, que Marcel Duchamp realizou, em 1919, a partir de uma reprodução de *Mona Lisa*, de Leonardo da Vinci. Em *¿Por qué se Ataca a La Gioconda?*, o autor define o "misterioso atrativo" que essa obra exerce sobre seus agressores físicos e – dado o caso de Duchamp – artísticos[235]. O retoque do quadro de Leonardo da Vinci confere ao retrato uma dimensão sexual masculina (pelo bigode) e anal, pelo jogo lingüístico do título da obra que, em francês, se lê: "Elle a chaud au cul" (Ela está com calor no cu).

A meu ver, o roteiro lorquiano atualiza aqui a mesma fonte referencial como Dalí: o jovem casal, ao retocar a cabeça do protagonista morto, ressalta ironicamente a orientação sexual dele; o gesto de pintar no rosto do falecido um bigode é uma marca visual que memoriza – à guisa de um necrológio – os desejos homossexuais do Homem das Veias, que "tem o cu quente".

70
Deles surge um cemitério e vemo-os beijarem-se sobre um túmulo.

Reitera-se o gesto profanador do casal e, também, o contraste entre o apego à vida dos namorados e o destino do protagonista, cuja viagem à Lua termina no cemitério.

Há um desenho de Lorca, intitulado *Dos Figuras sobre una Tumba* (Duas Figuras sobre um Túmulo)[236] (1929-1930), que tematicamente se relaciona com o roteiro: uma das figuras tem os olhos pintados de preto, como no auto-retrato *Cabezas Cortadas de Federico García Lorca y Pablo Neruda* (1934) ou no desenho *Santa Rodegunda*.

---

234. *Obra Literaria*, p. 168.
235. *¿Por qué se Ataca a La Gioconda?*, p. 249-250.
236. Y. David, *¿Buñuel! Auge des Jahrhunderts*, p. 230.

Figura 17: *Federico García Lorca,* Dos Figuras sobre una Tumba, *1929-1930.*

Essa figura de olhos pretos se encaixa na série de auto-retratos do autor. Como ela tem o corpo cheio de raízes, surge a hipótese de que seja, talvez, o espírito do morto no caixão, mas ainda unido, de alguma maneira, a outra figura de órbitas brancas. Há uma conexão marcante – porém de difícil entendimento – entre a cabeça do suposto retrato do autor e a boca do rosto superior.

Román Gubern relaciona o desenho com esse plano do roteiro por ter em comum o cenário (o túmulo) e as duas figuras[237]. Nada, porém, lembra uma cena de beijo; ao contrário, o desenho contém alusões a vômito, morte e apodrecimento, o que dificilmente consigo relacionar com o enquadramento de dois namorados beijando-se num lugar inconveniente. Na minha leitura, o desenho reflete mais uma vez o profundo sofrimento pessoal do autor, que se manifesta tanto nas obras poéticas e pictóricas dos anos de 1929-1930 como também no roteiro.

71
Plano de um beijo kitsch de cinema com outros personagens.

A multiplicação de pessoas beijando-se reforça a idéia de um comportamento social comum e contrasta com o destino trágico do indivíduo que não se integra a essa normalidade comportamental.

---

237. Op. cit., p. 455.

ANÁLISE INTERTEXTUAL DO ROTEIRO

O que chama a atenção é a valorização negativa, ao qualificar o beijo com o adjetivo "cursi", quer dizer, *kitsch*[238]. Obviamente, Lorca nega sua estima à conformidade social que rege as palhaçadas de uma sociedade de fantoches ou arlequins.

72
E ao final, com pressa, a Lua e árvores com vento.

No cinema da época, os filmes costumavam acabar com uma imagem parada ou um fundo neutro, sobrescrito com a palavra "fim". *Viaje a la Luna*, portanto, encerra-se com uma última imagem do astro noturno, cujo campo semântico inclui – pelo valor simbólico de morte – a associação de um ponto final. A imagem parada da Lua é apenas aparente, pois aparece animada pela força do vento que agita as árvores.

No "romance" *Preciosa y el Aire* já aparece o vento como entidade de projeção do desejo sexual: o "viento-hombrón" – personificado em São Cristóvão, gigante desnudo – levanta o vestido da jovem cigana e persegue-a "com uma espada quente"[239].

Na última tomada do filme, ao combinar o vistoso elemento estático da *Lua* com a movimentação causada pelo *vento* invisível, ecoa o título da obra: o desejo de sair de um estado de insatisfação anunciou-se na palavra "Viaje" e a satisfação do desejo erótico-mortal ficou projetada no destino dessa viagem, rumo "a la luna", em todas as suas facetas interpretáveis.

---

238. José Guilherme Merquior, no *Dicionário Aurélio*, define o *kitsch* como "o agradável-que-não-reclama-raciocínio".

239. F. García Lorca, *Obras Completas*, I, p. 416-418, edição de M. García-Posada. Ver também a interpretação do *romance* em C. Feal Deibe, *Eros y Lorca*, p. 153-171.

5. Uma Viagem Lunática em Conclusão

DEZ TESES CONCLUSIVAS...

Em nossa análise do roteiro, intentamos compreender cada uma das 72 seqüências, num primeiro momento, pelas próprias imagens propostas, e, num segundo, por sua ancoragem intertextual. Apesar da ambição de apegar-me à "Santa Objetividade", de procurar a matriz das imagens de difícil compreensão no meio ambiente cultural dos intelectuais espanhóis da época, tenho a consciência de que meus comentários são apenas frutos de uma leitura subjetiva.

Ainda que existam divergências entre qualquer aproximação crítica de uma obra de tamanha complexidade, considero tal abordagem absolutamente necessária; meu objetivo é, simplesmente, abrir novos caminhos para quem, algum dia, quiser embarcar nessa viagem à Lua.

Embora possa haver pontos de vista diferentes na interpretação de tal ou tal seqüência, o conjunto de nossas considerações serve de base para as dez seguintes conclusões:

1. O roteiro de *Viaje a la Luna* segue a linha diegética de uma biografia.
2. A diegese apresentada compõe-se de diferentes unidades formais que correspondem às fases da vida do ser humano protagonista. O fio narrativo inicia-se na infância, prossegue na adolescência, na idade adulta e termina na morte do indivíduo.
3. O núcleo fundamental do assunto que se reitera em cada uma das partes da obra é o tema do sofrimento.

116   VIAJE A LA LUNA

4. A representação do sofrimento configura o sentimento trágico da existência humana.
5. Ecoam, na obra, elementos ligados às circunstâncias biográficas do autor.
6. A linguagem pictórica, proposta no roteiro, articula-se em imagens carregadas de um significado metafórico ou onírico.
7. A carga hermenêutica das imagens apresentadas ancora-se no vasto mundo poético do autor, nas urdiduras culturais de sua geração de convivência e, também, no confronto com a vida americana.
8. *Viaje a la Luna* é um roteiro para um filme poético que amalgama elementos da tradição teatral, desenhos e técnicas cinematográficas.
9. *Viaje a la Luna* abre o dialogismo com outros filmes da época.
10. *Viaje a la Luna* é uma auto-afirmação poética e pessoal de Lorca.

... E DEZ JUSTIFICATIVAS

1. *O roteiro de* Viaje a la Luna *segue a linha diegética de uma biografia.*

O objeto cênico que aparece no início e no final do roteiro é a cama, que, no primeiro caso, remete ao ato da concepção ou do nascimento e, na última parte, torna-se um leito mortuário. A disposição inicial e final da cama outorga-lhe uma função de parêntese, abrindo-se sobre cenas de uma vida nova e fechando-se no momento da morte. Dentro desses pólos, tece-se um fio diegético que interliga cenas da vida infantil, adolescente e adulta.

Não existem *flashbacks* que quebrem a linearidade da seqüência biográfica. A viagem à Lua revela-se como metáfora de uma vida, predestinada, *per definitionem*, à morte.

2. *A diegese apresentada compõe-se de diferentes unidades formais que correspondem às fases da vida do ser humano protagonista. O fio narrativo inicia-se na infância, prossegue na adolescência, na idade adulta e termina na morte do indivíduo.*

Em nossa tentativa de descrição estrutural do roteiro, segmentamos a obra em diferentes "atos", que se relacionam às fases da vida. É óbvio que o resultado de tal segmentação depende dos critérios aplicados que, na nossa análise, baseiam-se nas principais divisões cênicas teatrais[1] e na presença de rupturas espaciais

---

1. Na definição do *Dicionário Aurélio*, uma cena é "cada uma das unidades de ação de uma peça, cuja divisão se faz segundo as entradas ou saídas dos atores".

UMA VIAGEM LUNÁTICA EM CONCLUSÃO

ou temporais[2] dentro da evolução diegética. Observamos, primeiramente, as mudanças de personagens e lugares e as quebras na continuidade temporal[3].

Dividíamos o roteiro em um "prólogo" (seqüências 1 e 2); um "primeiro ato" (3-22), cujo tema é o sofrimento de uma criança; um "segundo ato" (23-29), que mostra o sofrimento de um adolescente; e, no "terceiro ato", dedicado ao sofrimento do adulto, distinguíamos dois "quadros", cujo primeiro (30-42) trata da tragédia da mulher e, o segundo (43-72), enfoca o desenlace da existência trágica do Homem das Veias.

O uso da terminologia teatral revela, desde já, que, em minha opinião, a estrutura do roteiro não se afasta muito do esquema tradicional do teatro lorquiano.

3. *O núcleo fundamental do assunto que se reitera em cada uma das partes da obra é o tema do sofrimento.*

Designo como tema a idéia geral presente em cada segmento da obra.

O tema do sofrimento, discutido nesta análise, conforme nossa definição, se manifesta, em modulações distintas, na obra inteira, seja como "sofrimento da criança", que chora quando a mãe lhe dá uma pancada (11); como "sofrimento do adolescente", quando o jovem grita por não aceitar o traje de arlequim (25); ou na modulação do "sofrimento das mulheres" vestidas de luto e com movimentos que exprimem tristeza (30); ou seja, como o ostensivo "sofrimento do Homem das Veias" que acabará morrendo como um peixe apodrecido (67). Esse tema também é percebido na maioria das imagens do roteiro, como, por exemplo, na mirada de uma cabeça assustada (4), nas diferentes cenas de vômito (18, 55 e 56) ou na matança de animais frente à câmera (28, 45 e 52).

Embora o prólogo ainda não apresente uma confirmação evidente do tema – no baile dos números 13 e 22, na cama, não se manifesta nenhum sentimento humano –, conseguimos definir,

2. Sigo a teoria de Gérard Genette que adota como critério demarcativo de segmentação "a presença de uma ruptura temporal e/ou espacial importante". Cf. *Figures III*, p. 124.

3. Observamos, em primeiro lugar, as mudanças de cenário e personagens principais entre o prólogo (cama; números na cama) e o primeiro ato (corredor; crianças), entre o primeiro e o segundo ato (interior; um adolescente e o homem de bata branca), entre o segundo ato e o primeiro quadro do ato final (habitação, mulheres enlutadas) e entre o primeiro e o segundo quadro desse ato (vários lugares; o Homem das Veias e uma série de personagens secundárias). Além disso, consideramos as demarcações resultantes de elementos separadores como o pano que se arranca (seqüências 2-3), uma porta que se abre (seqüências 22-23) e a intercalação de um letreiro que lembra o título do filme (seqüência 30).

por meio da análise intertextual, o texto matriz, *Suicidio en Alejandría*, em que "a situação virou insustentável". Além disso, o contexto geral consegue "contaminar" os elementos neutros, de modo que os números 13 e 22 perdem suas essências irracionais, ao adotar uma carga semântica de sofrimento. De certa maneira, o número 13 – associado ao tarô – remete, desde o início, ao leito mortuário do final e, o 22, evoca a loucura da existência vital.

4. *A representação do sofrimento configura o sentimento trágico da existência humana.*

Lázaro Carreter e Correa Calderón definem a tragédia como "obra dramática com grandes paixões e final catastrófico, que provoca no espectador horror e piedade daqueles personagens incapazes de mudar seu próprio destino"[4].

Embora o roteiro não balize uma obra dramática[5] – considero-o uma proposta para um filme poético –, podemos observar, no exemplo do Homem das Veias, um ser humano "incapaz de alterar seu próprio destino", que sofre de "grandes paixões" e que, sem conseguir escapar ao desenlace trágico, provoca a compaixão do espectador. Nesse sentido, *Viaje a la Luna* aproxima-se da tragédia.

Diferentemente de uma obra tradicional, o roteiro substitui o protagonista trágico por uma série de personagens sem nome: sua infância é representada por um menino que chora ao ser espancado pela mãe (11) e por duas crianças manchadas de tinta que avançam cantando, com os olhos fechados (19 e 20). Em seguida, o papel principal é transferido para o adolescente que recusa o traje de arlequim (25); ele, por sua vez, dá lugar aos protagonistas adultos – mulheres enlutadas e homens num mundo onírico – que assumem as conseqüências da existência trágica: cai uma mulher de uma escada, ferindo-se gravemente (39-42); e, abandonado sobre velhos jornais, morre o Homem das Veias (67).

Além disso, o sofrimento humano é mostrado em imagens parciais do corpo humano: pés que correm (3), uma cabeça assustada (4), mãos que tremem (10) ou uma cabeça que olha estupidamente (52). Registramos que a substituição do herói trágico multiplica, desmembra ou desumaniza o papel do protagonista tradicional.

Podemos observar o mesmo procedimento na apresentação das forças antagônicas, formadas por uma mãe que bate no filho (11); um homem de bata que oferece o traje de arlequim ao protagonista

4. *Cómo se Comenta un Texto Literario*, p. 204. Tradução minha.
5. O gênero dramático, na definição de Lázaro Carreter e Correa Calderón, abrange obras "representáveis num cenário mediante ação e diálogo". Idem, p. 187. Nosso roteiro não cumpre com nenhum ponto dessa definição.

UMA VIAGEM LUNÁTICA EM CONCLUSÃO 119

adolescente (25); uma garota quase nua que dança com o Homem das Veias vestido de arlequim (50); um rapaz com uma bata branca e luvas de borracha, que, junto com uma garota vestida de preto, pinta um bigode de tinta sobre a cabeça do morto e se beijam com grandes risos (69); e, na penúltima seqüência, pela introdução de várias pessoas beijando-se (71). O processo de desmembramento é evidenciado nas imagens do sexo feminino (5), nas pernas que os-cilam (8), nas mãos que apertam com força (26) ou nas mãos que cobrem o morto (68); e a técnica de desumanizar o antagonista, na transformação da mulher numa estátua (63) ou na substituição dela pelo nome Elena ou por uma de suas variantes.

Há, porém, uma diferença fundamental no efeito de despeda-çar a imagem do protagonista ou antagonista, porque, tradicio-nalmente, o herói trágico é um indivíduo que sucumbe frente a uma força coletiva, a sociedade.

Em *Bodas de Sangre* (1933), por exemplo, a vítima da tragé-dia é Leonardo, o protagonista que quebra as normas da sociedade ao raptar a noiva no dia do casamento dela. Mario González defi-ne o conflito dramático pela "oposição entre a sociedade e o indi-víduo, aquela se regendo por normas, e este pela inclinação"[6]. E chamando de "destino" aquilo que reina sobre o choque entre es-sas duas forças antagônicas, prossegue que, "sob o impulso desse destino, o conflito encaminha-se para uma saída presidida pela morte destruidora de tudo o que puder significar possibilidade de continuar".

Viaje a la Luna apresenta a mesma estrutura conflituosa entre o indivíduo que segue sua inclinação e uma sociedade normativa e julgadora. Ao contrário de *Bodas de Sangre*, onde o persona-gem principal se chama Leonardo, o protagonista masculino do roteiro – o Homem das Veias multiplicado ou desmembrado – não tem nome. No entanto, seu coletivo antagônico feminino, apesar de sua heterogeneidade, é concretizado pelo nome Elena.

5. *Ecoam, na obra, elementos ligados às circunstâncias biográficas do autor.*

Há unanimidade entre os críticos com respeito à presença de referências autobiográficas do autor no roteiro:

Leslie Stainton alega que Lorca "nunca tinha detalhado tão explicitamente sua preocupação mórbida pelo sexo"[7]. Román Gubern opina que o roteiro "versa sobre um conflito pessoal de opção sexual, mas formulado de um modo bem mais críptico e

6. *El Conflicto Dramático en* Bodas de Sangre, p. 59. Tradução minha.
7. *Lorca: Sueño de Vida*, p. 279. Tradução minha.

isso com boas razões", e conclui que "o roteiro de *Viaje a la Luna* desenvolve poeticamente, e com particular violência, o tema da identidade sexual do poeta"[8]. Ian Gibson designa a obra como "viagem do próprio Lorca para a aniquilação sexual"[9] e vê no uso do nome Elena "conotações muito pessoais do poeta"[10].

Viaje a la Luna – que, na opinião de Monegal, é uma "representação metafórica do desejo e de sua frustração"[11] – manifesta-se, sem dúvida, como uma das obras mais explícitas na produção artística lorquiana. Embora tendo parentesco com *El Paseo de Buster Keaton*, os conflitos pessoais de Lorca apresentam-se, no projeto fílmico, de modo bem mais apreensível. No entanto, a marginalização social pela orientação sexual não se mostra em volta de um só protagonista, senão como tema que atinge uma variedade de pessoas de diferentes idades e em diversas situações. O eixo comum é a resultante oposição às normas sociais, e quem segue sua inclinação – seja homem ou mulher – sucumbe a um inevitável desenlace trágico.

Na produção lorquiana, existe uma série de obras que expõe uma mulher em conflito com a sociedade, desde Mariana Pineda, que morre nos enredos políticos, até Adela, que se opõe à tirania familiar de Bernarda Alba ou também a noiva de *Bodas de Sangre*, que, no dia do casamento, foge com seu namorado, preferindo morrer amada do que aceitar um matrimônio puramente social.

Duvido, porém, que a motivação subconsciente de Lorca, ao criar essas obras de teatro, era um engajamento puramente feminista, e acredito que todas essas heroínas femininas, que lutam por inclinação, não se diferenciam essencialmente do protagonista masculino coletivo. O destino deste, aliás, apresenta-se numa *mise en parallèle* interna com o azar das mulheres enlutadas (30-42).

Sob esse ponto de vista, *Viaje a la Luna* não é a única obra lorquiana sobre a tragédia do ser humano que deseja viver conforme sua inclinação. O Homem das Veias encaixa-se na lista de protagonistas como Adela ou a noiva: estas mulheres incorporam também aspectos da tragédia pessoal de Lorca.

6. *A linguagem pictórica, proposta no roteiro, articula-se em imagens carregadas de um significado metafórico ou onírico.*

A expressão "imagens carregadas"[12], com que Monegal descreve o conteúdo do roteiro, acerta o denso teor de significado

---

8. *Proyector de Luna*, p. 452-453. Tradução minha.

9. Idem, p. 454. Tradução minha.

10. I. Gibson, *La Vida Desaforada de Salvador Dalí*, p. 75. Tradução minha.

11. Cf. Entre el Papel y la Pantalla, em F. García Lorca, *Viaje a la Luna*, p. 18. Tradução minha.

12. Idem, p. 16. Tradução minha.

UMA VIAGEM LUNÁTICA EM CONCLUSÃO 121

subjacente de cada seqüência que determina a gênese de uma metáfora visual.

Segundo a definição de Eduardo Peñuela Cañizal, "uma metáfora visual é um jogo de deslocamento do plano do conteúdo que relativiza seus valores através de uma relação de semiosis sobredeterminada para um plano da expressão feita de imagens condensadas"[13].

Essa definição baseia-se na análise de imagens estáticas, que amalgamam em si uma pluralidade de planos de diferentes conteúdos. Na análise fílmica, a metáfora visual surge nos momentos em que a ligação de dois planos se efetua mediante a técnica de sobreposição ou de fusão, em vez de um corte separador, assemelhando-se, assim, a um processo de metamorfose.

O roteiro de *Viaje a la Luna* caracteriza-se pela junção de planos, em que duas imagens aparecem simultaneamente: usa-se treze vezes a anotação "dupla exposição"[14], duas vezes a indicação "tripla exposição"[15] e vinte e cinco vezes a expressão "(dissolve-se) sobre/em"[16]. Essa insistência na condensação de imagens diferentes tece uma estrutura expressiva que, metaforicamente, confere a um plano imagético simples uma nova determinação semiótica. Surgem, assim, metáforas visuais que combinam, por exemplo, um rasto de pé e um bicho-da-seda (16), uma sunga e um peixe (24), uma rã e orquídeas (33), um sexo e uma boca (45), trens rápidos e teclados de pianos (49) ou uma garota e um busto de gesso (63).

O elemento onírico tem seu parentesco com a condensação artística da metáfora visual. Na teoria de Lyotard, o sonho é a obra do desejo que violenta a ordem da percepção lógica[17]; ele manifesta-se, com um grau de intensidade diferente, no decorrer do roteiro inteiro, começando com a dança dos números 13 e 22 na cama (1), passando pela aparição do Homem das Veias (43), até a última tomada da Lua com as árvores movidas pelo vento (72). A viagem à Lua lorquiana é a projeção onírica de um desejo sobre a tela do cosmos da sala de cinema.

O onirismo manifesta-se, particularmente, nas rupturas do decurso diegético da obra; por exemplo, na intercalação da seqüência 45,

13. La Metáfora Visual, *Anàlisi 14*, p. 82. Tradução minha.
14. Ver as seqüências 5, 10, 11, 13, 14, 24, 27, 33, 34, 36, 38, 42 e 49.
15. A tripla exposição de subir e descer uma escada (37) e as tomadas de trens rápidos (48).
16. Ver as seqüências 4, 7, 9, 10, 11, 12, 13, 15, 16, 18, 27, 44, 45, 48, 49, 50, 52, 54, 56, 63, 66 e 67.
17. "Le rêve n'est pas la parole du désir, mais son œuvre [...] Le désir ne parle pas, il violente l'ordre de la parole. Cette violence est primordiale..." (O sonho não é a palavra do desejo, mas sua obra. O desejo não fala, ele violenta a ordem da palavra). Apud E. Peñuela Cañizal, op. cit., p. 82.

pouco depois da primeira entrada em cena do Homem das Veias: apenas apresentado em cima da escada e, antes que ele prossiga pela rua obscura, interrompe-se o fio narrativo, ao ser exibida, de permeio, a cena dos três homens, olhando para a Lua.

Essa segmentação cinematográfica confere ao trecho intercalado uma posição diferenciada por não dar continuidade à diegese iniciada, de modo que sua percepção se torna onírica e o espectador da sala de cinema se pergunta se essa seqüência interposta visualiza os pensamentos ou os sonhos do protagonista.

Observa-se um efeito comparável nas cenas filmadas em câmera lenta na confrontação com a velocidade da projeção normal. Essa oposição surge, por exemplo, na dança de uma garota seminua com um arlequim em câmera lenta (50), dentro de um bar freqüentado por uma multidão de jovens vestidos de *smoking*: ninguém repara na presença do casal estranho; e, de novo, surge a pergunta se o filme apenas visualiza um desejo dos que estão querendo beber, no balcão, e não conseguem.

Inverte-se o ritmo na seqüência 51, onde o Homem das Veias movimenta-se, desesperadamente, num ritmo acelerado, enquanto os fregueses ficam adormecidos. A diferença de velocidade dos movimentos também provoca um efeito onírico.

7. *A carga hermenêutica das imagens propostas ancora-se no vasto mundo poético do autor, nas urdiduras culturais de sua geração de convivência e, também, no confronto com a vida americana.*

Predominam, no roteiro, imagens difíceis de compreender que, porém, têm seu *pendant* em outras obras – poéticas (*Poeta en Nueva York*) e teatrais (*El Público*) – da época americana do autor. Embora essa nova linguagem – seja pictórica, poética ou teatral – procure caminhos nunca antes percorridos, percebe-se que ela se funda nas obras lorquianas anteriores. A simbólica Lua, içada ao cimo da haste do título como um galhardete, sinaliza – além do destino da viagem – que o estaleiro de *Viaje a la Luna* é o mesmo do *Romancero Gitano* ou de *Bodas de Sangre*.

No decorrer da nossa análise, indicamos uma série de fontes, ecoadas no roteiro, que revelam a ancoragem do projeto fílmico na tradição poética do autor: os números 13 e 22 da primeira seqüência, em *Suicidio en Alejandría*; a metáfora visual do olho-janela (13), no poema "Los Ojos"; a coloração azul da seqüência 14, em toda uma série de poemas; a porta (22), objeto anunciador de alguma desgraça, no poema "Una Puerta"; a conotação fálica do peixe (24), com a metáfora faca-peixe de "Reyerta"; o arlequim (25), com um poema de *Canciones*; as três visões da Lua (45), na estrutura do poema "Remansillo"; o impedimento

UMA VIAGEM LUNÁTICA EM CONCLUSÃO

de beber (50), na "Balada Sensual"; o corte das cordas de um violão (60), com os versos finais de "Thamar y Amnón"; o soprar do vento (72), com seu modo de atuar em "Preciosa y el Aire". Esses exemplos – a lista poderia ser bem mais extensa – revelam que a linguagem pictórica, proposta para *Viaje a la Luna*, tem seu lado conservador; o Lorca de Nova York, apesar de todos os seus esforços de inovação, mantém suas raízes tradicionais.

Muitas das referências intertextuais apóiam-se em obras marcantes da geração intelectual de Lorca. Uma das informações importantes sobre esse ambiente é a relação de eventos e atividades culturais que se realizaram na Residência de Estudantes madrilena. Sánchez Vidal[18] lista os nomes dos que passavam pela Residência: toda a inteligência espanhola (Moreno Villa, Ortega y Gasset, Unamuno, Eugenio D'Ors, Valle-Inclán, Maeztu, Salinas, Marañón, Marquina...) e muitos famosos de fora: Einstein, Curie, Wells, Valéry, Chesterton, Aragon, Marinetti, Jacob, Duhamel, Cendrars, Claudel, Tagore, Mauriac, Shaw, Keyserling, Keynes, Le Corbusier, Gropius...

Deveríamos juntar a essa lista de eventos culturais os programas de cinema, as visitas ao Museu do Prado, as tertúlias, as leituras e os temas de interesse particular de Lorca e seus amigos; e o campo torna-se tão vasto que qualquer tentativa de indagá-lo deve considerar-se, de antemão, caso perdido.

Além disso, quero lembrar três nomes que deixaram uma marca de presença inegável na obra. O primeiro é Ortega y Gasset, cuja teoria sobre *La Deshumanización del Arte* (A Desumanização da Arte) ecoa já no prólogo do roteiro, em que assinalamos a eliminação de ingredientes "humanos, humanos demais", ao substituir o homem por números. O segundo nome a citar é Picasso, com sua série de quadros que apresentam a figura do arlequim e outros palhaços de circo, na existência triste de seu dia-a-dia. E o terceiro intelectual espanhol, cuja influência sobre a Geração do 27 ainda é pouco estudada, é Ramón Gómez de la Serna[19].

Embora Lorca – diferentemente de Buñuel – não fosse participante assíduo das tertúlias do autor das *Greguerías*, cabe lembrar que suas frases – meio proverbiais, meio satíricas ou sarcásticas – sobre qualquer fenômeno diário ou cultural, por insignificante que seja, marcam uma presença insuspeitada nas

---

18. *Buñuel, Lorca, Dalí*, p. 40-42.

19. Agustín Sánchez Vidal é o crítico que, talvez, mais investigou sobre a importância de Gómez de la Serna na obra artística de seus contemporâneos. No capítulo "Ramón vs. Juan Ramón", em *Buñuel, Lorca, Dalí: el enigma sin fin*, p. 101, ele aponta para a diferente recepção do autor das *Greguerías* entre os membros da Geração do 27. Ver também o artigo de Román Gubern, El Primer Buñuel: Ramón Gómez de la Serna y la Residencia de Estudiantes, em A. Castro (ed.), *obsesionESbuñuel*, p. 88-97.

imagens do roteiro. Comentamos, na seqüência 27, uma referência à percepção de um aquário ("As janelas dos aquários parecem janelinhas de um trem submarino"); na 33, uma explicação possível das orquídeas ("O lírio quer ser orquídea, mas vence-o a Vênus das flores"); na 36, uma colocação sobre a escada como imagem da vida humana ("Nossa vida dá uma nota distinta em cada uma dos escalões da grande escada"); na 45, uma interpretação primária da Lua ("A Lua sonha que é a Lua"); na 49, uma valorização negativa e "putrefata" do piano ("O piano é caixão e ressurreição" e "O piano é um caixão antecipado"); na 58, uma dupla definição de um beijo ("Um beijo pode ser uma carícia ou uma chaga"); e outra na 59 ("O primeiro beijo é um roubo"). A lista, com toda certeza, não é exaustiva e seria fácil aumentar o relatório de imagens paralelas na obra de ambos os autores, apesar da rivalidade documentada que havia entre eles. Por isso é improvável que a influência das *Greguerías* em Lorca fosse imediata; mas ela exercia-se, com certeza, por meio do fundo cultural que os amigos da Residência tinham em comum.

Além das heranças culturais espanholas, constatamos, em *Viaje a la Luna*, uma marcante inovação: a influência do meio ambiente americano. Indicamos a suposição de C. B. Morris de que o título do roteiro teria sido inspirado pela popular atração do Luna Park de Coney Island (NY), um tipo de panorama, chamado A Trip to the Moon (Uma Viagem à Lua)[20]. Apontamos também para a única denotação de lugar concreta, a vista da Broadway pela janela do corredor (7). Essa ancoragem espacial amplia-se por indicações mais vagas, que evocam as vivências nova-iorquinas do autor, como o menino negro (56), a montanha-russa (14) ou o aquário (27) do jardim zoológico, comentado numa carta que Lorca envia a seus pais. Outro elemento cênico em que vislumbra a vida cotidiana na metrópole dos arranha-céus é o elevador com o menino ascensorista (56).

Surge, no roteiro, um motivo novo na produção lorquiana: o vômito. Vomita uma cabeça desenhada que abre e fecha os olhos (18), vomita outra cabeça de mulher desenhada que muda de negativo para positivo e vice-versa, vomita a Santa Rodegunda do desenho lorquiano (38), vomita mais uma cabeça e, em seguida, vomitam todos os fregueses do bar (55) e vomita, também, o menino negro no elevador (56). Em *Poeta en Nueva York*, o vômito tornar-se-á temático no poema "Paisaje de la Multitud que Vomita (Anochecer de Coney Island)". Não consta, nos textos anteriores, nenhuma manifestação comparável que indique tão claramente nojo, repugnância e rejeição física.

---

20. Cf. A. Monegal, em F. García-Lorca, *Viaje a la Luna*, p. 47, nota.

UMA VIAGEM LUNÁTICA EM CONCLUSÃO 125

O vômito, na definição de Julia Kristeva, é uma protestação muda, uma violência retumbante de uma convulsão, reação, desabafo, rejeição do abjeto[21]. No roteiro, o abjeto é o conformismo social que o ser humano, em sua existência marginalizada, precisaria tragar contra sua vontade, mas não consegue.

8. Viaje a la Luna *é um roteiro para um filme poético que amalgama elementos da tradição teatral, desenhos e técnicas cinematográficas.*

Há, entre os críticos, um consenso claro sobre a poeticidade do roteiro. Embora o cinema seja, em primeiro lugar, um meio artístico prosaico, cuja finalidade é contar uma história, Lorca – assim como Buñuel[22] e outros – usa o cinema como instrumento de poesia. Monegal formula que o autor "opta por um cinema não narrativo, por uma linguagem essencialmente poética, com a textura do sonho"[23]. Millán fala da opção lorquiana por adotar uma "lógica poética"[24]. Amat alega que a obra destila uma "profunda lógica poética"[25] e Gubern opina que o roteiro "desenvolve poeticamente, e com particular violência, o tema da identidade sexual do poeta"[26].

No decorrer dos nossos comentários interpretativos, salientamos uma aproximação estrutural do roteiro com a produção teatral lorquiana. A divisão em prólogo, três atos e vários quadros aproxima o roteiro das obras teatrais de Lorca: *Mariana Pineda* e *La Zapatera Prodigiosa* começam com um prólogo; *Bodas de Sangre* divide-se em três atos e sete quadros; *Yerma*, em três atos e seis quadros; *Doña Rosita la Soltera o El Lenguaje de las Flores* e *La Casa de Bernarda Alba*, ambas, em três atos. Lorca nunca adotou a estrutura da tragédia clássica com sua trama organizada em cinco atos; seus "dramas", como ele designa explicitamente a última obra mencionada[27], dividem-se, geralmente, em três unidades.

A intercalação de desenhos, no roteiro, ocorre em vários momentos: na 18, a cabeça vomitando que abre e fecha seus olhos; na

21. *Pouvoirs de l'horreur*, p. 11. Tradução minha.

22. Cabe lembrar, aqui, o artigo de Buñuel, "El Cine, Instrumento de Poesía" (em *Obra Literaria*, p. 183), em que o aragonês define o cinema como "instrumento de poesia, com tudo o que essa palavra possa conter de sentido libertador, de subversão da realidade, de limiar ao mudo maravilhoso do subconsciente, de inconformidade com a estreita sociedade que nos rodeia". Tradução minha.

23. Op. cit., p. 15. Tradução minha.

24. Em F. García Lorca, *El Público*, p. 82. Tradução minha.

25. Em F. García Lorca, *Viaje a la Luna*. Tradução minha.

26. *Proyector de Luna*, p. 453. Tradução minha.

27. *A Casa de Bernarda Alba* é intitulada: "drama de mulheres do interior da Espanha".

33, a cabeça feminina. A seqüência 38 indica o título do desenho lorquiano, conhecido sob o título de *Muerte de Santa Rodegunda*, que data da mesma época do roteiro. Gubern relaciona também o desenho lorquiano, intitulado *Dos Figuras sobre una Tumba*, à seqüência 70, em que um jovem e uma garota se beijam sobre um túmulo[28].

Além desses desenhos claramente definidos, há três momentos em que o corpo humano é pintado: um desenho de veias (42) no rosto da mulher caída, o sistema da circulação sanguínea sobre o corpo nu do Homem das Veias (43) e um bigode e uma "cabeça terrível de morto" (69) pintado sobre o homem morto.

Finalmente, o roteiro atualiza, num jogo intertextual pictórico, uma série de quadros preexistente, "desde Max Ernst de *La Vierge corrigeant l'enfant Jesus*, para a cena em que uma mulher dá uma pancada em um menino, até *L'Origine du monde*, de Coubert, para o plano do sexo feminino que se mexe"[29].

Todos esses exemplos demonstram a importância que o roteiro atribui ao modelo pictórico, seja aos próprios desenhos, seja a quadros famosos da história da pintura mundial. Surpreende, talvez, que não registramos nenhuma obra daliniana que servisse de modelo intertextual para o projeto fílmico, e fica a dúvida se essa desconsideração por parte de Lorca é intencional.

A presença de elementos teatrais ou pictóricos, no roteiro, não diminui em absoluto sua qualidade cinematográfica, elogiada, entre outros, no ensaio de Monegal, por explorar "ao máximo as possibilidades do cinema mudo"[30]. Amat reconhece as capacidades cinematográficas de Lorca, dizendo que o autor "era consciente das possibilidades poéticas, dinâmicas e psicológicas da câmera", que deve ter se sentido "estimulado por muitas criações prodigiosas do novo meio de expressão", que conhecia as técnicas de Eisenstein, o olhar de Keaton, Murnau, Pudovkin, Stroheim ou Abel Gance, os ritmos visuais de René Clair, Man Ray, Marcel Duchamp, ou Fernand Léger[31]. De fato, abundam, no roteiro, as indicações técnicas: existem, nas 72 seqüências, mais de sessenta comentários específicos para o cineasta. Comentamos já a insistente preocupação com a montagem de cenas que "se dissolvem sobre", "se convertem em" ou a transição por uma "dupla (ou tripla) exposição" das imagens. Registramos também a prescrição de uma câmera em movimento que percorre um corredor (6 e 12), uma *contre-plongée* (43) ou uma seqüência filmada em plano/contra-plano (45).

28. *Proyector de Luna*, p. 455.
29. Idem, ibidem. Tradução minha.
30. Op. cit., p. 15. Tradução minha.
31. F. Amat, em F. García Lorca, *Viaje a la Luna*.

UMA VIAGEM LUNÁTICA EM CONCLUSÃO

Observamos a indicação "todos esses quadros rápidos e bem ritmados" (21) e uma clara escolha das cenas que devem ser filmadas num ritmo diferente, seja seis pernas oscilando "com grande rapidez" (8), a queda "rápida" pela montanha-russa (14), seja o baile, em câmera lenta, do arlequim com a garota (50). Constatamos ainda uma escolha consciente das cenas a serem enfocadas em primeiríssimo plano, para dar destaque a um olho (13), ao traje de losangos do arlequim (24), à mão que usa força contra o adolescente (26), a "um peixe vivo segurado na mão, até que morra e avance a boca aberta até cobrir o objetivo" (28), a dois "peixes que saltam em agonia" (29), a uma mulher que cai morta na escada (40) ou à cabeça do pássaro que será estrangulado frente ao objetivo (45). Por fim, notamos que várias dessas cenas em *gran plano* destacam, cruelmente, o tema da morte violenta. Buñuel, em seu artigo sobre o plano fotogênico[32], localiza o segredo artístico da sétima arte na escolha dos planos e em sua montagem bem ritmada, e Lorca, ao conceber seu primeiro projeto fílmico, mostra-se como fiel discípulo de seu ex-amigo cineasta da Residência.

9. Viaje a la Luna *abre o dialogismo com outros filmes da época.*

O título de um filme tem a função de um engodo. *Viaje a la Luna* isca o público ao estabelecer uma relação entre essa obra e o filme de Georges Méliès, de 1902. O vínculo – embora pequeno – é intencional: Lorca, ao aproveitar-se da tradução espanhola do título original, inscreve-se numa tradição cinematográfica, usurpando um grau de popularidade que essa obra lorquiana não tem até hoje.

Surpreende, porém, que Lorca tenha escolhido um título de Méliès, já que sua obra se esquiva, por completo, do burlesco e divertido filme precursor[33]. O roteiro lorquiano está longe de ser o esboço para uma comédia; e o simples fato de atribuir à Lua uma posição destacada ainda não justifica a integração proposicional numa tradição cinematográfica que divertia massas.

Viaje a la Luna assemelha-se mais a um pesadelo, cuja visualização projeta na tela, em forma de uma metáfora óptica, o invisível dos mecanismos psicológicos de um ser humano sofrido. E eis aqui o que, talvez, interliga as duas obras. Arlindo Machado escreve:

> O fascínio pelo cinema de Méliès, aquilo que na Europa e na América mobilizava multidões para as salas escuras, está sobretudo nesse componente onírico de fundo psicanalítico, pois o que as massas buscavam nas *féeries* de Méliès, e

32. *Obra Literaria*, p. 154-155.
33. Ver também o comentário de Gibson em *Lorca-Dalí*, p. 249.

em todas as *mises en scène magiques* do período, era aquilo justamente que, em princípio, não podia ser mostrado. O papel do cinematógrafo consistia, por conseqüência, em operar o mesmo tipo de transferências que, segundo Freud, ocorria na elaboração do sonho pelo sujeito[34].

Tanto Méliès como Lorca exploram territórios de um registro antidocumental; o que distingue as duas obras é a escolha do gênero: enquanto *Le Voyage dans la Lune* serve de distração para um amplo público, *Viaje a la Luna* sufoca qualquer risinho ao visualizar uma viagem intra-espacial que leva o espectador da sala de cinema para os confins desconhecidos da psique humana.

Machado designa o propugnador da comédia cinematográfica francesa de "argonauta por excelência dos mares e abismos interiores"[35]. Lorca, a meu ver, ocupa o reverso dessa moeda, dedicada ao drama ou à tragédia.

Além do filme de Méliès, o roteiro apresenta uma série de referências implícitas a outros filmes conhecidos. Gubern suspeita, já nos números 13 e 22 da seqüência inicial, de uma reminiscência do filme experimental *777*, de Amero, sobre os marcadores numéricos das máquinas distribuidoras, que o cineasta mexicano tinha mostrado a Lorca[36]. A fita, porém, perdeu-se, de modo que essa hipótese é meramente especulativa, e qualquer filme que contenha jogos numéricos poderia ser citado, como, por exemplo, *Le Ballet mécanique* (O Balé Mecânico) (1924), de Fernand Léger e Dudley Murphy.

A seqüência 13, que prescreve pela primeira vez um *gran plano* de um olho sobre uma dupla exposição de peixes, é a cena que os críticos[37] relacionam com o prólogo de *Un Chien andalou*. Mas tal conclusão é precoce: um primeiríssimo plano projetado na tela da sala de cinema existe, pelo menos, desde 1900, quando George Albert Smith exibiu, pela primeira vez, *Grandma's Reading Glass* (A Lente da Vovó); o olho do roteiro lorquiano não sofre nenhum corte de navalha e a imagem do órgão da visão é sobreposta a uma tomada de peixes. Analisaremos, no próximo capítulo, o pretenso parentesco entre *Viaje a la Luna* e *Un Chien andalou*.

Ao comentar a seqüência 14, relacionamos a descida em uma montanha-russa com a cena paralela do filme *Entr'acte* (Entreato) (1924), de René Clair e, na discussão das seqüências 39-42, apontamos para a possível lembrança do massacre sobre a escadaria de Odessa, do filme *O Encouraçado Potiômkin* (1925), de Eisenstein. Essas e outras possíveis alusões a filmes famosos

---

34. *Pré-cinemas & Pós-cinemas*, p. 38.
35. Idem, p. 24.
36. *Proyector de Luna*, p. 449.
37. I. Gibson, *Lorca-Dalí*, p. 249 e R. Gubern, *Proyector de Luna*, p. 450.

UMA VIAGEM LUNÁTICA EM CONCLUSÃO

da época[38] – Lorca mesmo prescreve, em 71, um "plano de um beijo *kitsch* de cinema" – podem dar certa informação sobre o fundo cultural do autor, mas, em si, não explicam nada de concreto.

O caso da seqüência 45, porém, é diferente: compreende-a apenas quem nota que ela tem a mesma estrutura que a cena do longa-metragem *The Merry Widow* (A Viúva Alegre) (1925), de Stroheim, comentada por Buñuel em suas críticas cinematográficas. Nesse caso, a consulta do modelo intertextual proporciona uma chave interpretativa de valor bem mais profundo para explicar as atitudes dos três homens frente ao objeto de desejo que, em *Viaje a la Luna*, é a Lua e, no filme evocado, a viúva rica e atrativa.

Além da Lua distante e desejada, a interpretação intertextual explicita também os desejos dos três pretendentes, que cada um anela por outra satisfação, ou um amor puro, uma relação sádica refinada ou uma aventura sexual exuberante. As fontes intertextuais – tanto a cena do filme aludido como também as críticas e os depoimentos de Buñuel – admitem a conclusão de que Lorca se vê refletido no pretendente a um amor verdadeiro e puro; o pretendente sádico corresponderia a Buñuel e o obsessivo a Dalí.

Essa cena intercalada, que, dentro da diegese do roteiro, apresenta uma mera digressão, condensa a resposta aos diretores de *Un Chien andalou*. Mas ela fica tão camuflada que é preciso conhecer o código privativo para decifrar a mensagem. Lorca não pensou em se vingar de seus ex-amigos em público; o ajuste de contas é bem mais discreto do que o ataque contra o poeta "cachorro andaluz".

10. Viaje a La Luna *é uma auto-afirmação poética e pessoal de Lorca.*

Comparada com as obras anteriores, metamorfoseia-se a expressão artística do granadino em *Viaje a la Luna* e *Poeta en Nueva York*: as metáforas são mais complexas, as imagens mais inusitadas e herméticas. Quem entende o *Romancero Gitano* não dispõe forçosamente do instrumentário necessário para decifrar uma das obras de sua época nova-iorquina. Estamos frente a um Lorca diferente e menos popular. Os críticos falam de sua incumbência surrealista, mas poucos definem o que seria realmente surrealista na obra lorquiana.

Foge de minha proposta aclarar, aqui, esse problema teórico a fundo, mas quero lembrar que no *Manifeste du surréalisme* (Manifesto do Surrealismo), de 1924, André Breton define o

---

38. Sánchez Vidal cita também a influência de *La Fille de l'eau* (A Garota na Água, 1924), de Jean Renoir, apud R. Gubern, *Proyector de Luna*, p. 451.

surrealismo como "automatismo psíquico puro" e suas obras como produtos realizados "na ausência do todo controle exercido pela razão"[39]. Ambos os passos da primeira definição do movimento não acontecem em *Viaje a la Luna*. Embora seja documentado que Lorca escreveu o roteiro em poucos dias[40], não podemos considerá-lo um produto do inconsciente ou do irracional, já que, em geral, sua trama segue um desenvolvimento lógico e a construção do roteiro respeita as normas que o autor costumava aplicar em suas obras de teatro anteriores.

O inovador da obra percebe-se na escolha de imagens, que, talvez, provenha de um ato criativo espontâneo e se caracterize "pelo desprezo das construções refletidas ou dos encadeamentos lógicos"[41]. À primeira vista, o baile inicial dos números 13 e 22, numa cama branca, provoca essa impressão e o espectador está tentado a defini-lo como surrealista; contudo, essa conclusão pode ser enganosa. Trata-se de uma imagem espontânea ou será que os dois números remetem ao jogo numérico que Lorca já tinha explorado em *Suicidio en Alejandría*? Ao interpretar os números 13 e 22 com os valores atribuídos pelos arcanos do tarô – que são a Morte e a figura do Louco –, estaríamos frente a uma imagem carregada, com um fundo claramente definido, cujo acesso dependeria do grau de iniciação nesse universo hermenêutico.

Viaje a la Luna, porém, abre seu leque surrealista no encadeamento das cenas que se juntam pela montagem em dupla ou tripla exposição. Os breves momentos marcados pela projeção simultânea de imagens sobrepostas fogem à lógica da imagem independente, criando novas impressões visuais e condensando diferentes planos de expressão. A dupla exposição de mãos que tremem, com um menino que chora (10), por exemplo, anuncia a cena da pancada que a mãe dará à criança (11). O olho, filmado em primeiríssimo plano (13), sobrepõe-se a uma imagem de peixes, e essa metáfora visual, de certa maneira, antecipa a tomada do aquário (27). A sobreposição de um trem e um teclado de piano (49) evoca, nessa combinação, uma noção de ritmo e de velocidade.

O novo meio de expressão artística, ao que se arrisca o poeta na criação do roteiro, facilita-lhe juntar um código expressivo

---

39. *Manifestes du surréaslisme*, p. 36. Tradução minha.

40. Cf. I. Gibson, *Federico García Lorca*, II, p. 73.

41. Ver a definição de surrealismo do Aurélio: "Moderna escola de literatura e arte iniciada em 1924 por André Breton, escritor francês (1896-1966), caracterizada pelo desprezo das construções refletidas ou dos encadeamentos lógicos e pela ativação sistemática do inconsciente e do irracional, do sonho e dos estados mórbidos, valendo-se freqüentemente da psicanálise. Visava, em última instância, à renovação total dos valores artísticos, morais, políticos e filosóficos".

tradicional com novas formas ainda pouco exploradas. *Viaje a la Luna*, porém, mantém um alto teor de elementos tradicionais que, nas urdiduras, revelam sua autoria conhecida. O roteiro, sem dúvida, é impregnado por elementos autobiográficos e o tema do homossexualismo é tratado com mais franqueza que nas obras anteriores: o Homem das Veias já não esconde tanto o sofrimento do autor como *Doña Rosita la Soltera*.

Lorca conseguiu dar forma, no roteiro, a uma auto-afirmação mais pronunciada que na maioria das obras anteriores: ela é íntima e desastrada. *Viaje a la Luna* talvez seja a obra mais pessoal que afirma a trajetória trágica de sua própria existência. Nesse sentido, concluímos que o roteiro – por inovador que pareça – é uma autodefinição poética que Lorca conseguiu formular numa época em que as circunstâncias biográficas não lhe eram propícias.

6. O Dialogismo com
Un Chien andalou

Buñuel fez uma merdazinha assim de pequenininha que se chama Um Cachorro Andaluz *e o cachorro andaluz sou eu*[1].
FEDERICO GARCÍA LORCA

URDUMES DE MÁGOA

Os biógrafos relatam, extensamente, a ruptura ocorrida entre Lorca e Dalí. Em *Lorca-Dalí*, por exemplo, Ian Gibson dedica quase cem páginas a esse tema: o capítulo 6 trata do distanciamento entre eles; o 7, da separação, do reencontro e da morte do poeta; e o 8 fala de Dalí sem Lorca.

As razões do distanciamento são múltiplas, abrangendo frustrações amorosas, afrontas no âmbito da intimidade, ciúmes, invejas e críticas sobre a produção artística. A meu ver, os motivos mais graves que perturbaram a amizade entre Lorca, de um lado, e Dalí e Buñuel, do outro, foi a difamação, por Buñuel, do homossexualismo do poeta andaluz[2], e, além disso, uma crítica severa ao *Romancero Gitano*. Numa carta dirigida a José Bello, em 14 de setembro de 1928, o futuro cineasta desqualifica o livro de poemas, denegrindo-o como fruto

---

1. "Buñuel ha hecho una mierdesita así de pequeñita que se llama, *Un Perro Andaluz*, y el perro andaluz soy yo". I. Gibson, *Federico García Lorca*, II, p. 72.

2. Numa carta que Buñuel envia a Dalí, em junho de 1929, nota-se o desprezo aniquilador que o cineasta sentia por Lorca: "Federico, el hijo de puta, no ha pasado por aquí. Pero me han llegado sus pederásticas noticias" (Federico, esse filho da puta, não passou por aqui. Mas chegaram suas notícias pederásticas). Cf. I. Gibson, *Lorca-Dalí*, p. 235.

para agradar aos "poetas bichas" de Andaluzia e concluindo que há um "abismo" enorme entre Lorca e "os grandes poetas"[3].

Buñuel não se pronuncia sobre os pormenores do *Romancero Gitano* que lhe desagradavam, mas é de supor que o motivo do escândalo seja a descrição de São Miguel, que adota um gesto reservado às mulheres sedutoras ao mostrar "suas belas coxas"[4]. Além disso, na poesia inédita do cineasta – inclusive no primeiro poema de *Un Perro Andaluz*, intitulado "Me Gustaría para Mí" (Eu Gostaria) – aparece, nos últimos dois versos, a mesma motivação:

> ¿En qué puede pensar una doncella
> cuando el viento le descubre los muslos?[5]

Fernando Cesarman salienta que o gesto de mostrar as pernas, na obra do cineasta aragonês, é sintomático de quem manipula os sentimentos masculinos[6]; Max Aub aponta para a insistência nessa imagem erótica nos filmes posteriores de Buñuel e conclui que o cineasta não acusa o *voyeur*, mas sim a mulher, "o demônio"[7]. Os versos lorquianos deviam parecer-lhe um plágio pervertido de sua própria produção poética.

Em janeiro de 1929, Buñuel reúne-se com Dalí, em Figueres, com a intenção de redigir um roteiro, cujo título ainda não era definitivo: *La Marista de la Ballesta* (A Marista da Balista) ou, talvez, *Dangereux de se pencher en dedans* (Perigoso Debruçar-se para Dentro)[8].

---

3. "[…] su libro de romances *El Romancero Gitano* me parece […] muy malo. Es una poesía que participa de lo fino y aproximadamente moderno que debe tener cualquier poesía de hoy para que gusta a los Andrenios, a los Baezas y a los poetas maricones y cernudos de Sevilla. Pero de ahí a tener que ver con los verdaderos, exquisitos y grandes poetas de hoy existe un abismo" (seu livro de romances *El Romancero Gitano* me parece […] muito ruim. É uma poesia que toma parte do fino e aproximadamente moderno obrigatório em qualquer poesia de hoje que faz o gosto de Fulanos, de Sicranos e de poetas bichas e cernudos [refer-se à maneira da poesia de Luis Cernudas] de Sevilha. Daí a ter que ver com os verdadeiros, excelentes e grandes poetas de hoje, existe um abismo). L. Buñuel, *Obra Literaria*, p. 30.

4. "San Miguel lleno de encajes / en la alcoba de su torre, / enseña sus bellos muslos / ceñidos por los faroles" (São Miguel cheio de borbados / na alcova de sua torre / mostra suas belas coxas / encaixilhadas pelos faróis). F. García Lorca, *Obras Completas*, I, p. 428, edição de M. García-Posada.

5. "Em que pode pensar uma donzela / quando o vento lhe descobre as pernas?".

6. "Em geral, nos filmes de Luis Buñuel, a mulher joga com o papel de manipuladora dos sentimentos masculinos e, assim, podemos classificá-la, *grosso modo*, de mulher 'má' que, quando trata de evitar ser 'má', complica a vida dos personagens que a rodeiam". L. Buñuel, op. cit., p. 265. Tradução minha.

7. "A quem acusa não é a quem vê, mas à donzela, ao demônio". Ibidem. Tradução minha.

8. Esse segundo título principia, em francês, o manuscrito original redigido em espanhol; ele foi riscado e substituído por *Un Chien andalou*. (Ver Y. David, *¿Buñuel! Auge des Jahrhunderts*, p. 365).

O DIALOGISMO COM *UN CHIEN ANDALOU*

Numa carta a José Bello, datada de 10 de fevereiro, Buñuel informa a seu amigo de que ele e Dalí estão "mais unidos do que nunca", e que juntos tinham escrito um roteiro em "íntima colaboração", cujo título definitivo, *Un Chien andalou*, os fazia "urinar de rir"[9]. Em outra ocasião, Buñuel explica que eles haviam incorporado no roteiro "todas as nossas coisas" da Residência[10]. Em abril, Dalí, que há tempos queria conhecer a capital francesa, aceita um convite, por parte de Buñuel, para participar, ali, da filmagem do roteiro. Lorca fica excluído.

Em agosto do mesmo ano, Dalí conhece Gala, a ex-esposa do poeta francês Paul Éluard e começa a namorá-la. Este relacionamento causa uma mudança profunda na vida do pintor catalão, provocando um distanciamento entre ele e seus amigos. Buñuel não gosta dessa mulher[11] e Lorca – mesmo sem conhecê-la pessoalmente – odiava-a também.

Essas frustrações[12] também poderiam ter influenciado Lorca a fazer a viagem para os Estados Unidos junto com Fernando de los Ríos e uma netinha dele. Os três passam por Paris, onde *Un Chien andalou* já tinha sido estreado. Mas as minuciosas pesquisas biográficas de Gibson aclaram que Lorca não podia ter visto o filme[13].

Os biógrafos afirmam também que ele ficou profundamente magoado com o curta-metragem de seus ex-amigos, cujo título já era motivo suficiente para sentir-se atacado. Além disso, Sánchez Vidal cita um depoimento de J. Francisco Aranda, confirmando que *perro andaluz* era uma designação pejorativa aos estudantes meridionais residentes em Madri[14]. E Lorca mesmo formulou sua consternação claramente: "El perro andaluz soy yo" (O cachorro andaluz sou eu)[15].

Mesmo sem ter visto a fita[16], o jovem granadino certamente podia imaginar que o filme, ao retomar "todas nossas coisas" da Residência, não poupava sua pessoa. E, de fato, a obra não o poupou mesmo. O

---

9. Apud I. Gibson, *Lorca-Dalí*, p. 223.

10. Idem, p. 221.

11. Ver o depoimento de Buñuel em T. Pérez Turrent; J. de la Colina, *Buñuel por Buñuel*, p. 27: "Por esse tempo Dalí e eu rompemos nossa amizade. […] Ele já estava muito influenciado por Gala. Gala será o grande amor de Dalí, que assim seja, mas o influenciou incrivelmente, e de maneira ruim […]. Então, depois de alguns dias eu disse: "Me parece que não podemos prosseguir. Você está muito influenciado por Gala e você sabe que isso não me agrada. De maneira que, como amigos, há uma espécie de barreira entre nós". Tradução minha.

12. Leslie Stainton alega que Lorca, "antes de viajar a Nova York, esteve a ponto de suicidar-se". Cf. *Lorca: Sueño de Vida*, p. 254. Tradução minha.

13. *Lorca-Dalí*, p. 235.

14. Apud L. Buñuel, op. cit., p. 32.

15. Apud I. Gibson, *Federico García Lorca*, II, p. 72.

16. Segundo Gibson, Lorca chegou a conhecer provavelmente uma das três publicações de 1927 do roteiro, antes de escrever *Viaje a la Luna*, ver *Lorca-Dalí*, p. 247. O texto foi publicado, pela primeira vez, na revista belga *Variétés* (15/07/1929), em novembro na revista parisiense *Revue du cinéma* e, em 15/12/1929, na *La Révolution Surréaliste*.

levantamento crítico de Gibson salienta três momentos em que Lorca poderia sentir-se retratado[17]:

O primeiro momento é a cena em que o afeminado protagonista masculino, de repente, se materializa sobre a cama e recupera a vida, o que o crítico vê como alusão clara às representações que Lorca costumava fazer, na Residência, de sua própria morte e ressurreição, que tanto tinha impressionado Dalí[18].

O segundo é a cena do ciclista, em que o afeminado protagonista, vestido de uniforme feminino de serviço doméstico, passa pelas ruas parisienses e cai. Gibson acredita que esse episódio inspirou-se claramente em *El Paseo de Buster Keaton*, obra que, no fundo, encarna as dificuldades sexuais do próprio poeta. O crítico alega que "citar o diálogo tão abertamente no filme era muito malicioso, além de ser quase um plágio".

Figura 18: *Luis Buñuel*, Un Chien andalou *(Um Cão Andaluz), 1929, fotograma do ciclista.*

Gibson aponta mais uma cena em que o protagonista – ao tentar seduzir a moça – mostra uma expressão de angústia, que reflete o horror documentado que Lorca tinha perante os seios e o corpo feminino em geral. Segundo o crítico, o sangue que sai da boca do protagonista lembra a cabeça cortada do poeta no quadro *La Miel es más Dulce que la Sangre* (O Mel é mais Doce do que o Sangue).

Buñuel, entrevistado sobre o tema, negou que essas cenas apontassem para a vida do poeta[19], mas a conclusão de Gibson descarta essa afirmação generalizante:

17. *Lorca-Dalí*, p. 247-248.
18. Ver a documentação fotográfica (com Lorca fazendo o morto) em A. Sánchez Vidal, *Buñuel, Lorca, Dalí*, p. 85.
19. "Não é assim. As pessoas imaginam encontrar alusões onde querem, na medida em que se empenham em sentir-se aludidas". L. Buñuel, op. cit., p. 32. Tradução minha.

O DIALOGISMO COM *UN CHIEN ANDALOU* 137

Concluindo, parece impossível duvidar que, ao criar o protagonista masculino de *Un Chien andalou*, Buñuel e Dalí não estivessem pensando realmente em Lorca, como ele creia com razão. A reação do poeta, refletindo sobre tudo isso desde Nova York, era dar o troco ao escrever o roteiro, que superasse o dos seus amigos em atrevimento[20].

EXPECTATIVAS DE UMA VINGANÇA ESPANHOLA

Em 1605, Miguel de Cervantes Saavedra publicou *El Ingenioso Hidalgo Don Quixote de la Mancha*. Em 1614, um tal de Avellaneda lançou um segundo volume sobre as andanças do fidalgo manchego. Esse plágio constituiu um ataque mal-intencionado contra o próprio "Manco de Lepanto". O magoado Cervantes, para ajustar as contas com esse plagiador desconhecido, redigiu uma verdadeira segunda parte do romance (1615), dando continuação e completando a biografia do cavaleiro andante. A gozação artística, na tradição espanhola, requer satisfação.

Ao falar de *Viaje a la Luna*, a crítica é unânime: o roteiro lorquiano é considerado como uma resposta-vingança aos diretores de *Un Chien andalou* por ter-se aproveitado, acremente, das andanças do autor de *El Paseo de Buster Keaton*.

Monegal alega que Lorca escreveu o roteiro logo depois de uma conversa com o cineasta Emilio Amero sobre o curta-metragem de Buñuel e Dalí[21]; Gibson fala de uma "filiação inegável" dos dois projetos cinematográficos[22]; Amat insiste em que Lorca se sentia pessoalmente insultado pelo título do curta-metragem e classifica o roteiro lorquiano como "uma cumprida resposta ao agravo"[23]. E Gubern, ao resumir os comentários correntes, fala de uma "difundida hipótese que *Viaje a la Luna* seja uma réplica de *Un Chien andalou*"[24]. Unanimidade. Mas, surpreendentemente, nenhum dos críticos formulou em que consiste, concretamente, essa vingança.

20 *Lorca-Dalí*, p. 249. Tradução minha.

21. "A viagem de *Viaje* começa em Nova York: Lorca a escreve durante um encontro com o cineasta e pintor mexicano Emilio Amero, em um par de dias. [...] Passaram a falar de cinema, especialmente de *Un Chien andalou*, que havia estreado em Paris, em junho de 1929, e essa conversa animou Lorca a escrever o roteiro". A. Monegal, Entre el Papel y la Pantalla, em F. García Lorca, *Viaje a la Luna*, p. 9. Tradução minha.

22. "Desde a 'cama branca numa parede cinza' da primeira seqüência, onde os números em seu agitado baile parecem formigas, até a 'Lua e árvores com vento' da última, a filiação do roteiro de *Viaje a la Luna* com o de *Un Chien andalou* parece inegável, ainda que em sua exploração do tema sexual Lorca vá muito mais longe que Dalí e Buñuel". I. Gibson, *Federico García Lorca*, II, p. 74. Tradução minha.

23. Em F. García Lorca, *Viaje a la Luna*. Tradução minha.

24. *Proyector de Luna*, p. 449-450. Tradução minha.

A AUTÓPSIA DE UM CACHORRO ANDALUZ

Existem vários estudos sobre o parentesco entre as duas obras que apontam para uma série de imagens concomitantes[25]. Reiteram-se, de fato, vários elementos-chave em ambas as obras, como a presença da Lua, o primeiríssimo plano de um olho ou uma moça que se defende contra os assédios sexuais de um jovem.

No entanto, a mera reiteração desses recursos imagéticos ou temáticos ainda não significa que Lorca tivesse ideado uma resposta; esse fato mostra, simplesmente, que a Geração de 27 tinha uma base referencial em comum. Já mencionamos o caso da projeção de um olho desmedido sobre a tela que, dentro de um ramo artístico que trabalha com o visual, não é único. Uma interpretação metafórico-sexual, que a imagem provavelmente admitisse, poderia explicar-se pelo simples interesse em comum que os intelectuais espanhóis tinham pela *Histoire de l'œil* (A História do Olho) (1928), de Georges Bataille, ou outros artistas da época[26]. A presença da Lua por si – mesmo sendo "cortada" – também não indica nenhuma resposta vingativa[27].

Acredito, em contrapartida, que é mais rendosa a exploração da temática do desejo ou da frustração sexual. A insistência nesse âmbito indica que se trata de um problema fundamental em ambas as obras, que merece nossa atenção particular; e bom seria que esse fio de Ariadne nos guiasse aos confins sigilosos que se escondem atrás dos bastidores. Em primeiro lugar, pretendo seguir os fios condutores, marcando a *presença pessoal dos próprios autores* dentro da trama. *Un Chien andalou* é como um lençol lindamente bordado com as iniciais de seus donos: tanto Buñuel como Dalí aparecem na tela em primeiros e primeiríssimos planos.

Essa participação ativa dos autores no filme urde uma confusão quase barroca entre um espaço propício à ficção e à realidade, armando o conflito entre *aparecer* e *ser*. O homem, que no prólogo olha para a Lua, afiando sua navalha com a intenção de cortar ou ferir alguma coisa, marca uma presença documental do próprio cineasta aragonês. O padre, atado ao piano de cauda, representa, ao nível da diegese, um padre marista, sem deixar de ser, ao mesmo tempo, o pintor catalão obcecado pelo catolicismo espanhol.

O curta-metragem é o fruto de um trabalho coletivo entre um cineasta neófito e um jovem pintor já experimentado, em que ambos se expõem dentro da obra.

A organização interna de *Un Chien andalou* obedece, na minha interpretação, a duas normas diferentes: a primeira corresponderia ao

25. Ver o resumo de A. Sánchez Vidal, op. cit., p. 222, nota 53.

26. O tema do olho, por exemplo, aparece freqüentemente nas telas do pintor surrealista Victor Brauner (1903-1966).

27. Trata-se de um elemento paralelo entre o prólogo de *Un Chien andalou* e a seqüência 19 de *Viaje a la Luna*.

O DIALOGISMO COM *UN CHIEN ANDALOU*

próprio código cinematográfico, ou seja, a um grau zero do fazer cinematográfico que trabalha com todos os recursos técnicos da sétima arte da época. O outro se destacaria por não corresponder a essa linguagem cinematográfica "normal", pois há uma mudança entre cenas elaboradas com todo o artifício – câmera na mão, *plongées*, *ralentis* etc. – e seqüências estáveis, na configuração de um quadro. Há, além disso, uma série de referências a obras de pintura conhecidas, ocupando posições marcantes dentro da fita. A meu ver, a obra põe em jogo dois conceitos opostos: movimento *versus* estabilidade.

É conhecido o relato de Buñuel acerca da realização de seu primeiro filme[28]. Em suas memórias, redigidas mais de cinqüenta anos depois da produção de *Un Chien andalou*, o cineasta lembra como foi sua colaboração com Dalí. Buñuel escreve que o filme nasceu do encontro de dois sonhos: ele tinha sonhado com uma nuvem passando frente à Lua e com uma lâmina de barbeador cortando um olho, e que Dalí sonhou com uma mão cheia de formigas.

Conforme essa declaração do cineasta, o ponto de partida baseia-se em duas imagens oníricas – um olho cortado e uma mão cheia de formigas. "Parece que o cinema foi inventado para exprimir a vida subconsciente"[29], comenta Buñuel. O filme chama a atenção, desde o início, por carecer de um argumento claramente definido, e por sua origem prover de imagens. O cineasta aragonês alega também que o roteiro foi escrito conforme a regra estrita de não aceitar nenhuma idéia ou imagem que possa ter uma explicação racional, psicológica ou cultural; de abrir as portas ao irracional[30].

Cabe assinalar que o cineasta fala de "imagens" e nunca de ação. Obviamente, trata-se de uma procura de impressões visuais, que deixa a diegese em segundo plano.

Dalí, porém, numa entrevista publicada na revista de vanguarda catalã chamada *Morador*, comentou a gênese da obra coletiva de maneira bem diferente, insistindo que a única coisa importante no filme seria o que acontece[31]. O pintor insiste na *ação*, enquanto que Buñuel define a origem em *imagens* oníricas.

Considerando o roteiro, publicado em francês pouco tempo após a estréia do filme, registramos que o texto apresenta um resumo clássico de "lo que sucede", ao indicar os parâmetros cronotópicos: tempo ("de noite"), lugar ("num terraço"), personagens e ação ("um homem afia uma navalha e corta um olho de uma mulher"):

Prólogo

Era uma vez...

Um terraço na noite. Um homem afia uma lâmina de barbeador perto

---

28. L. Buñuel, *Mon dernier soupir*, p. 125-138.
29. *Obra Literaria*, p. 185. Tradução minha.
30. *Mon dernier soupir*, p. 125.
31. *¿Por qué se Ataca a La Gioconda?*, p. 99.

140 VIAJE A LA LUNA

de uma sacada. O homem olha pela janela para o céu e vê…
Uma pequena nuvem avançando em direção à Lua cheia.
Então, uma cabeça de uma jovem com os olhos muito abertos.
A lâmina aproxima-se de um dos olhos.
A pequena nuvem passa agora frente à Lua.
A lâmina atravessa o olho da jovem, cortando-o.

Final do Prólogo[32]

As aparências, porém, enganam, visto que o próprio filme não corresponde ao roteiro, e uma nota de rodapé na edição da *Revue du cinéma*, número 5, publicado em 1929, confirma que há diferenças entre o texto publicado e o chamado *découpage*, que servia de documento de trabalho para a realização do curta-metragem. Esse documento original, até hoje, não foi publicado. O livro de David contém uma página em fac-símile do manuscrito e uma tradução alemã desse texto datilografado[33], redigido em espanhol, cujo original fica guardado na cinemateca de Paris. O chamado "Prólogo" acha-se anexado no final do documento, correspondendo aos planos 121-126.

Surpreende, talvez, que o *découpage* também não corresponda à transposição fílmica: há partes inteiras que não foram realizadas e outras completamente alteradas: o roteiro era mesmo um "pré-texto". Mas, para Buñuel, um roteiro era uma mera base de trabalho e nenhum documento sagrado para ser seguido ao pé da letra[34] .

Além do manuscrito original e da versão "literária", publicada pelos autores do filme, existem outras transcrições do roteiro, como o livro de Jenaro Talens, *El Ojo Tachado* (O Olho Cortado), uma edição do roteiro estabelecida por Phillip Drummond[35], e um estudo mais sumário de Claude Murcia[36].

O filme tem três partes: um prólogo A (planos 1-12), uma parte central B (planos 13-289) e um epílogo C (um único plano fixo).

O prólogo (A), que contém a cena do olho cortado, destaca-se do resto do filme pelos personagens: o protagonista é o próprio Buñuel, junto com a atriz principal, Simone Mareuil, que interpreta o papel da mulher protagonista sem nome. O cineasta não volta a aparecer no restante do filme. O código cinematográfico em uso é "estático": o

---

32. "PROLOGUE // Il était une fois… // Un balcon dans la nuit. Un homme aiguise son rasoir près du balcon. L'homme regarde le ciel au travers des vitres et voit… / Un léger nuage avançant vers la lune qui est dans son plein. / Puis une tête de jeune fille, les yeux grands ouverts. Vers l'un des yeux s'avance la lame d'un rasoir. / Le léger nuage passe maintenant devant la lune. / La lame de rasoir traverse l'œil de la jeune fille en le sectionnant. // FIN DU PROLOGUE". Ver a edição da primeira página do roteiro publicado em 1929, apud Y. David, op. cit., p. 376.

33. Idem, p. 365-375.

34. T. Pérez Turrent; J. de la Colina, op. cit., p. 25.

35. P. Drummond, *Un Chien andalou: Luis Buñuel and Salvador Dalí*, p. 12-38.

36. C. Murcia, *Un Chien andalou. L'Âge d'or*.

segmento A distingue-se da parte central por ser filmado, exclusivamente, com câmera fixa.

Segue a parte B da obra, que se opõe ao prólogo por um dinamismo imagético; há cenas filmadas com câmera na mão, *travelling* de ré, *plongées*, imagens sobrepostas, câmera lenta etc. O segmento central é organizado em torno de cinco unidades temáticas que se delimitam, cada uma por um conteúdo diferente:

- B1 enfoca a chegada do ciclista afeminado (interpretado por Pierre Batscheff) e apresenta um ser andrógino (Fano Messan) que brinca, na rua, com uma mão cortada.
- B2 corresponde a uma cena de assédio sexual da mulher protagonista pelo antagonista masculino, dentro do apartamento dela.
- B3 mostra o encontro do ciclista conturbado com seu sósia machista (interpretado também por Pierre Batscheff).
- B4 relata a ruptura entre a mulher e o homem machista.
- B5 leva a um novo encontro amoroso da mulher protagonista com um jovem namorado (Robert Hommet).

O epílogo (C) distingue-se do resto do filme. Trata-se de uma única imagem fixa, representado por um homem e uma mulher enterrados na areia até o peito.

Figura 19: *Luis Buñuel*, Un Chien andalou *(Um Cão Andaluz), 1929, fotograma do epílogo.*

A segmentação tripla do filme reflete-se na textura da imagem: o segmento central é *dinâmico*, enquanto que o começo e o final compõem-se de um imagético *estável*. Essa suposição me leva a formular a seguinte hipótese:

- A estrutura de *Un Chien andalou* põe em jogo a oposição de duas linguagens diferentes: uma linguagem "pictural" *versus* "cinematográfica".

142   VIAJE A LA LUNA

- O prólogo e o epílogo estão marcados pela linguagem pictural, enquanto predominam, na parte central, os recursos cinematográficos.
- Os segmentos inicial e final formam um tipo de moldura em volta da parte dinâmica do filme.
- *Un Chien andalou* é um quadro cinematográfico que destaca, em primeiro lugar, o próprio fazer cinematográfico.

O PRÓLOGO SOB O BISTURI

É óbvio atribuir o epíteto "pictural" ou "estável" ao epílogo, já que se compõe de um plano fixo. Mas não é tão evidente que o prólogo – ao retratar o cineasta, sem apresentar nenhuma relação imediata com o mundo da pintura – seja classificado do mesmo modo, visto que horroriza o espectador pela ação de cortar um olho.

Para confirmar nossa tese de que também o prólogo estampa o código pictural, precisamos de uma análise um pouco mais detalhada de seus doze planos, encabeçados pelo rótulo inicial: "Era uma vez...".

1. Interior: o primeiro plano mostra, em *plongée*, as mãos de alguém que está afiando uma navalha, frente a uma porta de terraço. Esse personagem masculino leva relógio-pulseira e encontra-se, à direita, fora do plano.
2. Segue-se, em plano médio, um busto de homem (Buñuel) que olha para baixo. A tomada é lateral; o homem, que está fumando um cigarro, encontra-se agora, à esquerda, no sentido invertido, ao compará-lo com o primeiro plano. No fundo, percebe-se a mesma porta, porém, com uma cortina.
3. Volta-se ao primeiro enquadramento da navalha, que está sendo afiada, frente à porta sem cortina. Para examinar o fio da navalha, o homem corta-se na unha do polegar esquerdo.
4. Mudança para o plano 2, com o protagonista concentrado em seu trabalho.
5. Segue-se, em plano americano, com *raccord* de direção, uma tomada do autor-ator com o afiador e a navalha na mão: o homem abre a porta de vidro do terraço e sai.
6. Mudança de plano, em *raccord* de direção: o protagonista está se dirigindo para um terraço, com os dois objetos na mão. Usa uma camisa aberta com as mangas dobradas para trás.
7. Plano próximo do homem, que está olhando à direita, para cima.
8. *Raccord* de olhar: plano do céu, com a Lua à esquerda.
9. Volta-se ao plano precedente: o homem em posição de observar alguma coisa.
10. Introdução, em tomada frontal, de uma personagem feminina (Simone Mareuil). Um homem, vestido de camisa com gravata e

O DIALOGISMO COM *UN CHIEN ANDALOU*

posicionado à esquerda da tela, abre o olho da jovem com os dedos e aponta uma navalha, como se quisesse cortá-lo.
11. Volta-se ao plano oitavo, com a Lua no céu; agora, porém, há nuvens que "cortam" o astro noturno, com um movimento da direita à esquerda.
12. *Raccord* de posição entre a Lua e um olho de terneiro: a última tomada da seqüência mostra como esse olho está sendo cortado com a navalha de barbeiro. Fim do tango.

O prólogo engana o espectador por dar a impressão de que se trata da história de um homem que corta o olho de uma mulher. Concordo: os doze planos, entabulados pela fórmula clássica de um conto de fadas – "Era uma vez…" –, testemunham, aparentemente, esse ato de mutilação de uma mulher, porém não é assim.

Noel Burch define um filme como "uma sucessão de pedaços de tempo e pedaços de espaço"[37]. É mesmo uma surpresa para o espectador que as tomadas da seqüência inicial não obedeçam nem a uma lógica temporal, nem espacial, e que, na verdade, o prólogo não mostre a suposta história de um homem, que afia sua navalha para cortar o olho de uma mulher.

Há, de fato, uma série de indícios que confirma não haver nenhuma relação lógica entre as diferentes tomadas:

- Primeiro, o olho cortado é de um animal (veja as sobrancelhas, a pele etc.) e não apresenta semelhança nenhuma com o olho da mulher que aparece na cena anterior.
- Quem corta o olho é um personagem de gravata; o próprio Buñuel do plano 2, que aparentemente afia a navalha, veste uma camisa aberta.
- Há um desrespeito profundo do *raccord* de posição[38] entre as primeiras quatro tomadas (navalha-personagem-navalha-personagem) pela inversão do enfoque da cena.

Apoiado pelos indícios de uma evolução cronológica – o cigarro fumado pelo protagonista, por exemplo –, o prólogo arrisca uma história que, no fundo, não existe. No entanto, quem imagina uma lógica entre as doze tomadas é o espectador, surpreendido pela rapidez de mudança dos planos, o que não lhe permite perceber os detalhes. A expectativa de assistir a uma seqüência de cenas que obedece às regras de uma lógica narrativa cria uma percepção particular, de maneira que o espectador não considera os desajustes técnicos dos *raccords* de posição; para ele, predomina uma concatenação expressiva de elementos similares, e não essas rupturas premeditadas. Na verdade, o prólogo é uma seqüência de

37. *Práxis do Cinema*, p. 24.
38. Uso a terminologia técnica de N. Burch, op. cit, p. 30.

doze planos filmados com câmera fixa que, pela montagem rápida, engendra uma ação; a diegese é o produto da imaginação. O próprio Dalí, num artigo sobre *Un Chien andalou*, confirma nossa explicação: "O fato de que os acontecimentos da vida apareçam coerentes é o resultado de um processo de acomodamento semelhante ao que faz aparecer o pensamento como coerente, enquanto que seu funcionamento livre é a incoerência mesma"[39].

No fundo, é esse jogo entre um suposto corte e a percepção do engano que se torna temático: o prólogo expõe, em doze quadros, a *ruptura da expectativa*.

A composição do prólogo tem algo parecido com a passagem por uma galeria de arte com doze quadros expostos. O espectador, achando que há uma continuidade, é seduzido a fazer a ligação temática entre o conteúdo de uma tela e o de outra. Esse procedimento, porém, é aleatório. *Un Chien andalou* é um filme sem coerência diegética. E sem cachorro.

Na tentativa de compreender o essencial de uma obra, atribuo um valor particular a cada elemento que se reitera. E, ao analisar os doze planos iniciais, encontramos uma série significativa de repetições:

- O protagonista (Buñuel) aparece, parcialmente, em nove dos doze planos;
- A navalha, em seis planos;
- A Lua com as nuvens e a cabeça da mulher, em dois planos cada uma.

Sob esse ponto de vista, trata-se, em primeiro lugar, de uma *mise-en-scène* do próprio cineasta; além de tudo, é o único momento, na obra inteira, em que Buñuel atua como protagonista. Segue, em segundo lugar, a presença do instrumento cortante, que está sendo preparado para o uso. Em terceiro lugar, aparecem os "objetos" a serem cortados: a Lua, pelas nuvens e, o olho, pela navalha.

A navalha e o afiador remetem aos instrumentos para montar um filme; o que é cortado pelo cineasta é o material fílmico, a película.

Buñuel, em seu artigo "*Découpage* o Segmentación Cinegráfica"[40] (*Découpage* ou Segmentação Cinegráfica), ao definir os elementos distintivos de um filme artístico, atribui a primordial importância do fazer cinematográfico ao *cut* e à composição. Para o teórico Marcel Martin, "é evidente que a montagem (o veículo do ritmo) é o conceito mais sutil e, ao mesmo tempo, fundamental de uma estética cinematográfica; em uma palavra, seu elemento específico", que "a montagem é a condição necessária e suficiente da instauração estética do cinema"[41].

---

39. *¿Por qué se Ataca a La Gioconda?*, p. 99. Tradução minha.
40. *Obra Literaria*, p. 171-174.
41. *El Lenguaje del Cine*, p. 173. Tradução minha.

Cabe concluir que o prólogo salienta o fazer do cineasta: Buñuel aparece com seus instrumentos cinematográficos no altar da tela – como o santo protetor da sétima arte com seus atributos –, cortando a membrana em que se registra o que o "olho" da câmera "vê". Porém, na linguagem metafórica do filme, esse "objeto obscuro de desejo" – a película – aparece em forma de membrana de um olho. O significado submerso do prólogo de *Un Chien andalou* é uma *mise en relief* do ato enunciativo: Buñuel apresenta-se, no prólogo, como o criador da obra, no ato da criação. "In principio creavit Deus... Et vidit Deus quod esset bonum" (No começo, Deus criou... E Deus viu que era bom). Depois, o Criador subtraiu-se de intervir, pessoalmente, na evolução histórica de sua obra.

Voltando a nossa hipótese de definir o prólogo de *Un Chien andalou* como um trecho fílmico ligado ao mundo da pintura, queremos também considerar mais um argumento.

A presença central de Buñuel, um céu com nuvens afiladas e um olho ameaçado de ser cortado são três elementos que, também, se encontram na composição de um quadro de Dalí: em 1924, em Madri, o pintor catalão fez um retrato de Buñuel, que o mostra de frente, olhando para esquerda; o fundo da tela representa uma paisagem com a Residência de Estudantes e umas nuvens, comparáveis àquelas que aparecem no plano 11 do prólogo[42].

Figura 20: *Salvador Dalí*, Retrato de Buñuel, *1924*.

---

42. A. Sánchez Vidal relata que Buñuel queria que Dalí pintasse um fundo com nuvens que lembrasse o céu do quadro *Trânsito de la Virgen*, de Andrea Mantegna. O crítico estabelece uma relação entre o quadro, que representa a mãe de Jesus no leito mortuário, e a paródia da parte central do filme, em que o protagonista está deitado na cama como um morto a ser ressuscitado que, segundo o crítico, lembra a encenação da própria morte que Lorca costumava fazer na Residência de Estudantes. Op. cit., p. 210-211.

Na transposição cinematográfica da pintura, os elementos reunidos no quadro – o retrato de Buñuel e as nuvens – são estilhaçados em planos diferentes. A nuvem, que ameaça cortar o olho direito do cineasta, reitera-se – *mutatis mutandis* – nos últimos dois planos do prólogo, ao ser mostrada "cortando" a Lua (11) e metamorfoseada numa navalha que corta um olho (12). Nesse sentido, podemos considerar o prólogo como um segmento marcado pelo código pictural, que reitera o *Retrato de Luis Buñuel* daliniano.

Finalmente, o roteiro estabelece mais uma relação com o mundo da pintura. Referente aos planos 7 e 9, em que Buñuel se apresenta como um artista concentrado em seu trabalho, o texto original prescreve que sua posição seja a de um *pintor* que observa seu modelo:

> Olha à direita. Depois o céu, como se estabelecesse uma relação entre o que vê acima e à direita. Com o gesto de um pintor estende o braço à direita, com a navalha na mão, que fica fora do plano. Olha de novo o céu, como se estivesse ali seu modelo e movimenta o braço[43].

Figura 21: *Luis Buñuel,* Un Chien andalou *(Um Cão Andaluz)*, *1929: fotograma do prólogo com o próprio cineasta.*

O que interessa aqui é a comparação que se estabelece entre o *cineasta*, armado de um instrumento de corte, e um *pintor*, cujos atributos tradicionais são o pincel e a paleta[44]; no filme, o cineasta, "na

---

43. Y. David, op. cit., p. 375 (tradução do alemão, por falta de acesso ao texto original).

44. São freqüentes os exemplos, na história da pintura, de apresentar o artista com seus atributos de trabalho. Lembro-me dos auto-retratos de pintores holandeses (Gerrit Dou, Adriaen van Ostade, Job Adrianesz. Berckheyde, Otto van Veen) e, sobretudo, do quadro *Las Meninas*, de Diego de Velázquez: o pintor, com pincel e paleta nas mãos,

O DIALOGISMO COM *UN CHIEN ANDALOU* 147

posição de um pintor", está dotado de instrumentos para cortar, a saber, a navalha e o afiador. Assim, o prólogo estabelece uma clara *mise en parallèle* entre o fazer cinematográfico e pictórico, que leva às seguintes conclusões:

Se um pincel é o atributo de um pintor – como, por exemplo, no auto-retrato de Diego Velázquez, em *Las Meninas* (1656) –, o filme confere a mesma função ao instrumento do corte; quer dizer, a *pincelada* do pintor tem sua correspondência na técnica do *cut* do cineasta.

Conforme as indicações do roteiro original, o olhar de Buñuel, nos planos 7 e 9, deve lembrar o gesto de um pintor que olha para seu *modelo* que, no caso de *Un Chien andalou*, é a *Lua*.

O pintor aplica seu instrumento de trabalho – o pincel – no quadro a *óleo*, enquanto o cineasta aplica a navalha no *olho*.

O prólogo, ao desenvolver o paralelismo entre os dois códigos – o cinematográfico e o pictural –, cria um jogo entre cineasta e pintor, navalha e pincel, afiador e paleta, Lua e modelo, *cut* e pincelada, tela e mulher, olho e óleo.

RENDAS CONCLUSIVAS

Já observamos que, depois da parte introdutória, o filme muda de estilo: segue – sob o fundo musical de *Tristão e Isolda*, de Richard Wagner, e após o rótulo "Huit ans après" (Oito anos depois) – uma seqüência de dez tomadas, filmadas nas ruas parisienses, por onde passa, de bicicleta, o jovem estranhamente vestido (Pierre Batscheff). Predominam, na filmagem, os procedimentos especificamente cinematográficos: *travelling*, câmera subjetiva, *travelling* de ré etc.

Muda a cena, sob a mesma trilha sonora, e o novo sintagma opõe-se ao precedente, por adotar um código "estável" no visual: aparece uma sala arrumada como o cenário de um teatro, onde está sentada a mulher protagonista – a mesma do prólogo – com um livro na mão. Um barulho na rua, em "voz *off*", desvia a atenção de sua leitura: levanta-se, deixando o livro numa mesinha, entre uma seringa e uma gaiola com ratos brancos. A tomada seguinte enfoca, em primeiríssimo plano, a página aberta com uma reprodução do quadro *A Rendeira* (1664), de Vermeer van Delft. O filme, mais uma vez, põe em jogo elementos que remetem ao mundo da pintura.

---

observa os modelos – o rei e a rainha – que parecem posar fora do quadro e que só ficam visíveis num espelho redondo, pintado no fundo do quadro. Buñuel, por sua vez, parece observar seu modelo no espelho mágico da Lua cheia.

Figura 22: *J. Vermeer,* La Dentellière *(A Rendeira), 1664.*

Robert Descharnes e Gilles Néret, em seu livro sobre Dalí, dedicam um artigo inteiro ao tema de "A História Prodigiosa da Rendeira e do Rinoceronte"[45], afirmando que o pintor, "desde bastante cedo começou a gostar de Vermeer, da qualidade da sua pintura; sua atenção estava cristalizada de uma forma tipicamente paranóica sobre *A Rendeira*, cuja reprodução vira na casa dos pais"[46].

Na produção cinematográfica de Buñuel aparece o motivo da *Rendeira* com uma insistência comparável: por exemplo, nos filmes *Una Mujer sin Amor* (Uma Mulher Sem Amor) (1951), *El Bruto* (O Bruto) (1952), *Las Aventuras de Robinson Crusoé* (As Aventuras de Robinson Crusoé) (1952), *La Muerte en este Jardín* (A Morte Neste Jardim) (1956), *Belle de jour* (1966), e sobretudo em sua última obra, *Cet obscur objet du désir* (Este Obscuro Objeto do Desejo) (1977).

Na história da pintura, o tema da rendeira é tradicional, mas a tela de Vermeer é uma obra peculiar, distinguindo-se pelo enfoque do

45. *Salvador Dalí,* p. 477-498.

46. O motivo da *Rendeira* tem uma presença explícita e implícita em várias obras de Dalí, e aparece já antes da produção do filme, como em *Noia Cosint* (1926). As referências ao quadro de Vermeer voltam nas obras dos anos cinqüenta: em 1955, Dalí fez uma cópia da tela, um *Busto Rinocerôntico*, uma *Pintura Paranóico-crítica* e um *Retrato Rinocerôntico* do quadro de Vermeer, e, em maio de 1955, realiza, no jardim zoológico de Vincennes, uma interpretação paranóico-crítica da obra. No mesmo ano, o pintor catalão dá uma conferência sobre *"Os Aspectos Fenomenológicos do Método Paranóico-crítico"* na Sorbonne, onde "demonstra" que o quadro atinge um máximo de *dinamismo* biológico graças às curvas logarítmicas dos cornos do rinoceronte.

Existe também uma foto de Dalí e Gala ao tomar banho em Port Lligat com *A Rendeira* de Vermeer. Em R. Descharnes; G. Néret, op. cit., p. 483.

O DIALOGISMO COM *UN CHIEN ANDALOU*

espaço pictural. Tudo no quadro se concentra no trabalho que a jovem está fazendo.

Surpreende, porém, que o ponto de interseção das linhas imaginárias fique invisível – atrás da mesa de trabalho inclinada – e que o observador do quadro não consiga ver nem rendado nem agulha na mão da mulher; o essencial esquiva-se; o espectador não vê o que lhe chama a atenção.

Daniel Arasse, em seu livro *Le Détail* (O Detalhe), faz uma análise do quadro, tentando explicar a fascinação que emana da obra. Sendo o menor quadro do pintor neerlandês (24,5 cm x 21 cm), suscita uma relação de proximidade, quase íntima, entre o espectador e a imagem da mulher, concentrada em sua atividade caseira. Mas a disposição interna do quadro mantém o observador à distância, afastando-o, e salienta a privacidade da cena representada: o essencial fica invisível pelo enquadramento em *contre-plongée*. Além disso, há uma *mise à distance*, causada por vários objetos em cima de outra mesa, em primeiro plano, que impedem a visão do lugar de trabalho da rendeira. Acresce que a jovem não faz a renda no regaço, o que corresponderia à prática holandesa tradicional. Além do mais, o olhar fixo da rendeira – para baixo – aumenta, no observador, a sensação de estar excluído da representação[47].

A disposição do quadro pressupõe dois pontos de visão antagônicos: o real do espectador e o imaginário da rendeira. Os dois campos visuais entrecruzam-se apenas no fio, na mão da jovem, o qual se destaca por um traço geométrico e linear. Vermeer introduziu assim uma diferença entre o tratamento pictural dos objetos observados pela rendeira – o fio de trabalho e a renda invisível – e dos elementos reservados ao campo visual do observador: fios brancos e vermelhos que se sobressaem da almofada, na mesa à direita, assemelhando-se a manchas de cor informes. Arasse conclui que o mistério reconhecido frente às obras de Vermeer "não é uma qualidade poética ou psicológica acrescentada, misteriosamente, à sua pintura", o mistério, porém, "faz parte da própria composição das telas"[48].

A rendeira, na ficção pictural, concentra-se em seu trabalho que, para o observador do quadro, fica invisível; no primeiro plano da visão dele, há manchas coloridas, dificilmente identificáveis.

Baseado nesse fascínio documentado que os dois artistas espanhóis apresentavam pela *Rendeira*, impõe-se a conclusão de que *Un Chien andalou* e o retrato de Vermeer têm muito em comum: o filme apresenta-se como uma transposição cinematográfica da composição e da concepção que o pintor holandês tinha aplicado no quadro idolatrado:

47. Ver D. Arasse, *Le Détail*, p. 199-202.
48. "Le mystère que l'on s'accorde à ressentir devant les oeuvres de Vermeer n'est pas une qualité poétique ou psychologique ajoutée mystérieusement à sa peinture. Il est construit dans la composition même de ses toiles." Idem, p. 201.

- *Un Chien andalou* esquiva-se ao entendimento do espectador logo que ele julga ter compreendido a história, porque "a história" fica invisível, como a agulha e a renda do quadro.
- O filme reitera o título de uma obra poética de Buñuel; e não aparece nenhum cachorro, nem na obra poética, nem na cinematográfica. O animal – igual ao rendado na pintura de Vermeer – tem uma presença virtual.
- A presuntiva diegese – escondida na teia do curta-metragem – é o trabalho cinematográfico invisível para o espectador, por acontecer, no ato da produção, do outro lado do *olho* da câmera, e não na tela. Para *ver* o essencial é preciso abri-lo e adotar o campo visual de *dentro* – aquele da rendeira.

Charles Grivel certamente atinge a essência da obra buñueliana ao formular, em seu artigo "La coupe d'images – Buñuel ou l'insoutenable filmique", que o cineasta aragonês é "o homem do *cut*" dentro da história do cinema[49]. *Un Chien andalou* é uma *mise en relief* do ofício de cineasta, em que seu autor se põe em cena, com os utensílios de trabalho na mão, para transformar – "com o gesto de um pintor" – seus modelos em quadros animados.

Os modelos vislumbram-se na luz da Lua: um deles é de Vermeer, que, segundo Arasse, "ao mesmo tempo em que o artista mostra a intimidade em si, ele reduz nos quadros a parte dos elementos iconográficos ou narrativos", criando assim, na pintura, um "obstáculo de decifração textual"[50].

Figura 23: *J.-F. Millet,* L'Angélus *(O Ângelus), 1859.*

---

49. U. Link-Heer; V. Roloff (ed.), *Luis Buñuel: Film – Literatur – Intermedialität*, p. 85.

50. D. Arasse, op. cit., p. 202. Tradução minha.

O DIALOGISMO COM *UN CHIEN ANDALOU*   151

Ao distinguir as partes constituintes do curta-metragem, registramos a presença implícita ou explícita de três quadros: o *Retrato de Buñuel* (1924), de Dalí, no prólogo; *A Rendeira* (1664), de Vermeer, na parte principal; e *L'Angélus* (O Ângelus) (1859), de Jean-François Millet, no final.

Sabemos que, para o pintor catalão, o *Ângelus* se tornou um dos temas mais persistentes e obsessivos de sua produção artística[51]. Ele mesmo confessa: "O *Ângelus* de Millet se torna subitamente, para mim, a obra pictórica mais perturbadora, mais enigmática, mais densa, mais rica em pensamentos inconscientes de todos os tempos"[52].

O epílogo, introduzido pelo rótulo "au printemps…", consiste em uma só imagem fixa: os protagonistas, na posição dos camponeses rezando de *L'Angélus*[53], estão enterrados até a cintura e, junto com eles, os valores de uma burguesia tradicional. O filme acaba com uma ironia de um (des)esperado *happy end* da relação amorosa.

Em nossa interpretação, comparamos a estrutura de *Un Chien andalou* com um "quadro" cujo tema é o fazer cinematográfico. Nesse sentido, o filme apresenta – mediante as associações ligadas à *Rendeira* – o ato da *enunciação* como tema central, introduzido pelo retrato do *enunciador* (*Retrato de Buñuel*) e concluído por *L'Angélus*, cujo *enunciado* é um ideal "putrefato" e, portanto, objeto de escárnio por parte dos surrealistas: a vida simples, a lavoura, a família, a ética e a religiosidade.

---

51. Conhecemos toda uma série de obras de Dalí que remetem a esse quadro: uma escultura, chamada *Buste de femme rétrospectif – Buste: pain et encrier* (1933); os quadros *Le Sphynx de sucre* e *Gala et l'Angélus de Millet précédant l'arrivée imminente des anamorphoses coniques*, ambos de 1933; um desenho para os *Cânticos de Maldoror* (1933-1934); o quadro *Atavisme du crépuscule* (1933-1934); *Hommage à Millet – Dessin dédicadé à Cécile, amicalement* (1934); *Le Spectre de l'Angélus* (1934). O motivo estará de novo presente, em 1965, no quadro *La Gare de Perpignan* e volta, em 1977-1978, em: *Ocho trozos de Ángelus – Homme en morceaux* (1977); duas composições estereoscópicas inacabadas: *L'Œil de l'Angélus* (1978) e *Composition stéréoscopique sur l'Angélus* (1978); *Aurore, midi, couchant et crépuscule*, obra acompanhada por uma banda sonora cujo diálogo é o seguinte: " – Que horas são? – É a hora do Ângelus. – Então, rapaz, traz-me um arlequim!". A lista não é completa. Além da produção artística, Dalí publicou um texto teórico sobre o método de interpretação paranóico-crítica: *El Mito Trágico del* Ángelus *de Millet* (1963).

Cabe mencionar que, para Buñuel, o quadro nunca teve tanta repercussão como para Dalí. De fato, a tela representa os valores burgueses que o cineasta atacou ao longo de sua produção cinematográfica.

52. R. Descharnes; G. Néret, op. cit., p. 190.

53. "Em 1858, o ano do Manifesto comunista e das grandes lutas operárias, François Millet expõe um quadro que representa um camponês no trabalho: a ética e a religiosidade do trabalhador rural continuarão sendo os temas dominantes de sua obra. Pela primeira vez apresenta-se um lavrador como protagonista da representação, como um herói moral. […] A burguesia se entusiasma com Millet por pintar os camponeses, que são trabalhadores bons, ignorantes, sem reivindicações salariais nem veleidades progressistas […]". G. C. Argan, *Arte Moderna*, p. 71.

152 VIAJE A LA LUNA

Surpreende, talvez, que a reprodução da *Rendeira*, em plano de detalhe, também esteja emoldurada por dois objetos: uma seringa e uma gaiola com dois ratos. E esse plano condensa três elementos que despertam interpretações especulativas[54] e – na minha leitura não menos atrevida – conotações entre cada um desses objetos e os três segmentos do filme:

- A meu ver, a seringa e a navalha são objetos que inspiram respeito; tratamo-los com muito cuidado, para não nos ferir. Quem os manuseia, precisa ter uma certa habilidade manual (barbeiro) ou manual / intelectual (médico). Nesse sentido, um objeto cortante, na mão de um cineasta, torna-se um atributo metafórico que lhe atribui profissionalismo no domínio artístico da sétima arte.
- O livro sobre lavores domésticos, com a reprodução da obra de Vermeer, domina a parte central, em que aparecem as cenas que Lorca devia interpretar como ofensa pessoal, quando entra em cena o ser afeminado, vestido de peças que lembram o modo de vestir da rendeira[55], e com manias que remetem ao comportamento documentado do poeta andaluz, na Residência de Estudantes madrilena.
- Os ratos presos na gaiola associam-se, facilmente, às duas figuras (a mulher protagonista e seu namorado) do epílogo, presas na areia.

De certo modo, o filme atribui os objetos que cortam e picam a Buñuel, o livro sobre mulheres e rendas a Lorca e – por que não? – a gaiola com o casal de ratos a Dalí e seu medo de sentir-se preso a uma relação.

A obra – que, na superfície, expõe-se como um tríptico sobre o fazer fílmico – tece, em seus urdumes, o avesso pessoal: prólogo e epílogo, com os retratos do cineasta e do pintor, formam a moldura. E no "quadro" central, ataca-se o autor do *Romancero Gitano*, com seu "São Miguel cheio de rendas", que, à luz dos faróis, mostra suas belas pernas[56].

---

54. A. Sánchez Vidal parte de uma interpretação dos elementos que rodeiam o livro aberto na página com a reprodução do quadro de Vermeer: uma seringa e uma gaiola com ratos. O crítico atribui aos roedores "primeira formulação subliminal de uma sexualidade destinada à reprodução", perante a irrupção do ciclista no apartamento da jovem, visto como espaço iconograficamente complementário da *Rendeira*, e atribui à seringa um valor reiterativo da penetração conotada. Cf. *El Mundo de Buñuel*, p. 157-158. Tradução minha.

55. O quadro daliniano *Hallucination partielle – Six apparitions de Lénine sur un piano* (Alucinação Parcial – Seis Aparições de Lênin sobre um Piano), 1931, retomará um modelo masculino sentado, frente ao piano, com uma vestimenta comparável.

56. O arcanjo do romance lorquiano tem seu modelo real na ermida de São Miguel, que se encontra no alto do Sacro Monte granadino; sua estátua foi identificada por C. Couffon, *Granada y García Lorca*, p. 40.

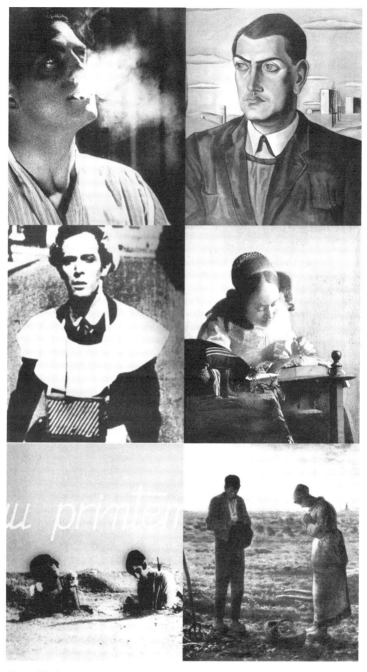

Figura 24: *Três pictogramas do filme* Un Chien andalou *(prólogo, parte central, epílogo) contrapostos a três quadros: 1. Luis Buñuel, no filme* vs. *Luis Buñuel, na pintura de Dalí; 2. O ciclista do filme* vs. *a Rendeira de Vermeer; 3. "au printemps..."* vs. *o Ângelus de Millet.*

O UIVO DO CÃO E O SILÊNCIO DA LUA

Robert Rosenblum, em seu livro *Le Chien dans l'art* (O Cachorro na Arte), apresenta uma ampla gama de quadros e representações plásticas, imortalizando os bichos de estimação: cães de guarda ou de caça, cachorrinhos dançando ou tocando um instrumento musical, o mausoléu para Ninette do escultor francês Clodion, a história do quadro de Francis Barraud com o *terrier* Nipper – símbolo dos discos de vinil His Master´s Voice, a fachada da sede da Anti-Cruelty Society de Chicago, construída em forma de cabeça canina...

Nessa diversidade de estudos, há várias páginas dedicadas à análise de quadros de nosso interesse particular, por exemplo, a tela *Apparition d'un visage et d'un compotier sur une plage* (Aparição de um Rosto e de uma Compoteira numa Praia), que Dalí pintou dois anos depois da morte de Lorca. O autor americano, ao descrever essa imagem múltipla, observa, em primeiro lugar, que o cachorro não aparece no título, ao contrário do curta-metragem, em que o cão marca sua presença apenas no título.

Figura 25: *Salvador Dalí,* Apparition d'un visage et d'un compotier sur une plage *(Aparição de um Rosto e de uma Compoteira numa praia), 1938.*

Sánchez Vidal dedica um capítulo inteiro ("Del Perro Andaluz al Galgo Afgano") ao mesmo tema, comprovando que "o rosto da esfinge com os olhos fixados em nós" é um retrato de Lorca:

O cachorro reaparece, associado à efígie de Federico, em três quadros de 1938: *Afegão Invisível com Aparição na Praia do Rosto de García Lorca em Forma de Com-*

poteira com Três Figos, *Aparição de um Rosto e de uma Compoteira numa Praia* e sua tentativa mais ambiciosa de conseguir não só uma dupla, senão uma sêxtupla imagem, *O Enigma Sem Fim*[57].

O que esses três quadros dalinianos têm em comum é a junção do retrato de Lorca a um cachorro; isso confirma também que *Un Chien andalou*, sem dúvida nenhuma, aponta para o poeta granadino, que Dalí, em um dos três casos, nomeia e que, nos trabalhos preliminares para *L'Énigme sans fin* (O Enigma Sem Fim), apostrofa de "Grande Ciclope Cretino", equiparando Lorca ao gigante mitológico com um só olho na testa. O próprio Dalí confirma a personalidade "gigantesca" do poeta que produzia nele "uma tremenda impressão"[58].

Figura 26: *Salvador Dalí*, L'Énigme sans fin *(O Enigma sem Fim)*, *1938*.

Nesse quadro sêxtuplo pode ser observado um detalhe elucidativo: um dos olhos da cabeça lorquiana constitui-se de um barco, cujo mastro, na metáfora visual, ergue-se, como se o olho do rosto fosse perfurado por uma agulha. De certa maneira, Dalí, em 1938, confirma que o olho cego de *Un Chien andalou* remete, metaforicamente, a Lorca.

---

57. *Buñuel, Lorca, Dalí*, p. 272. Tradução minha.
58. "La personalidad de Federico García Lorca produjo en mí una tremenda impresión." Idem, p. 274.

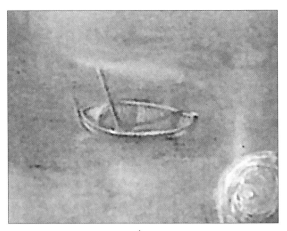

Figura 27: *Salvador Dalí*, L'Énigme sans fin *(O Enigma sem Fim): detalhe.*

Outro quadro canino registrado no livro de Rosenblum que merece ser estudado nesse contexto é *L'Enseigne d'opticien* (A Tabuleta de Oculista) ou *O Pti Cien*. Trata-se de uma espécie de placa publicitária para uma ótica, "garatujada" ("barbouillavit"), por Jean-Léon Gérôme (1824-1904); e, segundo o autor americano, essa obra chamou a atenção de Dalí. O artista acadêmico francês criou *L'Enseigne* em 1902, para uma exposição de painéis publicitários da municipalidade de Paris. Rosenblum descreve o quadro suntuosamente emoldurado da seguinte maneira:

> Gérôme pintou-o com a precisão fotográfica que caracteriza sua técnica perfeita, mas o *trompe-l'œil* anula-se em seguida pela inscrição fragmentada situada por baixo: *O Pti Cien*, um calembur que admite ao mesmo tempo a leitura de *opticien* (oculista), *ô, petit chien* (ó, cachorrinho) e *au petit chien* (ao cachorrinho)... Acima, o centro é dominado por um olho ciclópico, aumentado num espelho mágico[59].

Com respeito à nossa pesquisa, destacam-se os seguintes itens:

- O *terrier* de Gérôme, em sua pose e por usar um monóculo, assume rasgos humanos: o cachorro, na metáfora pictural, é personificado.
- O trocadilho, ao amalgamar as palavras *chien* e *opticien*, relaciona o cachorro a um profissional que entende de óptica e assim, num sentido mais amplo, com a visão.
- A representação do *terrier* junto com o *pince-nez* e os olhos humanos condensa a junção dos conceitos "cachorro" e "olho".

59. Op. cit., p. 69. Tradução minha.

Figura 28: *Jean-Léon Gérôme*, L'Enseigne d'opticien (O PTI CIEN) (*A Tabuleta de Oculista*), 1902.

Observamos que esses procedimentos – característicos de *Un Chien andalou* – já têm seus ancestrais no quadro de Gérôme, cujos elementos constituintes formam um rosto, em que o *terrier* é o nariz; o *Pti Cien*, a boca sorridente; e os adornos da moldura, o penteado.

Ainda não falamos do olho de ciclope, que se destaca na moldura e domina o quadro por sua posição marcante. Na iconografia católica, o olho que de cima vê tudo é o olho de Deus, cuja onisciência incomoda o homem mesquinho e pecador. A destruição do órgão que marca essa presença superior é um ato libertador que quer acabar com esse embaraço.

E não esquecemos: um dos desenhos preliminares de Dalí para *O Enigma Sem Fim* – esse que visualiza o rosto de Lorca – intitula-se *Rosto do Grande Ciclope Cretino*. Ao identificar, assim, o poeta andaluz como o gigante da mitologia grega, cujo olho devia ser perfurado para poder liberar-se de sua "nefasta influência", chegamos a uma conclusão um pouco mais concisa:

Um dos objetivos de *Un Chien andalou* consiste em sublevar-se contra a cultura burguesa – "putrefata" –, que oprime os adeptos da nova estética surrealista. O ato de lesar o olho gigante do cachorro andaluz é uma demarcação pública para subtrair-se do predomínio estético, que o autor do *Romancero Gitano* exercia sobre a Geração de 27. O olho que Buñuel tenciona cortar também é o cordão umbilical que, artisticamente, o vincula a Lorca.

O livro sobre o cachorro na arte registra mais dois quadros importantes para nossas considerações: a obra do pintor catalão Joan Miró (1893-1983), *Chien aboyant à la Lune* (Cachorro Uivando à Lua), de 1926, e outra menos conhecida do pintor alemão Philipp Otto Runge (1777-1810), que faz parte de ume série de 7 siluetas (Scherenschnitte), intitulada *Reinecke Fuchs und einzelne Tierstudien* (A Raposa Reinecke e Outros Estudos de Animáis), mostrando também um cachorro uivando à Lua.

A obra de Runge é uma colagem simples, com os dois corpos constitutivos separados: o cachorro embaixo e a Lua acima. Veja o comentário de Rosenblum:

Figura 29: *Philipp Otto Runge,* Reinecke Fuchs und einzelne Tierstudien *(A Raposa Reinecke e Outros Estudos de Animais)*.

Essa silhueta meticulosa, criada, provavelmente, ao final dos anos de 1790, estabelece um contraste alucinante entre o desejo terrestre e a inacessibilidade celeste, num tamanho de carta de jogo e com uma linguagem gráfica muito concisa. […] O cachorro torna-se tão abstrato e imaterial como a base retangular sobre a qual ele está sentado. Fixado sobre um fundo de um azul celeste puro, ele persegue um diálogo alegórico eterno com a Lua cheia, cuja perfeição geométrica é perturbada por nuvens deslizando pelo céu noturno. Essa obra

O DIALOGISMO COM *UN CHIEN ANDALOU*

menor, sem medida comum com os intuitos cosmológicos da arte e do pensamento de Runge, fica inesquecível pela sua clareza misteriosa, prefigurando a re-atualização desse tema proverbial, muito mais célebre e também incisiva, a ser proposta por Miró[60].

Percebe-se que "a Lua, cuja perfeição geométrica é perturbada por nuvens" e a cena correspondente do curta-metragem, em que o astro noturno é observado pelo homem da navalha, têm a mesma configuração. Na colagem, porém, é o cachorro que contempla a Lua. Ao comparar o prólogo com a obra de Runge, registramos um paralelismo, baseado num *raccord* de posição, entre o elemento superior – que, em ambos os casos, é a Lua "cortada" pelas nuvens – e seus observadores, posicionados em um nível inferior, que são, respectivamente, o cão e Buñuel.

Ao assistir a um filme que, desde o título, anuncia a presença de um animal que não aparece na tela, é programado que o espectador procure o quadrúpede dentro dos esconderijos imagéticos; e a crítica identificou-o no personagem do ciclista que – como foi provado – alude ao poeta andaluz.

Pela maneira como os elementos constitutivos se distribuem dentro do espaço fictício, resulta que o autor dos ataques contra Lorca ocupa, ironicamente, o lugar do cachorro, ganindo e olhando para a Lua. Como o próprio cineasta descartou que *Un Chien andalou* contivesse alguma alusão a Lorca – "A gente vê alusões onde quiser"[61] –, podemos tomar essa liberdade interpretativa de identificá-lo ao animal do título, e não a Lorca.

Vamos permitir-nos mais um passo: nos quadros dalinianos, em que aparece, junto ao cachorro, a cabeça de Lorca com seu olhar de esfinge ("um rosto de esfinge com os olhos visando-nos"), o pintor catalão designou o rosto lorquiano de "ciclope cretino", equiparando, assim, o poeta ao gigante, cujo olho – tanto na mitologia como no filme – é cegado. E como o prólogo estabelece o paralelismo entre "olho" e "Lua", podemos também identificar o astro noturno com seu poeta que tanto o cantou.

Por conseguinte, ao comparar o tema tradicional apresentado em *Chien aboyant à la lune* com o prólogo do curta-metragem, estabelece-se uma equiparação entre o cachorro uivando e Buñuel, ambos posicionados embaixo, e entre a Lua distante e o poeta em Nova York.

Conhecemos a reação de Lorca que – ao ser interrogado sobre as primícias cinematográficas de seus ex-amigos – desqualificou-as com o epíteto lacônico: *una mierdesita*. O poeta da Lua, indiretamente, desaprova o curta-metragem como o produto de um *Chien déféquant* (Cachorro Cagando), cuja efigie não é da autoria de Dalí, mas uma estatueta do artista italiano Adriano Cecioni (1838-1886), que, no meio das belas-artes, provocou, com certeza, o devido escândalo. Comenta Rosenblum:

60. Idem, p. 41. Tradução minha.
61. Apud T. Pérez Turrent; J. de la Colina, op. cit., p. 21. Tradução minha.

Esse cachorro ocupa um lugar tão baixo na hierarquia dos sujeitos que atinge uma vulgaridade cômica, inclusive dentro da proposta chamada de *verista* dos artistas italianos sediciosos, empenhando-se, no meio de século XIX, em restituir meticulosamente as realidades concretas de nosso mundo[62].

Figura 30: *Adriano Cecioni*, Chien déféquant *(Cão Defecando)*.

Mas Lorca, desde Nova York, não vai acertar as contas a esse nível. Sua posição frente aos autores de sua ofensa remete à atitude da Lua, no quadro de Joan Miró, que, segundo as informações de Sánchez Vidal, tinha deixado Lorca e Dalí muito impressionados[63].

Figura 31: *Joan Miró*, Chien aboyant à la Lune / Perro Ladrándole a la Luna *(Cachorro Uivando à Lua), 1926*.

---

62. Op. cit., p. 51. Tradução minha.
63. Op. cit., p. 353.

Referente ao quadro de Miró, Rosenblum menciona a existência de um estudo preliminar, que registra – como nas histórias em quadrinhos –, as supostas manifestações acústicas do animal solitário e do astro noturno. O cachorro, ao dirigir-se à Lua, diz: "Boub boub". Mas isso não consegue suscitar outra reação além de um simples eco de seu próprio uivo: um triste e arrogante "Je m'en fous" – "tanto faz" – por parte da Lua[64].

Desde o céu nova-iorquino, o ladrido do cachorro não é correspondido: seu latir é considerado um monólogo, e a Lua fica calada: Lorca não entra num pingue-pongue de baixarias.

64. Op. cit., p. 86.

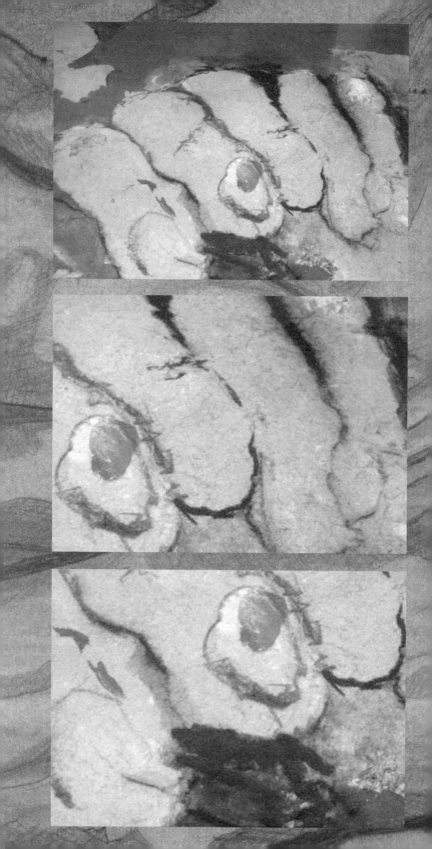

7. Luar no Labirinto de Espelhos e Uma Resposta Distante

NOCTURNO ESQUEMÁTICO

Hinojo, serpiente y junco.

Aroma, rastro y penumbra.

Aire, tierra e soledad.

(La escala llega a la luna)

F. GARCÍA LORCA[1].

"NAVEGAR É PRECISO"

Román Gubern, em suas considerações sobre o "Sentido de *Viaje a la Luna*", cita o poema lorquiano "Nocturno Esquemático", publicado em *Canciones 1921-1924*, com o simples comentário: "O último verso desse poema é interessante porque seu impulso translatício implica já uma viagem à Lua"[2].

Por minha parte, sinto-me tentado a aproximar esse "noturno" poético também ao quadro de Miró:

- Os três elementos mencionados no primeiro verso – *hinojo*[3], *serpiente* e *junco* –, pertencentes à flora e à fauna, remetem ao mundo terrenal; realçam-se, em oposição a eles, os conceitos "aroma", "rastro" e "penumbra", que – fazendo parte da percepção olfativa ou visual – se esquivam da corporeidade material. Essa distribuição esquemática estabelece a bipolaridade entre uma existência física e palpável, ligada à Terra, e a percepção de um mundo intangível, que, no poema, se concretiza pela oposição entre o primeiro e o segundo verso.

---

1. NOTURNO ESQUEMÁTICO. *Funcho, serpente e junco // Aroma, rastro e penumbra // Ar, terra e solidão //* (A escada chega até a Lua.). F. García Lorca, *Obras Completas*, edição de M. García-Posada, p. 347.

2. *Proyector de Luna*, p. 450. Tradução minha.

3. Sebastián de Covarrubias alega que o funcho (erva-doce) é uma planta procurada pelas cobras. Cf. *Tesoro de la Lengua Castellana o Española*, p. 690-691.

164   VIAJE A LA LUNA

- O terceiro verso sintetiza, na palavra *aire*, os três conceitos imateriais anteriormente mencionados, e, em *tierra*, os elementos do mundo vegetal e réptil, do início do poema, e acaba determinando tanto o espaço de cima como o de baixo como âmbitos marcados pela solidão.
- "Nocturno Esquemático" termina alegando que a escada – como no sonho de Jacob[4] – revela o caminho do céu; os parênteses, porém, afastam, graficamente, esse sintagma do corpo do poema, como se quisessem conferir a essa subida uma qualidade de percepção reservada. Na visão do patriarca bíblico, aparece, no degrau superior, Deus em sua glória, enquanto a escada, no poema lorquiano, leva à Lua.

Perro Ladrándole a la Luna, de 1926, de Miró, configura-se com os mesmos subcorpos constitutivos do poema: a terra, com o cachorro, embaixo, opondo-se ao céu, com a Lua e uma nuvem, acima, e – numa combinação onírica – uma escada, cujos cinco degraus guiam o olhar do observador, desde o primeiro plano da moldura inferior até os confins celestes, vagamente definidos, no interior do quadro.

Miró, ao distribuir as unidades figurativas sobre a tela, prende o cachorro num planeta deserto e envolve a Lua com um céu preto: a dimensão significativa de ambos os espaços repercute o total isolamento: "Aire, tierra y soledad".

Destaca que o corpo do cachorrinho e a teta da Lua antropomorfa se sobressaem por uma coloração similar, o que confere às duas figuras o mesmo ar carnavalesco e dá a entender que o ladrido manifesta a simples vontade do filhote de sair de seu isolamento, para poder mamar essa teta materna.

Para o quadrúpede da obra de Miró, a viagem à Lua é motivada pelo desejo: a teta e a Lua – como no filme homônimo de Bigas Luna[5] – formam, juntas, a felicidade sonhada.

A Lua representa o lugar em que se realizam os próprios desejos. É o destino de uma viagem, definido, por Hélène Lefebvre, como "espaço afastado e mais ou menos hipotético"[6]. Motivado pela ilusão de atingir uma auto-realização, o cachorro quer abandonar sua realidade marcada pela solidão. Mas o caminho é árduo; e subir ao céu não é tarefa fácil.

---

4. "E sonhou: e eis uma escada era posta na terra, cujo topo tocava nos céus", *Gênesis*, 28: 12.

5. *La Teta y la Luna* (1994) é o relato de Tete, um garoto com ciúme de seu irmãozinho por achar que este lhe rouba o seio materno. Frustrado, Tete anda procurando sozinho uma teta para ele e aproxima-se de Estrelita, a esposa de um artista de circo.

6. "Le voyage est rupture, départ d'un endroit donné vers un autre, éloigné et plus ou moins hypothétique" (A viagem é ruptura, partida de um lugar definido para outro espaço afastado e mais ou menos hipotético). *Le Voyage*, p. 5.

De certa maneira, os subcorpos pictóricos, no quadro de Miró, configuram os três momentos constitutivos do conceito "viagem", que são a *partida*, o *deslocamento* e a *chegada*. O cachorro ocupa o lugar inicial, a escada indica o caminho desconhecido e a Lua marca o destino cobiçado. Contudo, a composição do quadro e a escolha dos elementos representados implicam em que a viagem aludida seja metafórica, tratando-se de uma subida vertical para atingir uma outra realidade que não é a deste mundo.

Há um desenho de Lorca cuja estrutura lembra a composição da pintura de Miró: o espaço do filhote latindo é ocupado pelas letras minúsculas do nome "FeDerico". A Terra concretiza-se pela redondeza da letra "D", sobre a qual brilha uma Lua crescente. A palavra *Luna* inscrita nela substitui os nomes de família normalmente usados nesse tipo de ex-libris. A letra inicial dessa iluminura moderna – o "F" superdimensionado de Federico – apresenta-se como um elemento basilar que interliga, em forma de uma escada, o núcleo inferior do desenho com o superior.

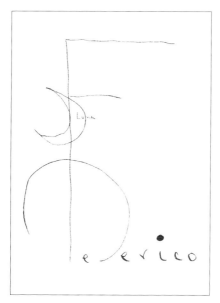

Figura 32: *Federico García Lorca*, Ex-libris: Federico Luna.

Esse desenho insinua uma mudança de nome: Federico García Lorca é sublimado para Federico Luna. A separação gráfica da primeira sílaba do nome ("Fe") confere ao desenho uma aura de autoconfiança e *fé* de que a conquista do espaço celeste se acabará com o devido êxito: o símbolo, convertido em pseudônimo, brilha sobre a Terra de Federico.

166 VIAJE A LA LUNA

Dependendo do caso, o homem empreende uma viagem por obrigação de abandonar seu meio ambiente ou por querer conquistar novos espaços promissores: Adão, expulso do Paraíso, *versus* Moisés, a caminho da Terra Prometida[7].

Para Buñuel, nos anos de 1920 – e para Dalí também –, a vida cultural de Paris ocupava essa posição ideada que queria atingir. Na biografia lorquiana, o sonho ia além: o poeta granadino estava prestes a fazer qualquer coisa para assegurar sua hegemonia artística, que, lentamente, estava perdendo com as críticas ao *Romancero Gitano*. Sua viagem a Nova York deveria levá-lo a um outro continente. E ao virar as costas ao país natal, e ao Velho Mundo inteiro, Lorca empenhou-se em reafirmar sua inegável influência exercida sobre os companheiros de sua geração. A teta da Lua parisiense, naquela época, era o surrealismo; mas Lorca preferiu mamar modernidade americana.

Uma viagem também implica perigos, infortúnios e decepções; Moisés faleceu antes de pisar na Terra Prometida. Lorca, frente à sua família, que lhe financiava a expedição nova-iorquina, mantém o entusiasmo de seu empreendimento – já citamos várias passagens a esse respeito –, mas, dirigindo-se a amigos, a sinceridade é mais palpável.

Numa carta encaminhada a Carlos Morla Lynch, no dia 6 de junho de 1929, Lorca formula sua preocupação quanto à viagem. Esta foi decidida por ser importante em sua vida, apesar de Nova York lhe parecer uma cidade horrível. A motivação do empreendimento – além de querer fugir de uma frustração amorosa – é claramente artística; o autor do *Romancero Gitano* procura uma nova linguagem poética e quer "ser amado como merece":

> Tenho também um grande desejo de escrever, um amor indomável pela poesia, pelo verso puro que enche minha alma ainda estremecida como um pequeno antílope pelas últimas flechas brutais. Mas… em frente! Mesmo sendo muito humilde, acho que *mereço* ser amado[8].

Três semanas depois, a bordo do S.S. Olympic, entre os dias 19 e 25 de junho, o relato de viagem, dirigido ao mesmo amigo, assemelha-se ao desabafo de um desterrado:

> Sinto-me deprimido e cheio de saudades. Estou com fome da minha terra e de seu salão de todos os dias. Saudades de falar com vocês e de cantar-lhes velhas canções da Espanha.

7. A obra do escritor Blaise Cendrars, por exemplo, espelha essa procura de uma terra prometida: cansado do Velho Mundo marcado pela guerra, em que ele perdeu um braço, o autor de origem suíça vê o espaço de seus desejos num Brasil idealizado.

8. "Tengo además un gran deseo de escribir, un amor irrefrenable por la poesía, por el verso puro que llena mi alma todavía estremecida como un pequeño antílope por las últimas brutales flechas. Pero… ¡adelante! Por muy humilde que yo sea, creo *merezco* ser amado". F. García Lorca, *Obras Completas*, III, p. 1100-1101, edição de M. García-Posada.

LUAR NO LABIRINTO DE ESPELHOS E UMA RESPOSTA DISTANTE   167

Não sei porque fui embora; estou me perguntando isso cem vezes ao dia. Olho-me no espelho do camarote estreito e não me reconheço. Aparento outro Federico[9].

Apesar desse pesadelo mental, Lorca conseguiu reafirmar-se no âmbito da poesia: *Poeta en Nueva York* surpreende por uma expressão artística diferenciada, ao manifestar-se, agora, em primeira pessoa: "Quiero llorar diciendo mi nombre [...] mi verdad de hombre de sangre" (Quero chorar dizendo meu nome... minha verdade de homem de sangue)[10]. Embora editada postumamente – em 1940 –, a obra foi considerada pelo próprio autor "uma de suas mais importantes produções literárias"[11].

Ao comparar com a disposição dos elementos constituintes de *Perro Ladrándole a la Luna*, os textos reunidos em *Poeta en Nueva York* ocupam o lugar cobiçado da Lua solitária. O roteiro, que descreve a viagem ao astro noturno, em que ressoa a presença da metrópole americana, assemelha-se, pitorescamente, à escada celeste do quadro; e a posição do cachorro remete à situação anterior à viagem, em que o poeta cantava a Lua e os ciganos de sua terra natal.

O tema da viagem a Nova York, com todas as suas implicações de sacrifício e ambição, reflete-se na produção artística: ao escolher o título de um filme de Méliès, que por sua vez remete aos romances de ficção de Jules Verne[12], *Viaje a la Luna* engoda, prometendo ao espectador o relato de uma conquista aventurosa, cujo protagonista, finalmente, será homenageado como herói incontestável.

Mas, no fundo, o título é ambíguo, por prometer, de um lado, uma diversão cinematográfica à laia de Méliès e, ao mesmo tempo, uma procura séria de confins ainda não conhecidos. O périplo anunciado promete a conquista de um além cobiçado, à guisa dos conquistadores da Antigüidade ou do Renascimento; e como nos empreendimentos de Bartolomeu Dias, Vasco da Gama ou Cristóvão Colombo, *Viaje a la Luna* percorre espaços nunca antes navegados.

---

9. "Me siento deprimido y lleno de añoranzas. Tengo hambre de mi terra y de tu saloncito de todos los días. Nostalgia de charlar com vosotros y de cantaros viejas canciones de España. / No sé para qué ha partido; me lo pregunto cien veces al día. Me miro en el espejo del estrecho camarote y no me reconozco. Parezco otro Federico." Idem, p. 1102.

10. F. García Lorca, Poema Doble del Lago Eden, *Poeta en Nueva York*, p. 166-167.

11. "Los poemas escritos por García Lorca en América entre 1929-1930, reunidos en su mayor parte baja el título *Poeta en Nueva York*, fueron considerados por el autor como una de sus más importantes producciones literarias". M. C. Millán, em F. García Lorca, *Poeta en Nueva York*, p. 5.

12. Segundo a classificação das viagens de Hélène Lefebvre, os romances de Jules Verne, primeiro, oferecem sonhos; mas o roteiro lorquiano não se encaixa nesse tipo de obra de ficção. Op. cit., p. 17.

168   VIAJE A LA LUNA

O título do roteiro, porém, não anuncia uma superprodução cinematográfica que glorifica façanhas históricas nem antecipa o evento de 20 de julho de 1969. O empreendimento lorquiano deveria levar o herói à realização de seus desejos; e a Lua – destino da viagem – sintetiza tudo o que o protagonista aspira. Mas um ideal, *per definitionem*, nunca pode ser realizado por completo. Moisés queria chegar à Terra Prometida e "o Senhor mostrou-lhe toda a terra" dizendo: "Vidisti eam oculis tuis, et non trasibis ad illam" (Viste-a com os teus olhos; porém para lá não passarás)[13].

No poema "Canción de Jinete", o cavaleiro – embora conhecendo o caminho e vendo, na luz da Lua, as torres de Córdoba – sabe que nunca conseguirá chegar, porque, antes, a morte está a sua espera:

> Aunque sepa los caminos
> yo nunca llegaré a Córdoba.
> [...]
> La muerte me está mirando
> desde las torres de Córdoba[14].

O título *Viaje a la Luna* condensa a realização de um sonho e o sonho de uma realização ao refletir a viagem real de Lorca à metrópole americana e, ao assinalar, por outro lado, a procura de uma linguagem poética nova.

Mas o curioso, que decola para dentro do universo do roteiro lorquiano, inevitavelmente, fica surpreso: a odisséia espacial anunciada no título revela-se como pretexto; a expedição diegética de *Viaje a la Luna* é a própria vida, metaforizada numa "grande viagem" áspera e dura, em que o nascimento é o ponto de partida e a morte corresponde à chegada.

No entanto, seria arrebatado concluir que a anunciada viagem à Lua fosse mero *pretexto*[15]; ao nível metafórico, a "viagem da vida" forma o *texto* do projeto fílmico, que, por sua vez, fica *contextualizado* pela viagem de Lorca à metrópole americana.

O ser humano, ao empreender seu caminho pela vida, sofre pela expulsão do Paraíso – correspondendo ao útero materno –, e sente-se desamparado; resta-lhe uma única certeza: a morte, que infalivelmente o espera ao final de sua viagem.

---

13. *Deuteronômio*, 34: 4.

14. Ainda que saiba os caminhos / eu nunca chegarei a Córdoba. / [...] / A morte está me olhando / desde as torres de Córdoba. *Obras Completas*, I, p. 368-369, edição de M. García-Posada.

15. H. Lefebvre distingue, dentro da tradição literária, três modalidades de abordagem do motivo da viagem: 1. o deslocamento como *contexto*, 2. como *texto* e 3. como *pretexto*. Op. cit., p. 13.

LUAR NO LABIRINTO DE ESPELHOS E UMA RESPOSTA DISTANTE   169

No roteiro, esse nascimento do ser humano é ideado por uma mão invisível que arranca os panos da cama (2). O estado intra-uterino é representado por uma abstração precisa: os números 13 e 22, que, conforme a interpretação numerológica do tarô, marcam o destino humano com a Morte e com a Loucura quixotesca de empreender essa viagem pela vida.

A organização do prólogo do roteiro cumpre com as exigências estéticas de Buñuel: o filme visualiza o invisível, o que acontece antes de nascer. E o recém-nascido aspira a desfazer a ruptura entre ele e o elemento materno – igual ao cachorrinho de Miró, que quer juntar-se à teta distante[16].

Viaje a la Luna designa o ponto de chegada da grande viagem da vida mediante um *símbolo*. Pelo sentido etimológico – a palavra símbolo tem sua origem no verbo grego συμβάλλειν ("symbállein"), cuja significação básica é juntar, amontoar e pôr-se de acordo – o signo x, usado como símbolo, adota o valor significativo que o contexto lhe atribui: x = a, b, c…[17].

A Lua, na obra lorquiana, junta uma série indefinida de significados. Mario González, ao elaborar o valor simbólico de mais de 180 conceitos usados em *Bodas de Sangre*, de 1932, anota uma lista extensa de significados amontoados na palavra "luna", cuja maior parte remete a campos semânticos negativamente valorizados[18].

No decorrer de nosso trabalho analítico, identificamos uma relação de significados diferentes, como, por exemplo, o valor simbólico de Nova York. Isso apóia a tese de que o conteúdo significativo da Lua lorquiana é tão amplo que parece indefinível: "luna" pode considerar-se um *mot vide*, uma "palavra vazia", cujo significado concreto se define circunstancialmente. Em caso extremo, a definição contextual amontoa, na expressão simbólica, valores diametralmente opostos: assinalamos que a viagem à Lua indica o caminho para o sucesso e a fama artística, mas também o termo final de existência humana; ela significa tanto conquista do amor puro como

16. No "Romance de la Luna, Luna" do *Romancero Gitano*, o astro noturno também mostra os seios para entrar com um menino cigano numa dança macabra; mas a imagem sedutora engana: os seios da Lua são "de duro estaño". *Obras Completas*, I, p. 415-416, edição de M. García-Posada

17. Não ignoro que essa definição lacônica do símbolo é um atrevimento; as 370 páginas do livro *Théories du symbole*, de Tzvetan Todorov, por exemplo, já indicam claramente que o fenômeno é bem mais complexo. No entanto, não intento abrir aqui a discussão sobre o símbolo em si; proponho-me, meramente, a discutir o valor significativo do conceito "luna" no roteiro lorquiano.

18. Segundo a pesquisa de M. González, o símbolo lorquiano mais importante pode assumir significados como: morte, hipocrisia, inveja, falsidade, inclinação, antinorma, fuga, destruição, fatalidade, aridez, frieza, tragédia, malignidade; mas acumula também conteúdos positivamente valorizados como fecundidade, vida, paixão. Cf. *El Conflicto Dramático en* Bodas de Sangre, p. 145.

170 VIAJE A LA LUNA

solidão, vida como morte, posição cobiçada como espaço temido, autenticidade como falsidade, auto-afirmação como determinação heterogênea.

Essa junção de conceitos antagônicos dispensa o símbolo de qualquer interpretação lógica: a Lua é, simplesmente, o que não pode ser. "To be *and* not to be". O valor designativo do astro noturno anula-se pela impossibilidade de se definir por contextos opostos. O anagrama de "luna" – "nula" – é o primeiro indicador interno.

A junção de elementos opostos poderia ser interpretada como técnica surrealista[19]. Na obra lorquiana, no entanto, o objetivo da imagem não pretende produzir efeito pelo acúmulo de elementos dispersos. Na minha opinião, a Lua lorquiana reflete, em primeiro lugar, inconciliabilidade. Quem insiste em juntar o incompossível – a vida e a morte, por exemplo –, experimentará um fracasso trágico.

O próprio Lorca, numa entrevista realizada por Gil Benumeya, em 1931, define seu novo estilo poético da seguinte maneira: "Agora vejo a poesia e os temas com um jogo novo. Mais lirismo dentro do dramático. Dar mais pateticismo aos temas. Mas um pateticismo frio e preciso, puramente objetivo"[20].

O *pathos*, que marcará as obras da época nova-iorquina, ancora-se no *genus sublime* da tragédia grega[21]. A esperança de conciliar dois elementos separados e o medo de que isso não aconteça marcam a existência do Homem: *spes et metus* produzem a pulsação do agir humano – pelo menos, assim ela é representada no teatro antigo. A tragédia toma conta da vida, paralisando-a, quando a dupla *esperança* e *medo* acaba em ᾽έλεος καὶ φόβος – *dor* e *horror*.

Numa conferência sobre *Poeta en Nueva York*, Lorca confirma que o "símbolo patético" da obra é o "sofrimento" vivido pelo "poeta que sou eu"[22]. Essa declaração – tal qual – vale também para *Viaje a la Luna*, em que a Lua – símbolo da existência trágica do ser humano – ilumina a *via crucis* pela qual o Homem sofrido precisa passar.

Resumindo: nossas considerações analíticas levam à convicção de não considerar *Viaje a la Luna* como uma resposta ao curta-metragem,

19. María Clementa Millán, na sua edição do *Poeta en Nueva York* (p. 92), alega que Lorca adota nesta obra "a máxima surrealista".

20. "Ahora veo la poesía y los temas con un juego nuevo. Más lirismo dentro de lo dramático. Dar más patetismo frío y preciso, puramente objetiva." F. García Lorca, *Poeta en Nueva York*, p. 91.

21. Veja as respectivas definições de H. Lausberg, em *Elemente der literarischen Rhetorik*, p. 35: "O ponto principal do campo de aplicação do *pathos* reside no *genus sublime*. Na poesia, o *pathos* é atribuído como efeito à tragédia e a certas composições narrativas (à *Ilíada*, por exemplo). O efeito afetivo da tragédia finalizada são a dor e o horror (᾽έλεος καὶ φόβος). [...] Enquanto a evolução dos acontecimentos não chega ao final, lhe é próprio (na tragédia, na comédia, na narração) a dupla afetiva 'esperança e medo' (*spes et metus*), cujo grau de veemência é menor". Tradução minha.

22. F. García Lorca, *Poeta en Nueva York*, p. 91-92.

que o poeta andaluz, talvez, nunca tenha visto. Em vez de uma atitude vingativa, registramos uma reação diferente: Lorca toma distância.

Ele sai da Espanha, deixa para trás seus relacionamentos e abandona seu estilo poético, para poder encontrar novos caminhos artísticos e, também, para achar a si mesmo.

Para ele, viajar é, em primeiro lugar, distanciar-se ou, metaforicamente, subir os cinco degraus da escada, que, no quadro de Miró, faz a comunicação entre a Terra e o Céu, para seguir brilhando, numa posição inacessível. Desde lá, o ganido de qualquer cachorro – seja qual for – não será correspondido.

Lorca, mediante sua viagem a Nova York, tentou reafirmar sua posição superior sobre seus ex-colegas e admiradores invejosos que tanto devem à inventiva do poeta. González definiu um dos valores simbólicos da Lua como "inveja"[23]. Quem ocupa uma posição central no céu da literatura, entra facilmente em competição com os outros. Nesse contexto, a Lua é o próprio Lorca.

Até 1929 o poeta granadino nunca tinha saído da Espanha e seu âmbito de ação limitava-se a Madri, Andaluzia e – pela amizade com Dalí – Catalunha. A primeira manifestação de distanciamento concretizou-se pela decisão de sair de sua terra e empreender uma viagem ao Novo Mundo. Embora Lorca não se sentisse muito atraído pela civilização norte-americana, necessitava descobrir horizontes não menos importantes do que os melhores centros europeus da vanguarda. E a única metrópole alternativa que competia culturalmente com Paris era Nova York. A escolha de seu novo meio ambiente devia ser mais espetacular do que a de Buñuel e de Dalí e, se fosse possível, Lorca empreenderia uma viagem à Lua. Enquanto os outros estavam lutando para conquistar uma posição reconhecida na capital do surrealismo, ele, no mínimo, quis ser aplaudido como "Poeta em Nova York".

Distanciar-se da Espanha também significava afastar-se de seus amigos que o decepcionavam e selar a ruptura da amizade com Dalí. Sobre esse lado pessoal, as biografias de Gibson reúnem uma documentação impressionante.

Para Lorca, o distanciamento também devia efetuar-se ao nível da própria produção artística, que até então se tinha desenvolvido quase unicamente frente a um pano de fundo espanhol tradicional. Uma obra poética como o *Romancero Gitano* ou uma peça teatral como *Mariana Pineda*, ancorando fundo no tesouro tradicional andaluz, tornaram-se objetos de crítica por parte de círculos orientados pelas correntes culturais internacionais. Isso, com certeza, incentivou nosso poeta andaluz a procurar caminhos fora do ambiente espanhol.

23. Op. cit., p. 75.

Nos últimos tempos de vida estudantil, Lorca começou a perder a hegemonia cultural sobre os amigos artistas de sua geração, que se sentiam cada vez mais atraídos pelas correntes surrealistas francesas. A procura de uma nova linguagem artística implica viajar, para beber em novas fontes de inspiração. A poesia de Walt Whitman, por exemplo, era uma dessas águas nunca antes ingeridas.

E, por último, distanciar-se de uma época de sua própria vida talvez significasse também deixar de brincar às escondidas com seu sentir homossexual, que, apesar da discrição observada, tornou-se um tema público que servia inclusive de modelo para o ciclista afeminado de *Un Chien andalou*. A obra mais pessoal que Lorca escreveu antes de sua viagem para os Estados Unidos é, sem dúvida, *El Paseo de Buster Keaton*, cujo conteúdo auto-afirmativo se esconde tão discretamente atrás do personagem principal que poucos conseguiam entender as referências íntimas e pessoais; enquanto que Dalí, com *Le Grand Masturbateur* (O Grande Masturbador) e *Le Jeu lugubre* (O Jogo Lúgubre) (1929), provocou o escândalo público.

IMITATIO OU O CAMINHO DA PERFEIÇÃO

> *O fato que deve chamar a atenção é o seguinte: uma representação, uma imagem, atua sobre cada indivíduo por separado e, para dizê-lo assim, secretamente, permanecendo cada um ignorante das reações de seu vizinho*[24].

As grandes cidades exercem um atrativo particular sobre os artistas; a metrópole, além de ser lugar de ação de uma infinidade de obras, revela-se também como protagonista de inúmeras obras de arte: cabe lembrar, no âmbito cinematográfico dos anos de 1920, os filmes *Rien que les heures* (Apenas as Horas, 1926), do cineasta brasileiro Alberto Cavalcanti, *Berlin: Die Sinfonie der Grossstadt* (Berlim: A Sinfonia da Metrópole, 1927), de Walter Ruttmann, *Человек с киноаппаратом* (Um Homem com uma Câmera) (1929), de Dziga Vétov, ou *São Paulo, Sinfonia da Metrópole* (1929), de Adalberto Kemeny e Rodolpho R. Lustig.

Roger Caillois, em seu livro *Le Mythe et l'homme* (O Mito e o Homem), dedica um capítulo inteiro ao tema "Paris, Mito Moderno", alegando que a cidade, além de tudo, exerce um *poder mítico* sobre o inconsciente coletivo; se uma obra de arte é regida por uma *intenção estética* ("o prazer do belo"), o mito da metrópole origina a procura de uma *nova estética* aperfeiçoada ("a procura da obra-mestra").

---

24. "Le fait qui doit retenir l'attention est le suivant: une représentation, une image, agit sur chaque individu séparément, pour ainsi dire, secrètement, chacun demeurant dans l'ignorance des réactions de son voisin". R. Caillois, *Le Mythe et l'homme*, p. 38.

LUAR NO LABIRINTO DE ESPELHOS E UMA RESPOSTA DISTANTE

A Geração de 27 sucumbia a esse poder que, em primeiro lugar, irradiava da capital francesa, marcada, naquela altura, pela vanguarda surrealista. Buñuel e Dalí cederam a seu encanto, ao iniciar, ali, sua carreira cinematográfica comum, enquanto Lorca definia seu novo centro de gravitação patético numa Nova York super-humana, configurada, talvez, pelo imagético da futurista *Metropolis* (1927), de Fritz Lang.

No sentido mítico, a metrópole moderna representa o obstáculo a ser superado pelo herói-artista; e sua conquista vitoriosa é coroada com o laurel que lhe confere – no caso de Lorca – o galardão de *Poeta en Nueva York*.

Registra-se – tanto em *Un Chien andalou* como em *Viaje a la Luna* – a presença da metrópole como pano de fundo, seja pelas cenas filmadas nas ruas parisienses, seja pela visão da Broadway noturna, da seqüência 7 do roteiro. Essa presença discreta – que, em virtude da configuração diegética das duas obras, seria dispensável – delimita, porém, o espaço conquistado ao opor, no caso de *Viaje a la Luna*, à capital vanguardista do Velho Mundo a metrópole americana, uma Nova York selênica, lugar utópico do ser humano.

A viagem lunática de Lorca rompe os confins geográficos terrestres. "Regnum meum non est de hoc mundo"[25] (O meu reino não é deste mundo), falou Jesus Cristo; mas a conquista lorquiana reivindica seus sacrifícios: Nova York não é o Paraíso terrestre; o confronto com a realidade do Homem sofrido dói. "Harto gran miseria es vivir en vida que siempre hemos de andar como los que tienen enemigos a la puerta" (É uma miséria bastante grande viver na vida, pois sempre precisamos andar como os que têm inimigos na porta), comenta Santa Teresa de Jesús ao entrar no estado místico das terceiras *Moradas*[26].

Além das homenagens discretas que *Viaje a la Luna* e *Un Chien andalou* rendem, cada um, à respectiva metrópole, há toda uma série de outros elementos concomitantes: em ambas as obras cinematográficas registram-se jogos numéricos que, apesar das configurações diferentes, lhes conferem uma precisão ilusória; as diferentes unidades de *Un Chien andalou* estão todas demarcadas por uma referência temporal: "Era uma vez…"; "Oito anos depois"; "Pelas três horas da manhã"; "Dezesseis anos antes" e "Na primavera…". O primeiro rótulo ("Era uma vez…") desloca a ação nos moldes de um conto de fadas, dispensando-a de qualquer fixação cronotópica precisa. A segunda indicação ("Oito anos depois") anuncia um *flash-forward* que – interrompido por uma informação cronométrica ("Pelas três horas de manhã") – fica invertido pelo *flashback* "Dezesseis anos

25. *S. João*, 18: 36.
26. *Las Moradas*, p. 34.

174 VIAJE A LA LUNA

antes", antes de estagnar-se "Na primavera…" e no fotograma final. As indicações em relação ao enunciado anulam-se mutuamente[27].

Viaje a la Luna também se estrutura por meio de letreiros sobrepostos ou intercalados, portanto, de caráter referencial, com respeito à diegese imagética ("Socorro Socorro Socorro"; "Socorro Socorro"; "No es por aquí"; "Viaje a la luna"; "Elena Helena elhena eLHeNa" e "Elena elena elena elena"). Lorca, pelo uso dos rótulos, condensa a textura informativa, o que confere valor primordial ao enunciado da obra e não à enunciação.

O uso de números, no roteiro lorquiano, limita-se ao baile do 13 com o 22 e sua multiplicação no prólogo. Independentemente do que for a interpretação atribuída a esses algarismos, a visualização de um símbolo quantitativo abstrato – sem relação referencial imediata – esquiva-se, inclusive, do valor concreto aderente. Os números 13 e 22, num baile, na cama, representam a abstração de um valor concreto e, ao mesmo tempo, a concretização de uma idéia abstrata. A técnica aplicada aqui corresponde ao procedimento de *Un Chien andalou*; sua aplicação, porém, não visa a aniquilar uma estrutura temporal, mas a visualização de um domínio invisível.

Pelo fio interpretativo da nossa análise, o prólogo de *Viaje a la Luna* corresponde ao momento da vida pré-natal. Sendo assim, a dança numérica é um simulacro da vida intra-uterina. Fiel à máxima teórica de Buñuel, o roteiro lorquiano propõe a construção de um artefato que visualize o oculto: "Parece que o cinema foi inventado para expressar a vida subconsciente, pois tão profundamente penetra, pelas suas raízes, a poesia"[28], opina o cineasta aragonês. E o invisível, na definição de Murilo Mendes, "é o real que não é visto"[29].

Ao analisar o corte do olho e o baile dos números, nos respectivos prólogos, nos deparamos com o mesmo molde conceitual: mostrar o que, normalmente, se subtrai da visão: "O olho cortado", argumenta Peñuela Cañizal, "é também a imagem de uma intervenção cirúrgica, uma operação de cataratas, isto é, uma intervenção em que se extrai o cristalino para ver melhor"[30]. O baile do 13 com o 22, na minha opinião, é uma visualização radiográfica do interior de um regaço materno.

Dentro de nosso registro de configurações análogas entre *Un Chien andalou* e *Viaje a la Luna*, cabe atentar à interpretação dos papéis principais em ambas as obras: Jenaro Talens, em sua leitura de

27. O surrealismo, na definição de E. Peñuela Cañizal, é "uma expressão que se rompe e um conteúdo que se afasta dos sentidos impostos pelo hábito". Cf. *Surrealismo: Rupturas Expressivas*, p. 106.

28. "El cine parece haberse inventado para expressar la vida subconsciente, que tan profundamente penetra por sus raíces la poesía." L. Buñuel, *Obra Literaria*, p. 185.

29. Cf. verbete "invisível", em Aurélio Buarque de Hollanda, *Dicionário da Língua Portuguesa*, p. 965.

30. Cf. O artigo Lógica Figurativa Une Obras de Buñuel e Dalí, publicado no *Estado de S. Paulo*, 05/08/2000.

Un Chien andalou, apresenta, no apêndice da obra, um quadro sinóptico, com a distribuição dos 290 planos, a intercalação dos letreiros, a intervenção dos personagens e o acompanhamento musical[31]. O que é de nosso interesse particular é o problema dos protagonistas.

Além de uma série de personagens secundários – entre os quais figuram o próprio Buñuel e Dalí, vestido de padre marista –, a repartição dos papéis principais limita-se a dois indivíduos sem nome: a mulher protagonista ocupa a cena em quase todas as seqüências do filme, dividindo-a com seu parceiro masculino (Pierre Batcheff). No entanto, à diferença da mulher, o ator principal interpreta três papéis diferentes – o do ciclista, do homem agressor e de seu sósia – que, ao entrecruzarem-se, armam, para o espectador, a maior confusão. A mulher, aparentemente, sempre é a mesma; seu comportamento, porém, muda perante as diferentes interpretações do papel principal masculino: com o ciclista, ela comporta-se como uma mãe preocupada; frente ao agressor, ela é a mulher assediada que, finalmente, se vinga com um amante; e, no confronto com o sósia, ela adota o papel da esposa.

Resumindo: a protagonista feminina adota três modalidades de características da Mulher, sendo ora *mãe*, ora *objeto de desejo*, ora *esposa*, dependendo do papel do antagonista masculino, que entra em cena no papel do *homossexual*, do *agressor* ou do *marido*.

Recopilamos, detidamente, os argumentos da crítica que atribuem o papel do ciclista afeminado a Lorca. Impõe-se, agora, a interpretação de que os sósias reflitam a dupla Dalí e Buñuel, sócios unidos na produção da fita. Inclino-me a atribuir o papel do sósia, que não suporta a presença do ciclista dotado de peças de vestuário feminino, a Buñuel, que, em várias ocasiões, manifestava publicamente sua desaprovação do homossexualismo de Lorca. Apenas resta atribuir a Dalí o papel do homem com a mão cheia de formigas. O depoimento do cineasta aragonês, numa entrevista com Max Aub, em 1972, confirma que a idéia das formigas é de autoria do pintor: "Uma manhã, Dalí falou-me: Tive um sonho esquisito. Eu tinha um buraco na mão e daí, em montões, saíam formigas"[32].

A insistência em visualizar, no curta-metragem, uma mão perfurada ou cortada suscita a suspeita de que esse signo seja interpretável: Claude Murcia, provavelmente, acerta quando vê, nessa mão, uma configuração do ato masturbador: "l'onanisme suggéré par les fourmis dans la main" (o onanismo sugerido pelas formigas na mão)[33]. Confirma-se essa hipótese no quadro de Dalí, *Le Jeu lugubre*, contemporâneo de *Le Grand Masturbateur* (ambos de 1929), que apresenta uma mão desproporcional – estendida, como se fosse o momento de consumar o castigo merecido: "Tire a mão daí ou vou cortá-la!", é a

---

31. *El Ojo Tachado*, p. 211.

32. "Un matin, Dalí m'a dit: J'ai fat un drôle de rêve. J'avais un trou dans la main et il en sortait des tas de fourmis." L. Buñuel, *Entretiens avec Max Aub*, p. 48.

33. *Un Chien andalou. L'Âge d'or*, p. 57.

ameaça com que uma mãe espanhola repreende seu filho adolescente ao surpreendê-lo em comportamento inadequado e constrangedor.

Lembrando-se do desenho daliniano de São Sebastião, cuja iconografia subjacente evoca o comportamento masturbador de um homem nu, o santo tem a mão esquerda cortada. Um desenho contemporâneo, intitulado *La Má Tallada* ou *La Main Coupée*[34] (A Mão Cortada, 1928), parece apresentar essa mão esquerda cortada que o santo, convertido secretamente em protetor da relação entre Dalí e Lorca, perdeu.

A configuração dos papéis em *Viaje a la Luna* e no curta-metragem tem vários pontos em comum. Sobressai, em primeiro lugar, o anonimato dos protagonistas que, à exceção de Elena, é geral. O protagonista principal do roteiro é o Homem, cujo papel é repartido entre vários atores. As intervenções femininas disputam o papel da mãe, da mulher-objeto-de-desejo ou da mulher sofrida, correspondendo, mais ou menos, à tripartição do papel feminino de *Un Chien andalou*. O protagonista masculino decompõe-se em vários atores e cada um deles representa uma faixa etária (o menino, o adolescente, o adulto) ou uma faceta característica do comportamento social (o arlequim *versus* o Homem das Veias). Esse protagonista masculino, desmembrado em vários papéis, opõe-se aos antagonistas representantes da sociedade: o homem da bata branca, os clientes do bar etc. Paralelamente a *Un Chien andalou*, há uma confusão entre o arlequim e o Homem das Veias – ambos presentes na seqüência do bar (50 e 51) e revelados, finalmente, como a única e mesma pessoa, quando o jovem, vestido de arlequim, tira sua fantasia e se dá a reconhecer, sendo o outro (62). De certo modo, a tripartição masculina repete-se também em *Viaje a la Luna*; o sentimento do protagonista marginado, porém, é enfocado de uma maneira diferente: o Homem das Veias distingue-se do ciclista afeminado por uma modulação séria, e seus sofrimentos sinceros suscitam a compaixão do espectador.

Viaje a la Luna não é mais uma obra lorquiana que apresenta as personagens à distância, como o *Romancero Gitano*, escrito em terceira pessoa; o roteiro já anuncia o desdobramento de caracteres que encontraremos em *El Público*, mas ainda não atinge a autenticidade do "eu lírico" de *Poeta en Nueva York*. O conjunto de atores, onde cada um representa um aspecto particular de um caráter trágico, configura o sofrimento do protagonista virtual que, por sua vez, espelha o sentir trágico da vida do próprio autor. "Pues pensar que hemos de entrar en el cielo y no entrar en nosotros, conociéndonos y considerando nuestra miseria y lo que debemos a Dios [...] es desatino"[35] (Pois pensar que entraremos no céu e não em nós, conhecendo-nos e considerando nossa miséria e o que devemos a Deus... é tolice), comenta Santa Teresa.

---

34. Em R. Descharnes; G. Néret, *Dalí*, p. 126.

35. Sta. Teresa de Jesús, op. cit., p. 33.

Lorca, ao ascender ao céu poético nova-iorquino, apresenta uma auto-análise sincera, embora repartida em vários papéis.

Enquanto o único protagonista masculino de *Un Chien andalou* assume três papéis distintos, os diferentes atores de *Viaje a la Luna*, juntos, formam a tripulação – como no filme de Méliès ou no romance de Jules Verne – para essa odisséia intra-espacial e pessoal. O procedimento lorquiano é, simplesmente, invertido.

Comentamos já, detidamente, a seqüência 45, em que o caráter de três homens desconhecidos se classifica pelo olhar no espelho da Lua, e perseguimos o fio de Ariadne que – por meio de uma resenha cinematográfica de Buñuel – nos conduzia, pelos recantos do labirinto intertextual, até o filme *The Merry Widow* (A Viúva Alegre) (1925), de Erich von Stroheim; registramos ainda que essa seqüência, talvez, fosse o único segmento do roteiro lorquiano que dialogasse com a obra de escárnio ou com seus autores. As conotações atribuídas, obviamente, se divergem.

Lorca – visto pelos meandros imagéticos de *Un Chien andalou* – é zombado de ridículo e de afeminado; em *Viaje a la Luna*, na consciência do valor próprio, ele identifica-se com o primeiro dos três homens, cujo olhar no espelho mágico da Lua revela autenticidade ("Um olha para a Lua acima, levantando a cabeça, e aparece a Lua na tela"); e no filme de Stroheim, identificar-se-ia com o príncipe Danilo.

O "auto-retrato" de Buñuel, identificado com o papel do sósia, é a imagem de um marido que volta para casa às três horas da manhã e que não gosta de afeminados. Essa auto-estimação machista é lindamente contrariada em *Viaje a la Luna*, ao identificá-lo com o segundo homem, que o roteiro classifica de sádico e perverso: seu olhar para o espelho mágico da Lua mostra seu verdadeiro objeto de desejo: "uma cabeça de pássaro, em primeiríssimo plano, e lhe é estrangulado o pescoço até ele morrer frente ao objetivo". Lorca, ao identificá-lo com um dos três pretendentes de Sally O'Hara, atribuir-lhe-ia, sem dúvida, o papel do barão Sadoja, cujo nome já é revelador.

Dalí, o homem que vê formigas na mão onanista, se transforma, no roteiro lorquiano, no homem que "olha para a Lua e aparece na tela uma Lua desenhada sobre um fundo branco, que se dissolve sobre um sexo e o sexo na boca que grita". Sua *obsessão sexual* e o *medo* de consumar o ato combinam-se perfeitamente nessa imagem[36]. Seu *pendant* no filme de Stroheim seria o obsessivo príncipe Mirko, que, num duelo estúpido, fere seu primo Danilo.

Em *El Público*, Lorca introduzirá um biombo; e cada vez que um ator passa por detrás desse objeto cênico ele vê-se transformado. María

---

36. I. Gibson, por exemplo, atribui a Dalí uma "relação muito incômoda com sua sexualidade" e documenta o medo do pintor das doenças venéreas. Cf. *Lorca-Dalí*, p. 99. R. Caillois explica que "o medo das doenças sexualmente transmitidas, na verdade, acaba num terror incoercível perante o sexo feminino e às relações sexuais, que praticamente iguala a impotência". Cf. Le Mythe et l'homme, p. 67. Tradução minha.

Clementa Millán opina que essas "transformações mostram a verdadeira personalidade dos caracteres, cuja essência radica pela sua variabilidade"[37]. Nossa encenação interpretativa configurou as concatenações pelo biombo da intertextualidade; o resultado não é prova nenhuma de que isso seja a única chave interpretativa; esse biombo é meu.

Em certos momentos, o roteiro adota motivos tradicionais do teatro espanhol: os elementos constituintes da seqüência 45 – três homens numa rua noturna – lembram, além de tudo, o terceiro ato de *El Caballero de Olmedo*, de Lope Félix de Vega Carpio: o famoso toureiro Don Alonso é assassinado por Don Rodrigo e Don Fernando. A luz da Lua, porém, revela a autoria do crime: dois nobres agiram, motivados por inveja e ciúme, de uma maneira indigna.

Figura 33: *Salvador Dalí*, Ex-lib[r]is para Federico García Lorca, *1921*.

Num *ex-libris* que Dalí fez para Lorca em 1922, o poeta andaluz é representado como toureiro. Pela maneira de inserir o nome no ex-libris, o tauromáquico proprietário da biblioteca particular chama-se "Federico Gar"; a segunda parte do nome, "Cia Lorca", parece referir-se ao animal a ser dominado, na literária praça de touros[38]. Será

37. Em F. García Lorca, *El Público*, p. 54 (Tradução minha). Ver também Miguel de Unamuno, em sua peça de teatro *El Otro* (O Outro), de 1922, o autor introduz um espelho mágico, revelando a identidade e a personalidade dos caracteres, em *Obras Completas*, v, p. 651-710.

38. Ao escrever "ex-libis", em vez de "ex-libris", pergunto-me se o erro ortográfico é intencional. Será que a 17ª consoante do alfabeto espanhol migrou para a 17ª posição, dentro do nome do autor, para encobrir, discretamente, a versão maliciosa do nome do poeta: "Federico Gar / Cia Loca" ("companhia louca")?

LUAR NO LABIRINTO DE ESPELHOS E UMA RESPOSTA DISTANTE

que Dalí conferiu ao círculo dos admiradores do poeta andaluz – mediante um corte significativo do nome – o epíteto de "Companhia Lorca"?

Apesar de um certo parentesco inegável entre o curta-metragem de Buñuel e Dalí e o roteiro de Lorca, acredito, firmemente, que ambas as obras devem seus elementos comparáveis a um fundo cultural em comum, devido a um interesse compartilhado no cinema, na pintura e na literatura. E cada um dos três artistas apoderou-se, finalmente, de sua esfera, chegando a luzir no céu das artes.

Lorca, de fato, foi o primeiro que conseguiu ter sucesso, o que explica, até certo ponto, a inveja por parte dos companheiros da Residência de Estudantes; portanto, suas primícias poéticas atingiram um grau de conhecimento interno tão grande que podem considerar-se, também, como fundo cultural comum.

Um desenho de Fernando Fresno[39] confirma, talvez, essa hegemonia cultural do poeta andaluz: representa, no centro da cena, o busto de Lorca; e encurvado, atrás dele, está Dalí bebendo na fonte de inspiração do poeta amigo.

Uma foto-lembrança da *Verbena de San Antonio de la Florida* (Madri, 1923) mostra Lorca, na frente, pilotando um avião, e Buñuel, atrás, como simples passageiro[40].

Jesús González Requena, em seu artigo "La Huella de Lorca en el Origen del Cine de Buñuel"[41] (Os Traços de Lorca na Origem do Cinema de Buñuel), aponta para essa influência da produção literária de Lorca sobre seus companheiros, citando, em nosso contexto, *Juegos*, um grupo de poemas "dedicados à cabeça de Luis Buñuel. Em plano de detalhe", cujo primeiro texto é "Ribereñas" ("com acompanhamentos de campainha")[42]:

> *Dicen que tienes cara [...] de luna llena. [...] Cuántas campanas ¿oyes? [...] No me dejan. [...] Pero tus ojos... ¡Ah! [...] ...perdona, tus ojeras... [...] y esa risa de oro [...] y esa... no puedo, esa... [...] Su duro miriñaque / las campanas golpean. / ¡Oh, tu encanto secreto... tu... // (balalín / lín / lín / lín...) // Dispensa.*
>
> (Dizem que você tem cara de Lua cheia... Quantas campainhas, você ouve?... Não me deixam... Mas seus olhos... Ah!... Perdoa, suas olheiras... e esse riso de ouro... e essa... não posso, essa... seu duro merinaque... as campainhas golpeiam... Oh! Seu encanto secreto... seu.... Dispense.)

A conotação irônico-sexual inicia-se pela comparação da cabeça de Buñuel com o astro símbolo do desejo e culmina numa alusão a

---

39. F. García Lorca, *Obras Completas*, III, p. XVII, edição de A. del Hoyo.
40. Em *Buñuel 100 años*, p. 48.
41. Em A. Castro (ed.), *obsesionESbuñuel*, p. 162-190.
42. F. García Lorca, *Obras Completas*, I, p. 378-384, edição de M. García-Posada. Tradução minha.

180 VIAJE A LA LUNA

seu "encanto secreto", equiparado, indiretamente, a um fálico badalo das campanas. González Requena conclui:

> O caso é que Lorca diz olhar a Buñuel com a intensidade com que se olha a Lua. E que é [...] a intensidade mesma do desejo.
> Além disso, o "dispensa" que fecha o poema, é ambivalente: certifica, sim, a intenção brincalhona, mas também pode ser lido como o gesto de pudor de quem sabe que seu desejo será recusado.
> Não é difícil imaginar a indignação com a qual o varonil boxeador aragonês deve ter recebido esses poemas. Ainda mais se tomamos em consideração que o outro poema do grupo intitula-se "Canción del mariquita", canção da bichinha[43].

A simples comparação da cabeça de Buñuel com a imagem da Lua cheia já devia ter sido motivo de briga. Jurgis Baltrušáitis, em seu livro sobre a Idade Média fantástica[44], explica que os poetas árabes costumavam usar a metáfora da Lua cheia para enfatizar a beleza de um rosto feminino – e lembremos que Andaluzia esteve sob o domínio muçulmano entre 711 e 1492.

Ferido em seu orgulho machista pelo atributo lunar que condensa a "suprema encarnação do charme feminino" sobre a cabeça do boxeador e de ver inserido esse poema personalizado ao lado da "Canción del Mariquita", não é estranho que Buñuel, em *Un Chien andalou*, se vingasse com outro *gros plan* de um ciclista afeminado, em que se reconhece o *Paseo de Buster Keaton* lorquiano. O que parece ataque, talvez seja resposta: inclino-me a acreditar que, no fundo, o suposto ataque de Buñuel seja vingança.

O segundo texto citado por González Requena é o poema "Nocturnos de la Ventana"[45], que Lorca escreveu, em 1923, na Residência de

43. Em A. Castro (ed.), op. cit., p. 172. Tradução minha.

44. *Le Moyen Âge fantastique*, p. 140-141

45. "1./Altavalaluna./Bajocorreelviento.//(Mislargasmiradas,/exploranelcielo.) // Luna sobre el agua. / Luna bajo el viento. // (Mis cortas miradas / exploran el suelo.) // Las voces de dos niñas / venían. Sin esfuerzo, / de la luna del agua, / me fui a la del cielo.

2. / Un brazo de la noche / entra por mi ventana. // Un gran brazo moreno / con pulseras de agua. // Sobre un cristal azul / jugaba al río mi alma. // Los instantes heridos / por el reloj... pasaban.

3. / Asomo la cabeza / por mi ventana, y veo / cómo quiere cortarla / la cuchilla del viento. // E esta guillotina / invisible, yo he puesto/ las cabezas sin ojos / de todos mis deseos. // Y un olor de limón / llenó el instante inmenso, / mientras se convertía / en flor de gasa el viento.

4. / Al estanque se le ha muerto / hoy una niña de agua. / Está fuera del estanque, / sobre el suelo amortajada. // De la cabeza a sus muslos / un pez la cruza, llamándola. / El viento le dice 'niña' / mas no puede despertarla. // El estanque tiene suelta / su caballera de algas / y al aire sus grises tetas / estremecidas de ranas. // 'Dios te salve' rezaremos / a Nuestra Señora de Agua / por la niña del estanque / muerta bajo las manzanas. // Y luego pondré a su lado / dos pequeñas calabazas / para que se tenga a flote, / ¡ay! sobre la mar salada".

(NOTURNOS DA JANELA. /// 1. / Alta vai a Lua. / Baixo corre o vento. // (Meus largos olhares, / exploram o céu.) // Lua sobre a água. / Lua debaixo do vento. // (Meus

LUAR NO LABIRINTO DE ESPELHOS E UMA RESPOSTA DISTANTE

Estudantes. O autor do artigo, ao pesquisar o parentesco intertextual de certas imagens do poema com o prólogo de *Un Chien andalou*, chega a uma série de concordâncias surpreendentes:

> Alta vai a Lua
> Embaixo corre o vento.

> (Meus largos olhares,
> exploram, o céu.)

Essas duas estrofes anotam, num primeiro momento, o objeto observado e, depois, o sujeito observador. Isso corresponde aos planos da Lua cheia e da cabeça de Buñuel, *en gros plan*, do prólogo do curta-metragem.

> (Meus breves olhares
> exploram o chão.)

A quarta estrofe opõe às "largas miradas" explorando o céu, dos versos anteriores, "olhares curtos para baixo". No filme, acontecem os mesmos *raccords*, só que em ordem invertida: primeiro o breve olhar para baixo – Buñuel, olhando para o afiador e a navalha – e, depois, seu extenso olhar para o céu com a Lua cheia.

> As vozes de duas meninas
> vinham. Sem esforço,
> da Lua da água,
> fui à Lua do céu
> …
> Assomo a cabeça
> pela minha janela, e vejo
> como quer cortá-la
> a lâmina do vento

---

curtos olhares / exploram o chão.) // As vozes de duas meninas / vinham. Sem esforço, / da Lua da água, / eu fui para a do céu. /// 2. / Um braço da noite / entra pela minha janela. // Um grande braço moreno / com pulseiras de água. // Sobre um cristal azul / jogava o rio a minha alma. // Os instantes feridos / pelo relógio... passavam. /// 3. / Assomo a cabeça / pela minha janela, e vejo / como quer cortá-la / a faca do vento. // Nesta guilhotina / invisível, eu pus / as cabeças sem olhos / de todos os meus desejos. // E um cheiro de limão / encheu o instante imenso, / enquanto se convertia / em crepe o vento. /// 4. / No estanque morreu-se / hoje uma menina de água. / Está fora do estanque, / no chão, amortalhada. // Da cabeça às coxas / um peixe a cruza, chamando-a. / O vento lhe diz "menina" / mas não consegue acordá-la. // O estanque tem solto / seu cabelo de álgas / e no ar seus cinzentos seios / estremecidos de rãs. // "Deus te salve" rezaremos / à Nossa Senhora da Água / pela menina do estanque / morta embaixo das maçãs. // E logo porei ao seu lado / duas pequenas cabaças / para que flutue / ai! sobre o mar salgado.) *Obras Completas*, I, p. 356-358, edição de M. García-Posada.

Além disso, em ambas as obras o plano enfocado é uma superfície brilhante: no poema é a água, espelhando a Lua ("a Lua da água" *versus* "a Lua do céu"), e, no filme, a lâmina da navalha, que também não falta no texto lorquiano ("la cuchilla del viento").

À diferença do poema, o filme não introduz duas meninas ("As vozes de duas meninas / vinham"), mas uma mulher jovem. González Requena propõe a leitura da expressão "das meninas" no sentido de "duas pupilas", conectando assim esse verso com o plano de detalhe dos olhos da jovem, no prólogo do filme.

> Um braço da noite
> entra pela janela.
>
> Um grande braço moreno
> com pulseiras de água
> ...
> Os instantes feridos
> pelo relógio... passavam

O poema segue evocando "um grande braço com pulseiras de água" e um relógio; ambos os elementos lembram o plano de detalhe do braço de Buñuel, com o relógio, afiando a navalha.

González Requena vê, no começo da terceira parte do poema ("Assomo a cabeça / pela minha janela, e vejo / como quer cortá-la / a lâmina do vento"), o ponto culminante do texto – marcado pela concatenação do desejo com uma figura da morte – correspondendo à cena do corte do olho no filme. O próprio corte tem seu *pendant*, no poema, na expressão "guilhotina":

> Nessa guilhotina
> invisível, eu pus
> as cabeças sem olhos
> de todos meus desejos

Essas concordâncias estruturais entre o poema de 1923 e o prólogo do curta-metragem nunca foram reveladas por parte do cineasta; Buñuel, ao contrário, pretendeu sempre que a idéia do corte tivesse sua origem num sonho, no qual alguém queria furar o olho de sua mãe[46].

Não quero discutir aqui se esse sonho corresponde a um acontecimento biográfico verdadeiro ou se Buñuel simplesmente queria comprovar – já que o sonho em si, nas teorias surrealistas, está altamente quotizado como fonte de inspiração – que Dalí e ele eram

---

46. "J'ai rêvé de ma mère, et de la lune, et d'un nuage qui traversait la lune, et puis on voulait fendre un oeil à ma mère et elle se rejetait en arrière" (Eu sonhei com a minha mãe, e com a Lua, e com uma nuvem que atravessava a Lua, e então queriam fender o olho da minha mãe, mas ela recuava). L. Buñuel, *Entretiens avec Max Aub*, p. 48.

LUAR NO LABIRINTO DE ESPELHOS E UMA RESPOSTA DISTANTE   183

verdadeiros surrealistas[47]. Também não quero descartar a possibilidade de que os "Nocturnos de la Ventana" lorquianos sejam a fonte referencial do sonho relatado, em que aparece a mãe do cineasta; nesse caso, o corte seria uma concretização onírica do desejo de Buñuel de desembaraçar-se da influência da autoridade materna.

Dalí, que também se sentia subjugado à autoridade familiar, manifestou, em 1929, seu desgosto – em vez de um sonho homicida – num desenho que causou um grande escândalo: *Parfois je crache par plaisir sur le portrait de ma Mère* (Às vezes, eu cuspo por prazer sobre o retrato de minha Mãe).

Recordando que Buñuel, numa carta enviada a Pepín Bello[48], adverte da influência de Lorca, podemos concluir que o poeta andaluz, durante os anos de convivência na Residência de Estudantes, ocupava uma posição de liderança absoluta.

A meu ver, o ato de furar o olho, no filme, configura o desejo de cortar o cordão umbilical com qualquer autoridade, seja materna ou literário-cultural, designando um processo de desengate do lar familiar ou dessa "nefasta influência do García".

Na obra de Lorca, a figura da mãe autoritária é um elemento constante: no roteiro, aparece na seqüência 11, dando uma pancada em um menino, e distingue-se sobretudo na imagem da Lua.

Recapitulando: a teoria estabelecida por González Requena pressupõe que a originalidade do prólogo do curta-metragem ancora num poema lorquiano; e Gibson, ao comentar a cena do ciclista, fala, inclusive, de um plágio do diálogo *El Paseo de Buster Keaton*[49].

Ao desqualificar o curta-metragem como uma "mierdesita", pergunto-me se Lorca, no fundo, queria manifestar que os autores de *Un Chien andalou* ainda estavam mamando na teta inspiradora da poesia lorquiana, que publicamente rejeitavam. O fato de *Viaje a la Luna* ser bem mais uma auto-afirmação pessoal e artística do que um diálogo com o filme, baseado em pelo menos duas idéias fundamentais na própria produção lorquiana, reafirma a influência que o poeta em Nova York continuou exercendo.

Os biógrafos relatam que Buñuel e Dalí também se separaram. Cada um desses três artistas espanhóis alcançou seu auge criativo

47. Numa das entrevistas com Max Aub, o cineasta aragonês declara-se partidário incondicional do movimento surrealista. Op. cit., p. 41-42.

48. Veja o seguinte trecho da carta que Buñuel, desde Paris, encaminhou a Pepín Bello, no dia 5 de setembro de 1927: "Federico irrita-me de um modo incrível... E Dalí influenciadíssimo... Com que gosto o veria chegar por aqui e refazer-se longe da nefasta influência do García. Porque Dalí é um homem muito talentoso", apud A. Sánchez Vidal, *Buñuel, Lorca, Dalí*, p. 160-162. Tradução minha.

49. *Lorca-Dalí*, p. 248.

184 VIAJE A LA LUNA

quando certa independência cultural foi lograda. Lorca, em 1929, por sentir-se abandonado e ver-se obrigado a fazer sua viagem para um Novo Mundo lunático talvez tivesse sido o primeiro a consolidar seu domínio, que é a poesia. *Viaje a la Luna* mostra as dificuldades desse caminho para ascender à perfeição poética, que finalmente vislumbra nas obras – inacabadas – *Poeta en Nueva York* ou *Tierra y Luna*[50].

Seria errôneo designar a produção nova-iorquina como surrealista; o próprio Lorca, ao falar sobre os poemas em prosa publicados em setembro de 1928 – "Nadadora sumergida" e "Suicidio en Alejandría" –, e classificados geralmente como tal, recusa semelhante qualificação; numa carta dirigida a Sebastià Gasch escreve:

> Aí lhe mando os dois poemas. Gostaria que fossem de seu gosto. Respondem à minha nova maneira espiritualista, emoção pura descarnada, desligada do controle lógico, mas, atenção!, atenção!, com uma tremenda lógica poética. Não é surrealismo, atenção!, a consciência mais clara ilumina-os[51].

Lorca, ao comparar sua produção poética com obras surrealistas, aponta para uma "tremenda lógica poética" e a "consciência mais clara" que a ilumina, apesar de um "desligamento do controle lógico". No meu entender, essa classificação dos dois poemas precursores de *Viaje a la Luna* e *Poeta en Nueva York* é absolutamente válida para as obras nova-iorquinas: a simples escolha da metrópole americana – em vez de Paris, capital mundial do surrealismo – confirma o afastamento consciente de Lorca da escola bretoniana e uma pura auto-afirmação: o poeta em Nova York não se vê discípulo de ninguém e seu estilo não imita nada. A poesia lorquiana é única e autêntica[52].

Apesar da separação dos três ex-amigos da Residência de Estudantes, as obras nova-iorquinas de Lorca ainda tiveram sua influência. Dalí, embora não pudesse conhecer *Viaje a la Luna*, com certeza sabia da existência do roteiro, e compreendeu perfeitamente que essa Lua, no pensamento do granadino, era Nova York.

---

50. Sobre um possível agrupamento do *corpus* poético nova-iorquino sob esses dois títulos, veja a edição crítica de Eutimio Martín, F. García Lorca, *Poeta en Nueva York – Tierra y Luna*.

51. "Ahí te mando los dos poemas. Yo quisiera que fueran de tu agrado, responden a mi nueva manera espiritualista, emoción pura descarnada, desligada del control lógico, pero, ¡ojo!, la conciencia más clara los ilumina." Apud A. Sánchez Vidal, op. cit., p. 182.

52. Comparto, plenamente, a posição sobre "La Presencia Superrealista" na obra lorquiana, de María Clementa Millán, em F. García Lorca, *Poeta en Nueva York*, p. 91: "Lorca, sem dúvida, aproximou-se do credo surrealista, adotando vários procedimentos (alargamento do verso, léxico, imaginário) e com outro tratamento dos temas. *Poeta en Nueva York*, porém, não tem comparação com as criações surrealistas francesas, nem espanholas, por submeter-se a uma configuração lógica e absolutamente "palpável" na estrutura externa e uma absoluta coerência temática interna". Tradução minha.

LUAR NO LABIRINTO DE ESPELHOS E UMA RESPOSTA DISTANTE

Nesse sentido, acredito que a carta da Lua, do tarô daliniano, é uma mera homenagem ao poeta da Lua, que se arriscou a empreender essa viagem nada fácil e – como no filme de Méliès – alcançou o objetivo.

A interpretação daliniana do décimo oitavo arcano contém outro elemento enigmático, cujo sentido escapa a uma lógica interna: a pinça enorme do lagostim, levantada até o céu, parece ter como referência intertextual um verso do poema "El Rey de Harlem"[53]:

> Negros! Negros! Negros! Negros!
> O sangue não tem portas na noite de vocês boca para cima.
> Não há rubor. Sangue furioso por baixo das peles,
> vivo no espinho do punhal e no peito das paisagens,
> por baixo das pinças e das retamas da celeste Lua de Câncer[54].

A carta da Lua do tarô daliniano, dedicada ao signo zodiacal do Câncer, representa os arranha-céus da metrópole americana por baixo da pinça do crustáceo e do astro noturno, cuja coloração amarela lembra as flores da giesta ("retama"), tão difundida na Espanha.

Viaje a la Luna é um roteiro que – embora mantendo um vivo dialogismo com outras manifestações artísticas – não pode ser considerado, em primeiro lugar, uma resposta a *Un Chien andalou*. A independência artística da obra – manifestando-se pela *mise-en-scène* de uma própria linguagem poética – espelha a intenção do autor de conquistar uma posição de hegemonia cultural e intelectual, que Lorca, talvez, visse atingida em *Poeta en Nueva York*. A subida a esse Céu da poesia – literária ou cinematográfica – é um caminho árduo e solitário; e *Viaje a la Luna* – numa visão de conjunto, recompondo o caleidoscópio dos múltiplos papéis – deixa vislumbrar a configuração imagética do sofrimento desse ser humano, cujo destino trágico foi a procura solitária de valores autênticos tanto na poesia como no amor.

---

53. Devo essa indicação a Urs Müller, amigo meu, que acompanhou este trabalho com vivo interesse.

54. "¡Negros! ¡Negros! ¡Negros! ¡Negros! / La sangre no tiene puertas en vuestra noche boca arriba. / No hay rubor. Sangre furiosa por debajo de las pieles, / viva en la espina del puñal y en el pecho de los paisajes, / bajo las pinzas y las retamas de la celeste luna de Cáncer". F. García. Lorca, *Poeta en Nueva York*, p. 129.

Referências Bibliográficas

ALEXANDRIAN. *Max Ernst*. Paris: Somogy, 1986.

ANNUNZIO, Gabriele d' [et alii]. *Saint Sébastien*. Paris: Persona, 1983.

APOLLINAIRE, Guillaume. *Alcools*. Paris: Gallimard, 1988.

ARASSE, Daniel. *Le Détail*. Paris: Flammarion, 1992.

ARGAN, Giulio Carlo. *Arte Moderna*: do iluminismo aos movimentos contemporâneos. São Paulo: Companhia das Letras, 1993.

AUMONT, Jacques. *L'Œil interminable*: cinéma et peinture. Paris: Séguier, 1995.

_____. *À quoi pensent les films*. Paris: Séguier, 1996.

_____; MARIE, Michel. *L'Analyse des films*. Paris: Nathan, 1988.

BÄTZNER, Nike. *Andrea Mantegna*. Köln: Könemann, 1998.

BAKHTIN [E], Mikhail. *Esthétique et théorie du roman*. Paris: Gallimard, 1978.

_____. *Problemas da Poética de Dostoiévski*. Rio de Janeiro: Forense Universitária, 1997.

_____. *A Cultura Popular na Idade Média e no Renascimento*: no contexto de François Rabelais. São Paulo: Hucitec; Brasília: Ednub, 1999.

BALTRUŠAITIS, Jurgis. *Le Moyen Âge fantastique*. Paris: Flammarion, 1993.

_____. *La Quête d'Isis:* essai sur la légende d'un mythe. Paris: Flammarion, 1997.

BARTHES, Roland. *Le Degré zéro de l'écriture*. Paris: Seuil, 1953.

_____. *Essais critiques*. Paris: Seuil, 1964.

_____. *La Chambre claire*: note sur la photographie. Paris: Éditions de l'Étoile / Gallimard: Seuil, 1980.

_____. *L'Obvie et l'obtus*: essais critiques III. Paris: Seuil, 1982.

BARTHES, Roland. [et alii]. *Littérature et réalité*. Pari: Seuil, 1982.

BATAILLE. Georges, *L'Érotisme*. Paris: Minuit, 1957.

_____. *Œuvres complètes*, I. Premiers écrits, 1922–1940. Paris: Gallimard, 1970.

188 VIAJE A LA LUNA

_____. *Histoire de l'œil*. Paris: Gallimard, 1979.

BAUDELAIRE, Charles. *Les Fleurs du mal*. Paris: Flammarion, 1991.

BAUER, Wolfgang; DÜMOTZ, Irmtraud; GOLOWIN, Sergius. *Lexikon der Symbole*. München: Heyne, 1987.

BERNARDET, Jean-Claude. *O Autor no Cinema*. São Paulo: Brasiliense / Edusp, 1994.

BISCHOFF, Ulrich. *Edvard Munch 1863-1944*: imagens de vida e morte, Köln: Benedikt Taschen, 1993.

BOEHM, Gottfried; MOSCH, Ulrich; SCHMIDT, Katharina. *Canto d'Amore*: Klassizistische Moderne in Musik und bildender Kunst 1914-1935. Basel: Kunstmuseum, 1996.

BONAFOUX, Pascal. *Vermeer*. Paris: Le Chêne, 1992.

BOYER, Marie-France. *Culto e Imagem da Virgem*. São Paulo: Cosac & Naify, 2000.

BRETON, André. *Le Surréalisme et la peinture*. Paris: Gallimard, 1979.

_____. *Manifestes du surréalisme*. Paris: Gallimard, 1985.

BUÑUEL, Luis. *Obra Literaria*. Zaragoza: Heraldo de Aragón, 1982.

_____. *Mon dernier soupir*. Paris: Robert Laffont, 1982.

_____. *Entretiens avec Max Aub*. Paris: Belfond, 1991.

_____. *Meu Último Suspiro*. Tradução de Rita Braga. Rio de Janeiro: Nova Fronteira, 1982.

BUÑUEL 100 años…, *Buñuel 100 años:* es peligroso asomarse al interior / *Buñuel 100 ans:* il est dangereux de se pencher au-dedans. Catálogo de exposición / Catalogue d'exposition. Instituto Cervantes: Centre Pompidou, 2000.

BURCH, Noel. *Práxis do Cinema*. São Paulo: Perspectiva, 1992.

BUTOR, Michel. *Les Mots dans la peinture*. Paris: Flammarion, 1969.

CAILLOIS, Roger. *Le Mythe et l'homme*. Paris: Gallimard, 1938.

CALABRESE, Omar. *A Idade Neobarroca*. Lisboa: Edições 70, 1987.

CAMUS, Albert. *L'Étranger*. Paris: Gallimard, 1942.

CASTRO, Antonio (ed.). *obsesionESbuñuel*. Madrid: Antonio Castro y Asociación Luis Buñuel, 2001.

CENDRARS, Blaise. *Œuvres complètes*. 9 vols. Paris: Denoël, 1960.

CHAVES, Anésia Pacheco e. *Manchas*. São Paulo: Árvore da Terra, 1998.

CHÉNIEUX-GENDRON, Jacqueline. *O Surrealismo*. São Paulo: Martins Fontes, 1992.

CLÉBERT, Jean-Paul. *Dictionnaire du Surréalisme*. Paris: Seuil, 1996.

COMUNE DI VERONA [et alii]. *Dalí, Miró, Picasso e il Surrealismo spagnolo*. Verona: Palazzo Forti / Milano: Skira, 1995.

COUFFON, Claude. *Granada y García Lorca*. Traducción de Bernard Kordon. Buenos Aires: Losada, 1967.

COVARRUBIAS, Sebastián de. *Tesoro de la Lengua Castellana o Española*. Madrid: Turner, 1977.

DALÍ, Salvador. *El Mito Trágico del Ángelus de Millet*. Barcelona: Tusquets, 1978.

_____. *Diário de um Gênio*. Rio de Janeiro: Paz e Terra, 1989.

_____. *¿Por qué se Ataca a La Gioconda?* Madrid: Siruela, 1994.

DAVID, Yasha. *¿Buñuel! Auge des Jahrhunderts*. Bonn: Kunst- und Ausstellungshalle, 1994.

REFERÊNCIAS BIBLIOGRÁFICAS 189

DESCHARNES, Robert; NÉRET, Gilles. *Salvador Dalí*. Köln: Benedikt Taschen, 1997.

D'ORS, Eugenio. *O Barroco*. Lisboa: Vega.s.d.

DRUMMOND, Phillip. *Un Chien andalou: Luis Buñuel and Salvador Dalí*. London / Boston: Faber and Faber, 1994.

FAVREAU, Robert (dir.). *La Vie de Sainte Radegonde par Fortunat. Poitiers, Bibliothèque Municipale, Manuscrit 250 (136)*. Paris: Seuil, 1995.

FEAL DEIBE, Carlos. *Eros y Lorca*. Barcelona: Edhasa, 1973.

FER, Briona; BATCHELOR, David; WOOD, Paul. *Realismo, Racionalismo, Surrealismo*: a arte no entre-guerras. São Paulo: Cosac & Naify, 1998.

FRÈRE, Jean-Claude. *Les Primitifs flamands*. Paris: Terrail, 1996.

FREUD, Sigmund. *Studienausgabe*. 11 Bd. Frankfurt am Main: Fischer, 1989.

GARCÍA LORCA, Federico. *Obras Completas*. 2 tomos. Edição de Arturo del Hoyo. Madrid: Aguilar, 1973 / 1986.

_____. *Poeta en Nueva York – Tierra y Luna*. Edición crítica de Eutimio Martín. Barcelona; Caracas; México: Ariel, 1981.

_____. *Diván del Tamarit, Llanto por Ignacio Sánchez Mejías, Sonetos*. Edição de Mario Hernández. Madrid: Alianza, 1981.

_____. *Viaggio verso la luna:* sceneggiatura per un film. Edição de Marie Laffranque. Reggio Emilia: Elitropia, 1982.

_____. *Bodas de Sangre*. Introdução de Fernando Lázaro Carreter. Madrid: Espasa Calpe, 1987.

_____. *El Público*. Edição de María Clementa Millán. Madrid: Cátedra, 1987.

_____. *Yerma*. Edição de Ildefonso-Manuel Gil. Madrid: Cátedra, 1988.

_____. *Viaje a la Luna*: guión cinematográfico. Edição, introdução e notas de Antonio Monegal. Valencia: Pre-Textos, 1994.

_____. *Poesía Inédita de Juventud*. Edição de Christian de Paepe. Madrid: Cátedra, 1994.

_____. *Obras Completas*. 3 tomos. Edição de Arturo de Hoyo. Madrid: Aguilar, 1986.

_____. *Obras Completas*. 4 tomos. Edição de Miguel García-Posada. Barcelona: Galaxia Gutenberg / Círculo de Lectores, 1997.

_____. *Poeta en Nueva York*. Edição de María Clementa Millán. Madrid: Cátedra, 1997.

_____. *Viaje a la Luna*: guión cinematográfico. Edição de Frederic Amat. Barcelona: Edicions de l'Eixample, 1998.

_____. *Impresiones y Paisajes*. Edição de Rafael Lozano Miralles. Madrid: Cátedra, 1998.

_____. *Así que Pasen Cinco Años*. Edição de Margarita Ucelay. Madrid: Cátedra, 1998.

_____. *Amor de Don Perlimplín con Belisa en su Jardín*. Edição de Margarita Ucelay. Madrid, Cátedra, 1998.

GAUDREAULT, André (dir.), *Ce que je vois de mon ciné...*: la représentation du regard dans le cinéma des premiers temps. Québec: Méridiens Klinckcksieck, 1988.

GENETTE, Gérard. *Figures III*. Paris: Seuil, 1972.

_____, Gerard. *Palimpsestes:* la littérature au second degré. Paris: Seuil, 1982.

_____. *Seuils*. Paris: Seuil, 1987.

190 VIAJE A LA LUNA

GIBSON, Ian. *Federico García Lorca:* 1. De Fuente Vaqueros a Nueva York (1898-1929); 2. De Nueva York a Fuente Grande (1929-1936). Barcelona: Crítica, 1998a.

_____. *La Vida Desaforada de Salvador Dalí.* Barcelona: Anagrama, 1998.

_____. *Lorca-Dalí:* el amor que no pudo ser. Barcelona: Plaza & Janés, 1999.

GIL, Ildefonso-Manuel (ed.). *Federico García Lorca.* Madrid: Taurus, 1980.

GÓMEZ DE LA SERNA, Ramón. *Total de Greguerías.* Madrid: Aguilar, 1955.

GONZÁLEZ, M. Mario. *El Conflicto Dramático en* Bodas de Sangre. São Paulo: FFLCH/USP, 1989.

GOETHE, Johann Wolfgang. *Werke.* 14 Bd. München: Beck, 1994.

GROUPE μ. *Traité du signe visuel.* Paris: Seuil, 1992.

GUBERN, Román. *Proyector de Luna:* la generación del 27 y el cine. Barcelona: Anagrama, 1999.

GUILLÉN, Jorge. *Cántico.* Barcelona: Labor, 1970.

HAGER, Werner. *Barock:* Skulptur und Malerei. Baden-Baden: Holle, 1974.

HUGO, Victor. *Poésie.* 3 tomes. Paris: Seuil, 1972.

JAUSS, Hans Robert. *Pour une esthétique de la réception.* Paris: Gallimard, 1978.

JIMÉNEZ, José Olivio (org.). *Antología de la Poesía Hispanoamericana Contemporánea 1914-1970.* Madrid: Alianza, 1973.

JUNG, Carl Gustav. *Grundwerk.* 9 Bd. Olten / Freiburg im Breisgau: Walter, 1987.

KELLER, Hiltgart L. *Reklams Lexikon der Heiligen und der biblischen Gestalten.* Stuttgart: Reclam, 1979.

KRAUSS, Rosalind E. *The Optical Unconscious.* Cambridge-Massachusetts: MIT Press, 1993.

KRISTEVA, Julia. *Σημιωτική:* recherches pour une sémanalyse. Paris: Seuil, 1969.

_____. *La Révolution du langage poétique.* Paris: Seuil, 1974.

_____. *Pouvoirs de l'horreur.* Paris: Seuil, 1980.

LAUSBERG, Heinrich. *Elemente der literarischen Rhetorik.* München: Huber, 1976.

LÁZARO CARRETER, Fernando; CORREA CALDERÓN, Evaristo. *Cómo se Comenta un Texto Literario.* Madrid: Cátedra, 1975.

LEFEEBVRE, Hélène. *Le Voyage.* Paris: Bordas, 1989.

LINK-HEER, Ursula; ROLOFF, Volker (ed.). *Luis Buñuel:* Film-Literatur-Intermedialität. Darmstadt: Wissenschaftl. Buchgesellschaft, 1994.

LUCIANO [LUKIAN]. *Die Hauptwerke des Lukian.* Griechisch und deutsch. München: Heimeran, 1954.

MACHADO, Arlindo. *Pré-cinemas & Pós-cinemas.* Campinas: Papirus, 1997.

MANGUEL, Alberto. *Lendo Imagens:* uma história de amor e ódio. São Paulo: Companhia das Letras, 2001.

MARTIN, Marcel. *El Lenguaje del Cine.* Barcelona: Gedisa, 1992.

MELCHIOR, Reto. Cet obscur objet du désir. *Significação – Revista Brasileira de Semiótica* 11/12. 1996: 108-163. São Paulo: Annablume / Centro de Estudos Semióticos, 1996.

MELCHIOR-BONNET, Sabine. *Histoire du miroir.* Paris: Imago, 1994.

METZ, Christian. *Linguagem e Cinema.* São Paulo: Perspectiva, 1971.

_____. *A Significação no Cinema.* São Paulo: Perspectiva, 1977.

_____. *Le Signifiant imaginaire.* Paris: Nathan, 1993.

MEURIS, Jacques. *René Magritte.* Köln: Taschen, 1993.

REFERÊNCIAS BIBLIOGRÁFICAS 191

MONEGAL, Antonio. *Luis Buñuel:* de la literatura al cine. Barcelona: Anthropos, 1993.

_____. El Manuscrito Encontrado en Oklahoma; Entre el Papel y la Pantalla. In: GARCÍA LORCA, Federico. *Viaje a la Luna*: guión cinematográfico. Edição, introdução e notas de Antonio Monegal. Valencia: Pre-Textos, 1994.

MORRIS, Cyril Brian. *This Loving Darkness:* the cinema and spanish writer, 1920-1936. Oxford: Oxford University, 1980.

MURCIA, Claude. *Un Chien andalou. L'Âge d'or*. Paris: Nathan, 1994.

ORTEGA Y GASSET, José. *La Deshumanización del Arte y Otros Ensayos Estéticos.* Madrid: Revista de Occidente, 1970.

OVIDIUS NASO, Publius. *Metamorphosen.* Lateinisch und deutsch. München: Heimeran, 1977.

PEÑUELA CAÑIZAL, Eduardo. *Surrealismo*: Rupturas Expressivas. São Paulo: Atual, 1987.

_____. La Metáfora Visual. *Anàlisi 14: Quadrens de comunicació i cultura.* Barcelona: Universitat Autònoma de Barcelona (UAB), 1992.

_____. La Voix dans le miroir: le dialogisme métaphiorique. *RS-SI*, v. 18, números 1-2. Association canadienne de sémiotique / Canadian Semiotic Association, 1998.

_____. Luis Buñuel e o Discreto Encanto de Marilyn. *Jornal da Tarde*, 26/02/2000.

_____. Lógica Figurativa Une Obras de Buñuel e Dalí. *O Estado de S. Paulo*, 5/08/2000.

_____. *Sobre a Poética da Carnavalização em Filmes de Luis Buñuel.* (Consulta do manuscrito). s.d.

_____. *Los Intertextos Estructurales en Mensajes Visuales.* (Consulta do manuscrito) s.d.

_____ (org.). *Um Jato na Contramão*: Buñuel no México. São Paulo: ECA-USP / Perspectiva, 1993.

_____ (org.). *Urdidura de Sigilos*: ensaios sobre o cinema de Almodóvar. São Paulo: Annablume / ECA-USP, 1996.

PÉRET, Benjamin. *Le Grand jeu*. Paris: Gallimard, 1969.

PÉREZ TURRENT, Tomás; COLINA, José de la. *Buñuel por Buñuel.* Madrid: Plot, 1993.

PLETT, Heinrich. Intertextualidades, *Criterios*. La Havana: Casa de las Américas, 1993.

POLLACK, Rachel. *Tarot Universal Dalí.* Barcelona: Mediterránea, 1985.

RAEBURN, Michael (ed.). *Salvador Dalí*: the early years. London: Thames and Hudson, 1994.

RAHM-KÖLLING, Othmar. *Sebastian oder der Pfeil fliegt noch immer.* Hamburg: Jahn & Ernst Verlag, 1989.

RAMUZ, Charles-Ferdinand. *Histoire du soldat*: parlée, jouée, dansée. Aigre: Séquences, 1986.

RIFFATERRE, Michael. *Sémiotique de la poésie.* Paris: Seuil, 1983.

ROBSON, Vivian E. *The Fixed Stars and Constellations in Astrology.* York Beach: Samuel Weiser, 1979.

RODRÍGUEZ BLANCO, Manuel. *Luis Buñuel*. Paris: BiBi /Durante, 2000.

RONSARD. *Sonnets pour Hélène.* Genève: Droz, 1970.

192 VIAJE A LA LUNA

ROSENBLUM, Robert. *Le Chien dans l'art*: du chien romantique au chien post-moderne. Paris: Adam Biro, 1989.

SABADIN, Celso. *Vocês Ainda não Ouviram Nada*: a barulhenta história do cinema mudo. São Paulo: Lemos, 1997.

SÁNCHEZ VIDAL, Agustín. *Luis Buñuel*. Madrid: Cátedra, 1991.

_____. *El Mundo de Buñuel*. Zaragoza: Caja de Ahorros de la Inmaculada, 1993.

_____. *Buñuel, Lorca, Dalí*: el enigma sin fin. Barcelona: Planeta, 1996.

SGARBOSSA, Mario. *Os Santos e os Beatos da Igreja do Ociente e do Oriente*. São Paulo: Paulinas, 2003.

SPIESS, Werner. *Max Ernst*: les collages, inventaire et contradictions. Paris: Gallimard, 1984.

STAINTON, Leslie. *Lorca: Sueño de Vida*. Buenos Aires: Adriana Hidalgo, 2001.

STORNI, Alfonsina. *Obras Completas*, I. *Poesías*. Buenos Aires: SELA, 1976.

TALENS, Jenaro. *El Ojo Tachado*. Madrid: Cátedra, 1986.

TERESA DE JESÚS, Santa. *Las Moradas*. Madrid: Austral, 1971.

TESSON, Charles. *Luis Buñuel*. Paris: Étoile / Cahiers du cinéma, 1995.

TODOROV, Tzvetan. *Théories du symbole*. Paris: Seuil, 1977.

TOULET, Emmanuelle (dir.). *Le Cinema au rendez-vous des arts:* France, années 20 et 30. Paris: Bibliothèque nationale de France, 1995.

TULARD, Jean. *Guide des films*. 2 vols. Paris: Robert Laffont, 1990.

UNAMUNO, Miguel de. *Obras Completas*: Teatro completo y monodiálogos. Madrid: Escelicer, 1968.

VALLEJO, César. *Poesía Completa*. Ciudad de La Habana: Arte y Literatura/ Casa de las Américas, 1988.

VANOYE, Francis; GOLIOT-LÉTÉ, Anne. *Ensaio sobre a Análise Fílmica*. Campinas: Papirus, 1994.

VERGILIUS MARO, Publius. *Georgica / Vom Landbau*. München: Goldmann, 1970.

VERNE, Jules. *Autour de la Lune*. Paris: Librairie Générale Française, 2003.

_____. De la Terre à la Lune. Paris: Libraire Générale Francaise, 1976.

VIRMAUX, Alain; VIRMAUX, Odette. *Les Surréalistes et le cinéma.* Anthologie. Paris: Seghers, 1976.

VORAGINE, Jacques de. *La Légende dorée*. 2 vols. Paris: Garnier, 1923.

WÖLFFLIN, Heinrich. *Kunstgeschichtliche Grundbegriffe*. Basel: Schwabe, 1991.

_____. *Conceitos Fundamentais da História da Arte*. São Paulo: Martins Fontes, 2000.

XAVIER, Ismail (org.). *A Experiência do Cinema*. Rio de Janeiro: Graal, 1991.

_____ (org.). *O Cinema no Século*. São Paulo: Imago, 1996.

Créditos das Imagens

- Figuras licenciadas por AUTVIS, Brasil, 2008.

1	(p. 16)	12	(p. 81)	26	(p. 155)
3	(p. 35)	13	(p. 82)	31	(p. 160)
4	(p. 37)	15	(p. 107)	32	(p. 165)
8	(p. 51)	17	(p. 112)	33	(p. 178)
9	(p. 62)	20	(p. 145)		
10	(p. 79)	25	(p. 154)		

- Figuras pertencentes ao acervo © Fondation Gala-Salvador Dalí.

3	(p. 35)	20	(p. 145)	26	(p. 155)
9	(p. 62)	25	(p. 154)	33	(p. 178)
15	(p. 107)				

- Figuras pertencentes ao acervo © Herederos de Federico García Lorca.

4	(p. 37)	12	(p. 81)	17	(p. 112)
10	(p. 79)	13	(p. 82)	32	(p. 165)

- Figuras pertencentes ao acervo © Musée d'Orsay, Paris. Cortesia.

7	(p. 47)

- Figuras pertencentes ao acervo © Hamburger Kunsthalle.
  (Foto: Christoph Irrgang / bpk). Cortesia.

29	(p. 158)

- Figuras pertencentes ao acervo © Sucesión Miró.

31	(p. 160)

- Ilustrações de Cássio Brasil

abertura	p. 28	p. 162
p. 6	p. 114	p. 186
p. 14	p. 132	fechamento

CÁSSIO BRASIL é figurinista de teatro, ópera e cinema. Ganhou o prêmio Shell de Melhor Figurino em 2002 por seu trabalho em *Frankensteins* (direção de Jô Soares) e foi indicado ao mesmo prêmio em 2005 com *Ricardo* (direção de Jô Soares). Assinou os figurinos da ópera *L'Italiana in Algeri*, de G. Rossini, apresentada no Teatro Municipal de São Paulo em 2007. No cinema, fez o figurino de *Os Doze Trabalhos* (direção de Ricardo Elias), *A Falsa Loura,* (direção de Carlos Reichenbach) e *Linha de Passe* (direção de Walter Salles e Daniela Thomas), concorrendo à Palma de Ouro do festival de Cannes em 2008.

Impresso em São Paulo, em setembro de 2008
nas oficinas da Gráfica Palas Athena
para a Editora Perspectiva S.A.